앤드류 카네기

자기 마음의
주인이 되는 법

일러두기
이 책 『앤드류 카네기 자기 마음의 주인이 되는 법』의 원제는 『멘탈 다이너마이트(Mental Dynamite)』로, 일찍이 1941년 나폴레온 힐은 카네기와 대화를 나눴던 17가지의 주제를 정리해 소책자 형식으로 출간한 바 있습니다. 이후 1962년 설립된 나폴레온힐재단이 기록보관소에 있던 책자를 다시 찾아내서 그중 가장 중요한 3가지 원칙을 정리해 같은 이름의 서적으로 출간했으며, 오늘날까지도 전 세계에서 널리 읽히는 베스트셀러가 되었습니다.
이 책은 나폴레온힐재단의 컨트리뷰터로서 『Think and Grow Rich』를 현대에 맞게 재해석하고 각색한 바 있는 베스트셀러 작가 제임스 휘태커가 나폴레온 힐이 앤드류 카네기와 대화했던 미공개 내용을 포함한 주요 내용을 새롭게 정리해서 펴낸 것입니다.

MENTAL DYNAMITE

앤드류 카네기
자기 마음의
주인이 되는 법

나폴레온 힐 지음
제임스 휘태커 편저
김인수 옮김

ANDREW CARNEGIE

한스미디어

이 책에 쏟아진 찬사

○　이 책 『자기 마음의 주인이 되는 법Mental Dynamite』은 우리를 가장 흥미로운 대화의 한가운데로 곧바로 끌고 들어간다. 자신의 삶을 변환시키고자 하는 사람이라면 실행 가능한 행동 지침이 가득한 이 책에서 눈을 뗄 수가 없을 것이다.

재닌 셰퍼드 Janine Shepherd **베스트셀러 작가, 기조연설자, 회복 전문가**

○　앤드류 카네기와 나폴레온 힐처럼 예지를 지닌 사람이 얼마나 대단한 영향력을 발휘하는지 다시 생각하게끔 만든다. 시의적절한 내용을 담은 뛰어난 책이다.

브랜든 T. 아담스 Brandon T. Adams **에미상 수상 프로듀서, 「Success in Your City」 진행자**

○　반드시 읽어야 할 책이다. 제임스 휘태커는 오늘날 우리에게 더욱 중요한 역할을 해줄 앤드류 카네기의 지혜가 담긴 성공 철학의 핵심을 짚어준다. 이 책은 미래 세대까지 그 영향력을 발휘할 것이다.

사티쉬 베르마 Satish Verma **Think and Grow Rich Institute 사장, CEO**

○　모든 일에는 우수함이 차원을 뛰어넘어 도약을 이루는 중요한 순간이나 교차점 또는 연결점이 있다. 앤드류 카네기와 나폴레온 힐이 만나면서 이러한 도약이 이뤄졌다. 앤드류 카네기의 이 책을 읽는 순간, 세상은 예전의 세상이 아니고 당신은 이전과 다른 사람이 될 것이다. 이 책을 읽고 성공으로 도약하라.

짐 스토발 Jim Stovall **NTT**Narrative Television Network **사장**

○　동기를 부여하고 영감을 주며 상당히 실행 가능한 방법을 알려준다. 이 책은 비즈니스와 일상생활에서 엄청난 성공을 거둘 수 있는 청사진 그 자체다.

스티브 서델 박사 Dr. Steve Sudell **The Neck Hammock™ 개발자, 스트레치랩 공동 창업자**

○　역사상 가장 중요한 대화에서 과연 어떤 내용이 오갔을지 궁금해하는 사람이 많다. 이 책은 우리에게 위대한 두 인물이 성공에 대해 논의하고 분석하는 대화를 들여다보게 함으로써 그 기회를 선사한다. 거장들의 대화답다. 당신의 삶에서 견인력을 얻는 데 필요한 대화가 오가는 가운데 나폴레온 힐은 멋지게 핵심을 뽑아낸다. 게다가 제임스 휘태커는 두 사람의 대화 내용을 아름답게 엮어 멋진 각본으로 만들어놓는다. 내면의 모습이 곧 외면의 모습임을 증명해주는 책!

그렉 레이튼 Greg Layton **치프 메이커**Chief Maker **창업자**

○　1908년 앤드류 카네기와 나폴레온 힐이 첫 대화를 나눈 이후 많은 것이 바뀌었다. 하지만 변하지 않은 것이 더 많다. 이 책은 과거의 카네기와 힐이 현재의 우리에게 시대를 초월한 지혜를 일깨워주기 위해 보내는 등대의 불빛과 같다. 성공적인 미래를 위해 그 불빛을 길잡이로 삼아야 한다.

조슈아 앨리스 Joshua Ellis **잡지 《석세스**Success**》 편집장**

○　나폴레온 힐과 앤드류 카네기가 이 책에서 전하는 가르침은 누구든지 실패처럼 보이는 것을 승리로 바꾸는 데 도움을 줄 것이다. 최고의 성공을 바라는 사람이라면 꼭 읽어야 할 책이다.

데이비드 멜처 David Meltzer **스포츠1마케팅**Sports 1 Marketing **공동 창업자, 베스트셀러 작가, 비즈니스 코치**

인생을 바꾸는 위대한 3가지 교훈

1908년 잡지사의 젊은 기자였던 나폴레온 힐은 철강왕이자 자선가인 앤드류 카네기의 서재로 안내받았다. 잡지에 실을 기사가 필요해 간단한 인터뷰를 예상하고 만난 자리에서 나폴레온 힐은 카네기가 자신을 성공으로 이끌어주었다고 믿는 원칙을 들으며 몇 시간을 보냈다. 카네기는 힐에게 성공 철학을 발전시키고 설명하기 위해 향후 20년간 보수 없이 미국의 위대한 인물을 만나 이야기를 나누고 정보를 수집할 것을 제안했다.

나폴레온 힐은 그 제안을 받아들였고, 카네기와의 만남 이후 20년이 지난 1928년 『나폴레온 힐 성공의 법칙The Law of Success』을 출간했다. 이 책은 그가 20년간 수백 명의 비즈니스계 거물을 만나 이야기를 나누며 찾아낸 내용을 자세히 다루었다. 1937년 그는 요약본 형태인 『놓치고 싶지 않은 나의 꿈 나의 인생Think and Grow Rich』을 내놓았고, 이 책은 전 세계의 모든 언어로 번역되어 팔려나가며 역대 최고의 베스트셀러 반열에 올랐다.

　1941년 나폴레온 힐은 소책자 시리즈를 엮어 이 책의 원제가 되는 『멘탈 다이너마이트Mental Dynamite』를 저술했다. 각 소책자는 그가 카네기와 대화를 나눴던 17가지의 주제를 다루고 있다. 책이 출간되고 몇 달 지나지 않아 미국은 2차 세계대전에 참전하게 되었고, 이 책은 사람들의 뇌리에서 잊혀갔다. 나폴레온 힐이 성공 철학의 가르침을 이어가기 위해 1962년에 설립한 나폴레온힐재단은 기록보관소에 있던 책자를 다시 찾아내 그중 3가지 원칙을 뽑아서 정리했고, 그 결과 이 책이 탄생하게 되었다.

　1부에서는 자기 절제의 원칙을 다루는데, 나폴레온 힐이 앤드류 카네기와 인터뷰를 시작한다. 카네기는 행동에 동기를 부여하는 7가지 긍정적 감정과 7가지 부정적 감정을 조절하기 위해 자기 절제가 얼마나 중요한지 설명한다. 카네기는 가장 강력한 감정인 사랑과 섹스를 조절하고 사용하기 위해 자기 절제를 활용하는 게 중요하다고 진술한다. 자기 절제는 또한 개인이 과거의 문제와 부정적 감정에 '문을 닫을' 수 있도록 해준다.

　카네기는 젊은 나폴레온 힐에게 암시와 관련된 13개의 문구로 이뤄진 심리 공식을 통해 자기 절제를 강화시키는 방법을 말해준다. 그는 명확한 주요 목표를 성취로 바꾸는 것이 필수적이라고 설명한다. 그러고 나서 자기 절제와 의지력 사이의 관계에 관해 이야기를 꺼내면서 성공이라는 목표에 도달하기 위해 둘 다 반드시 필요하다고 설명한다. 자기 절제와 의지력은 성취 공식을 적용하는 데 도움이 되는 정도가 아니라 필수적이라는 것이다.

카네기와 인터뷰한 내용을 밝히고 난 후, 나폴레온 힐은 자기 절제를 통해 성공을 거둔 사람의 업적을 자세히 소개한다. 심각한 신체적 불리함을 극복한 헬렌 켈러, 시어도어 루스벨트, 토머스 에디슨을 비롯해 찰스 디킨스, 로버트 루이스 스티븐슨, 벤저민 디즈레일리, 진 튜니에 관해 이야기해준다. 앨리스 마블이 의사의 권유도 거부하면서 테니스 세계 챔피언 자리에 오른 놀라운 이야기 또한 빼놓지 않았다. 나폴레온 힐은 마음속 6가지 부서를 통제하기 위해 매일 자기 절제를 사용하는 방법에 대해서도 말해준다.

그러고 나서 나폴레온 힐은 과거에 겪었던 어려움과 실패를 자기 절제로 극복하고 변환시킬 수 있다는 점을 자세하게 설명한다. 이 부분은 특히 사랑의 아픔을 경험했던 사람에게 중요하다고 할 수 있다. 마지막으로 자기가 글을 쓰고 있는, 대공황이 휩쓸고 지나간 지 얼마 지나지 않은 시점에 왜 그토록 많은 미국인이 자기 절제를 잃고 정부의 손길에 기대게 되었는지 그 이유를 분석하며 끝을 맺는다.

2부는 패배로부터 배우기 원리에 집중하고 있다. 역시 1908년 나폴레온 힐이 앤드류 카네기를 인터뷰하면서 시작한다. 카네기는 자신이 세상에 준 선물이 사람들에게 스스로 결정을 내릴 수 있고 다른 사람과의 관계에서 행복을 찾는 방법을 배울 수 있도록 하는 지식이라고 말한다. 많은 사람이 패배를 경험한 후 자신의 마음속에 갇힌 포로처럼 지내는데, 카네기의 성공 철학은 그런 사람들을 자유롭게 해주는 것이었다. 그는 45가지 실패의 원인을 목록으로 작성해 보여주며 그중에서도 명확한 주요 목적의 부재와 의지력 결여를 가장 중요한 원인으로 꼽는다.

패배는 일시적일 뿐이며 노력을 더 많이 기울이기 위한 도전으로 바라봐야 한다. 카네기는 사람들이 걸림돌을 디딤돌로 바꾸어야 한다고 말한다. 그러면서 헬렌 켈러, 토머스 에디슨, 베토벤 등 신체적 결함을 극복하고 성공한 사람을 사례로 든다. 이들은 역경을 맞이했지만, 의지력과 자기 절제를 키운 사람들이다.

카네기는 언어 폭력은 물론 심지어 신체적 폭력을 맞이해서도 폭력이 아닌 정신적·영적 힘으로 이길 수 있다고 설명한다. 통증은 무언가 잘못되어 있으니 고쳐야 한다는 신호라는 점에서, 패배도 통증처럼 우리에게 도움을 준다고 할 수 있다. 슬픔 역시 패배와 불행을 성공적으로 극복하겠다는 의지력을 보임으로써 자신의 부정적 태도를 긍정적 태도로 변화시킬 수 있다.

나폴레온 힐은 예전에 인터뷰했던 내용 중 중요한 부분을 발췌해서 카네기가 자신에게 해준 이야기와 그사이 자신이 패배로부터 배우기에 대해 배운 내용을 분석해서 설명한다. 그는 실패와 패배로 연결되는 습관 목록을 만들어 독자들에게 이런 습관을 극복하기 위해 어떻게 대처하고 있는지 개인적인 평가를 해보라고 독려한다. 명확한 주요 목적을 지니기만 해도 카네기가 언급한 실패의 원인 45가지 중 18가지를 제거할 수 있다. 월터 말론의 시와 랄프 왈도 에머슨의 수필을 이용해서, 힐은 가장 깊은 슬픔과 가혹한 시련마저 우리로 하여금 오히려 어려움을 극복하기에 충분한 힘과 성품을 발견하고 더욱 큰 성공을 거두도록 이끌 수 있다고 당당하게 주장한다.

3부는 황금률의 이행을 다루었다. 3부 역시 젊은 나폴레온 힐이 앤드류 카네기를 인터뷰하며 시작한다. 카네기는 황금률 이행에 따르는 많은 혜택을 설명하고 있다. 혜택이 가장 적게 돌아가는 대상은 도움을 받는 사람이다. 다른 사람에게 주는 사람은 많은 혜택을 받는다. 주는 사람은 황금률을 따름으로써 마음의 조화를 달성하고, 이는 견실한 성품을 만들어준다. 황금률의 이행은 욕심과 이기심을 몰아내고 필요한 봉사를 제공한다.

카네기는 황금률을 따름으로써 얻는 많은 혜택을 보여주면서, 상대방의 반대를 넘어서 우호적인 협력을 이끌어내기 때문에 성공으로 이어질 수밖에 없다고 한다. 오늘날에는 황금률을 따르는 사람이 많지 않고 이는 국가의 파멸로 이어질 수 있다면서 끝맺는다.

나폴레온 힐은 인터뷰에서 나온 황금률 관련 대화에 대해 자신의 분석을 내놓는다. 힐은 황금률을 성취 철학의 가장 중요한 원칙 중 하나라고 확신하고 있다. 그는 카네기와 인터뷰하고 약 10년 후에 시작한 첫 잡지 간행물의 제목을 《힐의 황금률 매거진Hill's Golden Rule Magazine》으로 정했다. 그는 황금률을 따르는 것이 '이타적인 삶' 즉, 사심 없는 삶을 사는 것이라고 설명한다.

나폴레온 힐 박사는 황금률을 이행하면 강한 성품을 키우게 되고, 이는 인간이 의지력과 이성 능력을 발휘할 수 없는 위기 순간이 닥쳤을 때 필요한 믿음을 충분히 생산해준다고 말한다. 인간을 움직이는 9가지 기본 동기 중에서 5가지 동기는 황금률을 이행함으로써 증진된다고 설명한다.

그런 다음 힐 박사는 존 D. 록펠러 주니어, 윌리엄 펜, 벤저민 프랭클린, 시몬 볼리바르, 플로렌스 나이팅게일, 조니 애플시드, 패니 크로스비 등 황금률을 적용함으로써 자신과 타인에게 이익을 준 많은 사람의 예를 제시한다. 코카콜라, 매코믹앤컴퍼니 등 황금률을 적용해 번창했던 미국 기업들도 빼놓지 않았다.

카네기는 사람들이 물질적인 부를 얻을 수 있도록, 무엇보다 다른 사람들과 조화롭게 사는 방법에 대해 교육받을 수 있도록, 나폴레온 힐에게 성공 철학의 정립을 위해 20년을 바칠 것을 제안했다. 카네기는 관대한 마음으로 인류의 향상을 위해 재산의 대부분을 기부했고 영어권 국가에서 3,000개 이상의 공공 도서관을 건립하는 데 기여했다. 하지만 그가 선사한 돈보다 훨씬 더 소중한 선물은 1908년 나폴레온 힐과의 인터뷰 당시 소개했고 이후 힐이 1970년 사망할 때까지 다듬고 발전시켜 널리 알리고자 했던 황금률이다.

이 책에서 여러분은 이 3가지 교훈을 배우게 될 것이다. 이 3가지를 부지런히 적용할 때 행복하고 평화로우며 보람 있는 삶을 살 수 있다는 사실을 알게 될 것이다.

당신의 성공을 위해
돈 그린

당신 인생의 가장 큰 전환점이 되어줄 책

읽어본 사람이 거의 없는 원고를 마주하면 이상한 느낌이 든다. 더구나 한 세기도 넘은 시절에 오갔던, 그럼에도 오늘날 우리가 직면하는 문제의 핵심을 꿰뚫는 대화를 바탕으로 쓴 원고를 읽으면 훨씬 더 묘한 느낌이 든다. 그들의 대화는 관계·교육·정치·입신양명·주거·경영·재정적 독립 또는 심지어 민주주의까지 포괄적인 주제를 다룬다.

나는 여러 해 동안 나폴레온 힐의 제자였다. 하지만 당신이 손에 들고 있는 이 책에는 뭔가 특별한 것이 있다. 국가적 보물로 여겨도 될 만한 이 책을 차분하게 읽어가는 동안 이렇듯 에너지가 혈관을 타고 흘러가는 느낌을 느꼈던 적이 과거에 있었던가 싶다.

세계에서 가장 크게 성공한 사람 가운데 한 명이 제공하고 최고의 베스트셀러 작가 가운데 한 명이 준비한 이 책은 희망의 약속과 성공을 위한 청사진을 모두 담고 있다.

이 책이 지닌 힘을 제대로 설명하려면, 앤드류 카네기의 초라했던 어린 시절부터 살펴봐야 한다. 스코틀랜드에서 가난하게 살던 카네기와 가족은 카네기가 13살이던 1848년 미국으로 이주했다. 카네기 가족은 미국에서 안정적인 직업과 더 편안한 삶, 새로운 시작을 찾아 나섰다. 하지만 가정 형편은 나아지지 않았고 결국 어린 카네기는 집 안을 돕고자 섬유 공장에서 일자리를 얻었고, 그곳에서 하루에 12시간씩 일주일에 6일을 일했다.

비록 가진 것은 없었지만 소년의 지적 호기심은 풍부했다. 지역 사업가가 그에게 도서관을 정기적으로 출입할 수 있게 해주면서 그의 호기심은 날개를 달게 되었다. 사업가의 친절이 대단히 고마웠던 카네기는 자신도 부자의 위치에 오르게 된다면 다른 가난한 아이들에게 친절을 베풀겠다고 맹세했다. 이렇게 초라한 시작에서 카네기의 잠재력은 처음으로 촉발되었다.

오랜 세월이 지난 지금, 그가 했던 맹세의 씨앗은 굳건하게 살아남아 철강 제국으로 꽃을 피웠고, 평범한 노동자들을 백만장자로 만들어주고, 수많은 다른 산업에 기회를 창출하는 방식으로 혁명을 일으켰다. 그런데 재미있는 일이 일어났다. 역사상 가장 많은 부를 쌓은 사람 가운데 한 명으로 기록되는 삶을 살던 카네기는 여생을 기부에 바쳤다. 길바닥에다 '돈을 뿌리거나' 도움이 필요한 사람에게 물질적인 부를 제공하는 것이 전혀 아니었다. 이 비즈니스계의 전설적 위인은 돈보다 훨씬 더 풍요로운 것이 있다는 사실을 깨달았다. 그것은 운 좋게 지구상에 사는 모든 사람의 마음 깊은 곳에 묻혀 있는 보물, 바로 잠재력이다.

만약 사회가 지구상에 존재하는 모든 개인의 잠재력을 알아보고 드러낼 방법을 찾을 수만 있다면, 어디서나 조화로운 세상이 펼쳐질 것이다. 결국 카네기가 목표했던 것은 '조화'였다. 화목하게 사는 사람들은 기꺼이 다른 사람들에게 봉사하고 계속해서 배움을 이어가며 세상을 더 나은 곳으로 만들기 위해 자신만의 방식으로 부지런히 일한다. 전 세계 사람이 조화의 정신(궁극적 마스터마인드) 속에서 일한다면 생활 수준, 의료 투자 및 전반적인 목적의식이 크게 향상될 것이다.

카네기가 사망할 당시 재산은 현재의 가치로 따지면 4,000억 달러 이상으로 추산된다. 하지만 철강왕 카네기는 물질적 부를 통해 사람들에게 인정받으려 하지 않았다. 그는 세상에서 짧은 생을 살다간 한 인간의 성공을 판단하는 진정한 척도는 그 사람이 얼마나 많은 사람을 도왔느냐에 달렸다고 믿었다. 카네기는 부유한 사람들에게 환원의 의무가 있다고 믿었다. 자연법칙의 명령에 따라 우리가, 즉 인간·지구·경제가 모두 밀접하게 연결되어 있다는 사실을 인식했기 때문이다. 한 대상에게 하는 행동이 곧 모든 대상에게 하는 행동이며, 그 반대의 경우도 마찬가지다.

앤드류 카네기는 여전히 역사상 최고의 자선가 가운데 한 명으로 기록되어 있다. 뛰어난 사업 감각 덕분에 엄청난 부를 쌓았지만, 교육을 받고 싶어 하는 하급 노동자부터 평화를 위해 전쟁을 벌이는 나라에까지 도움을 제공하는 넓은 마음 씀씀이를 보여주었다.

『놓치고 싶지 않은 나의 꿈 나의 인생』은 단순히 제목만 보고 어떻게든 돈 버는 방법을 찾아내려고 책을 읽은 많은 사람을 혼란스럽게 했다. 힐이 이 책에서 카네기에 대해 적절하게 표현했듯이 "사망하기 전에 막대한 자산의 대부분을 기부했다는 사실은 카네기가 돈을 어떤 태도로 바라보았는지를 말해준다." 카네기는 자신이 축적했던 물질적 부의 90% 이상을 기부할 수 있는 최선의 방법을 정하느라 바쁜 와중에도 실용적인 철학을 만들어내서 가능한 한 넓고 먼 곳까지 보급하고자 노력했다. 그가 원했던 실용 철학은 일상생활에서 사람들이 자신의 탁월함을 발산하는 방법을 알려주는 철학, 그 안에 삶의 모든 요소와 장애를 압축해 담고 있는 철학이었다.

여러분이 손에 들고 있는 이 책의 위력을 과소평가하지 말기 바란다. 이 책은 지금까지 당신이 읽은 책 중에서 가장 큰 전환점이 될 수 있다. 무엇보다 당신의 가슴속 심장과 머릿속 두뇌의 힘을 인식하라. 그러면 당신이 원하는 환경을 조성하는 방향으로 향할 수 있다.

이 책은 일상에서 접하는 어려움에 다가가서 자신이 생각했던 것보다 더 큰 번영의 삶을 위한 기회를 창출할 수 있는 종합적인 청사진을 제시한다. 이러한 접근 방식은 자기 절제, 패배로부터 배우기, 황금률 이행의 3가지 기본 원칙을 통해 설명된다. 이 책은 리더십에 관한 책으로 (1) 자기 삶의 고삐를 잡는 과정을 통해서, (2) 다른 사람도 같은 일을 하도록 돕는 방법을 통해서 얻는 리더십이다. 정신적 고통이나 상실감 혹은 다른 불행의 한가운데 있는 사람들을 위해, 이 책은 당신이 상상했던 것보다 훨씬 더 멋진 복귀 무대를 만들 수 있는 실용적인 방법을 제시한다.

각 대화의 말미에 나폴레온 힐이 자신은 무엇을 배웠고 어떻게 실생활에 적용할 수 있는지 실례를 들어 자세히 분석해준다. 물론 그의 분석은 시대를 초월해 충분히 이해할 수 있다. 그러나 핵심 주제를 설명하고 언급한 원칙들이 어떻게 작동하는지 보다 현대적인 예를 통해 여러분에게 도움이 되도록 나의 주석('멘탈 트레이닝 어드바이스')도 본문에 포함시켰다. 이 실례들은 카네기의 가르침이 혁신을 거듭하면서 모든 산업을 변화시키고 오늘날 우리가 응원하는 챔피언들을 탄생시키고 있다는 더 많은 증거를 제공할 것이다.

이 책에 수록된 나폴레온 힐과 앤드류 카네기의 대화는 1908년에 이뤄졌지만, 1941년이 되어서야 준비를 마치고 탄생할 수 있었다. 이렇게 오래전에 쓰인 글이 오늘날, 특히 디지털 시대에 우리가 직면하고 있는 주요 이슈의 핵심을 찌르고 있다는 사실에 당신도 나만큼이나 놀랐을 것이다.

나를 믿고 이 중요한 프로젝트를 맡겨준 나폴레온힐재단의 돈 그린 전무이사에게 깊은 감사를 표할 수밖에 없다. 이전에도 재단과 협력해서 『Think and Grow Rich: The Legacy』를 쓴 적이 있다. 그 책은 세계에서 가장 존경받는 기업가, 사상 지도자, 문화적 아이콘이 지나온 여정을 통해 현재 세대가 자신을 믿을 수 있도록 용기와 격려를 주면서 카네기와 힐이 전해주는 원칙이 얼마나 강력한 힘을 지니는지 소개하는 내용을 담고 있다.

나는 자신이 성공하는 데 힐이 촉매제 역할을 했다고 여기는 수많은 사람을 만나 정보를 수집하고 이야기를 나눴다. 전 세계적으로는 이들과 비슷한 감사의 표현을 솔직하게 털어놓는 사람이 수십만 명이

나 더 있다. 물론 힐은 이 철학을 정리하고 세상 사람들과 공유할 수 있다고 자신에게 신뢰를 보여준 멘토이자 철강계의 거물 앤드류 카네기에게 곧바로 모든 공을 돌렸다.

나 역시 나폴레온힐재단과 독자들에게 도움을 주게 되어 영광스럽게 생각한다. 비록 내가 이 책을 준비하는 동안 위대한 우상과도 같은 카네기와 힐이 설정한 극도로 높은 기준에 부응하며 생활하는 것은 불가능했지만, 그럼에도 내가 이 책을 통해 그들이 전해주는 강력한 교훈을 좀 더 명확하게 해서 당신이 자신만의 방식으로 그 교훈을 삶에 적용할 수 있는 확실한 길을 찾아내는 데 도움을 줄 수 있기를 바란다.

하지만 이 책은 결코 한 번 훑어보고 끝내는 책이 아니다. 이 책은 당신을 삶에 적극적으로 참여하도록 끌어들이는 초청장이다. 당신이 가장 원하는 상황이 무엇인지 생각해보고 그러한 상황을 만드는 행동을 취하며 그다음에는 다른 사람들도 당신처럼 행동하도록 도와 세상을 일깨워주기 위한 것이다.

나폴레온 힐이 말한 대로 "행동은 지성의 진정한 척도다." 당신이 이 책에서 말하는 대로 취하는 행동은 당신의 삶과 당신의 영향력, 당신의 유산이 될 것이다. 과거에 무슨 일이 있었는지는 중요하지 않다. 시험에서 어떤 점수를 받았는지, 어떤 직책을 위한 승진에서 떨어졌는지, 어떤 관계가 잘못되었는지 또는 어떤 예기치 못한 건강 문제가 당신의 길을 가로막았는지는 모두 지난 일이다. 중요한 건 당신이 지금부터 앞으로 무엇을 하느냐에 달렸다.

자, 지금쯤 당신의 가슴도 뛰고 있기를 바란다! 소중한 친구 돈 그린의 '추천사'는 읽었으니 당신도 위대한 두 인물이 나누는 흥미로운 대화에 나와 함께하기를 바란다. 두 인물의 가르침이 우리 모두의 잠재력을 계속 밝혀주길 바라며.

언제나 앞을 그리고 위를 향해서
제임스 휘태커

차례

MENTAL DYNAMITE

PART 1
자기 절제

마음
다스리기

사고, 교육, 지식, 천부적 재능.
행동으로 옮기지 않는 한 이런 것들은
공염불에 불과하다.

- 앤드류 카네기

ANDREW CARNEGIE

자기 절제를 배우기 전에

　자기 절제를 다루는 1부를 한두 번 읽어서는 온전히 이해할 수 없다. 자기 절제는 이 책에서 언급하는 여러 다른 원칙과도 겹치는 주제다. 1부의 말미에 나오는 분석 부분에서는 정신 현상과 관련된 분야 전체에서 가장 중요한 주제 중 하나를 설명해준다. 마음의 6가지 부서는 이 원칙을 통해 소기의 목표를 달성하는 과정을 체계화하고 방향을 잡아나간다.

　대화 말미에 소개한 마음의 6가지 부서는 자신의 주인이 되고자 하는 사람이라면 반드시 자기 절제를 통해 조절할 수 있어야 한다. 어떤 방법으로 이를 온전히 습득할 수 있는지 자세히 설명해두었다. 하지만 방법이 아주 간단해 보인다고 오해하고 그 방법이 지닌 엄청난 영향력 또는 가능성의 범위를 과소평가해서는 안 된다. 그 방법이야 말로 성취와 관련된 모든 문을 열 수 있는 만능열쇠이기 때문이다.

이 방법을 제대로 사용할 수 있게 되면 자신의 마음을 장악할 수도 있다. 어떤 다른 방법으로도 가능하지 않은 업적을 달성하게 되는 것이다. 이 방법으로 모든 역경과 일시적 패배, 걱정·분노·두려움 같은 부정적 감정을 체계화해서 삶의 중요한 목표를 달성하는 데 쓸 수 있다. 이 방법은 "모든 역경은 그에 상응하는 혜택의 씨앗을 수반한다" 라고 했던 앤드류 카네기의 말이 무슨 뜻인지 알려준다. 그뿐 아니라 '그 씨앗'이 어떻게 싹을 틔워서 기회라는 꽃으로 활짝 피어나는지도 알려준다.

카네기가 알려주는 접근 방식을 잘 읽고 숙지하기 전까지는 이 원칙에 혼자 다가가서 익히려 하지 마라. 지시에 따라 정확하게 이 원칙을 사용한 다음 자신에게 일어나는 놀라운 변화를 관찰하라. 당신의 상상력은 더욱 깨어날 것이다. 진취성은 더욱 적극적이 될 것이다. 열정은 더욱 차오를 것이다. 비전은 더 먼 곳을 향하게 될 것이다. 자립성은 더욱 높아질 것이다. 당신의 성품은 더욱 사람들을 끌어당기게 되며 예전에는 당신에게 아무 관심도 보이지 않던 사람들이 당신을 찾게 될 것이다. 당신 앞에 놓인 문제는 햇살을 받은 눈송이처럼 녹아 사라질 것이다. 당신의 희망과 야망은 더욱 강력해질 것이다. 당신은 예전과 다른 눈으로 세상을 바라보게 될 것이다. 다른 사람과의 관계는 더욱 즐겁고 조화로워질 것이다.

1부에서 당신에게 알려주는 내용을 온전히 이해한다면 이런 기회

또는 이보다 더 훌륭한 기회들이 마치 약속이나 한 듯 당신에게 모습을 드러낼 것이다. 1부를 급하게 읽지 마라. 읽으면서 생각하라. 스스로 경험을 통해 가르침을 시험해보고 그 가르침이 얼마나 정확한지, 전에는 알면서도 미처 깨닫지 못했던 진실들이 정말 드러나는지 관찰해보라. 인상적인 글귀가 나오면 밑줄을 쳐가며 읽어라. 읽다가 중간중간 밑줄 친 글귀를 다시 확인하면서 그 의미를 자신의 것으로 만들어라.

⊗ 멘탈 트레이닝 어드바이스

이런 책은 어떻게 읽는 게 가장 좋은지 생각해보자.

나폴레온 힐이 쓴 책은 세계적으로 1억 2,000만 부 이상이 팔렸지만 그렇다고 읽은 사람 모두 그 힘을 느끼는 건 아니다. 왜 그렇다고 생각하는가? 이런 책들이 삶의 변화를 불러오고 표지만 봐도 기분을 좋게 만들어준다는 사람도 많은 반면 책을 읽어보려고 했지만, 삶에서 어떤 변화도 느끼지 못했다는 사람도 적지 않았다. 모두가 같은 페이지에 있는 같은 글을 읽었는데 왜 어떤 이들은 꿈을 이루고 다른 이들에게는 여전히 꿈으로 남아 있는 걸까?

이렇게 둘로 나뉘는 이유는 책을 읽는 혹은 오디오북을 통해 듣는 사람이 책에 접근하는 방식에 있다. 이 책은 대충 읽고 선반에 놓아두는 소설이 아니다. 이 책을 최대한 활용하려면 노트패드를 곁에 두고 기록하면서 이 책이 전하는 가르침을 자기 인생에 어떻게 적용할 수 있을지 생각해야 한다. 그런 다음 실제로 적용해야 한다! 당신도 알게 되겠지만, 이 책 그리고 성취와 관련된 철학의 핵심 주제는 행동이다. 물론 당신에게 필요한 핵심 주제이기도 하다.

중요한 연구 결과 하나를 알려주자면, 목표를 글로 적을 때 그 목표를 달성할 확률은 42%가 더 높아진다.

생각과 행동의 관계에 대해 카네기는 이렇게 말한다. "생각을 다스리지 못하면 행동도 다스릴 수 없다." 아무리 좋은 방법도 행동으로 옮기지 않으면 무용지물에 불과하다.

자기 절제

마음 다스리기

성공의 필요조건을 설명하면서 1부의 제목인 자기 절제보다 나은 단어를 찾기는 힘들 듯하다. 자기 절제는 자제력을 키우는 유용한 도구이며 따라서 성공을 위해 가장 중요한 요소가 된다.

1부에서 카네기는 공을 들여가며 자기 절제의 필요성을 강조한다. 그 스스로 수천 명을 만나는 과정에서 먼저 자신을 통제하지 못하는 사람은 성공다운 성공을 거둘 수 없다는 점을 깨달았기 때문이다! 그는 자신의 마음을 통제하고 활용하기 시작하는 사람은 이미 최고의 성공을 거둔 사람이라는 사실을 자신과 다른 사람의 경험을 통해서 배웠다. 마음을 통제할 수 있으면 자신의 머리와 가슴이 진정으로 원하는 바를 쉽게 차지할 수 있는 위치에 서게 된다.

어쩌면 자기 절제란 자신의 마음을 다스리는 행위라고 정의할 수 있을 듯하다. 정의는 간단명료하지만, 그 안에 담긴 의미는 전혀 가볍지 않다. 이 정의의 중요성을 온전히 이해하지 못한다면 모든 것이 물거품이 될 수 있다. 다행히 자기 마음의 주인이 되는 방법은 비밀이 아니며 1부에서는 그 방법을 상세하게 알려줄 것이다. 하지만 방법을 알게 된다 해도 실천하지 않으면 아무 소용이 없다.

자기 절제는 구구단 외우듯이 암기해서 배울 수 있는 게 아니다. 이 책에서 알려주는 절차를 꾸준히 따라야만 익힐 수 있다. 따라서 자기 절제를 익히려면 내적 경각심과 지속적인 노력을 통해 지시 사항을 꾸준히 이행해야 한다. 다른 방법은 없으며 적당히 익힐 수 없다. 스스로 노력을 통해 자기 절제를 갖추지 않으면 익힐 수 없다는 얘기다. 전부 아니면 전무다.

자기 절제를 하지 못하는 사람은 환경이라는 바람이 부는 대로 이리저리 흔들리는 마른 나뭇잎과 같다. 이런 사람은 성공은 고사하고 성공의 그림자조차 구경할 수 없다.

자신의 마음을 통제하고 사용하는 사람은 자신의 값어치를 스스로 정하며 다른 사람들로 하여금 그 가치를 받아들이게 만든다. 자신의 마음을 통제하지 못하는 사람은 세상이 정해주는 자신의 가치를 그대로 받아들여야 한다. 세상이 정해주는 가치가 얼마나 별 볼 일 없는지는 굳이 설명하지 않아도 우리 모두 알고 있다.

이제 앤드류 카네기의 서재로 당신을 안내하겠다. 카네기가 학생의 입장에 있는 내게 자기 절제에 대해 알려주는 동안 당신도 내 옆에 앉아 함께 들을 수 있는 특권을 누리게 될 것이다.

힐

성공 원칙으로 자기 절제를 꼽으셨는데요. 원하는 바를 달성하는 과정에서 자기 절제가 역할을 하는 부분이 있다면 어떤 부분인지, 자기 절제를 어떻게 계발하고 일상에서 실제로 적용할 수 있는지 설명해주시겠어요?

카네기

좋습니다. 자기 절제를 사용할 수 있는 몇 가지 경우부터 알아봅시다. 그러고 나서 진정 열심히 할 마음이 있는 사람이라면 누구나 자기 절제라는 중요한 원칙을 익힐 수 있는 방법을 얘기해보죠.

자기 절제는 생각을 통제하는 데서부터 시작합니다. 생각을 통제하지 못하면 행동도 통제할 수 없습니다! 그러니까 먼저 생각하게 하고 그 이후에 행동하게 만드는 게 자기 절제라고 할 수 있겠네요. 보통은 이 순서가 반대로 갑니다. 먼저 행동하고 나중에 생각하는 사람이 대부분이죠. 아예 생각이란 게 없는 사람도 있긴 하지만.

자기 절제가 되면 14가지 감정을 완벽하게 통제할 수 있습니다. 7가지 부정적 감정은 없애버리거나 지배할 수 있고 7가지 긍정적 감정은 원하는 대로 활용할 수 있게 되죠. 감정이 대부분 사람의 생활은 물론이고 크게 보면 세상을 다스리고 있다는 사실을 깨닫는다면 통제의 영향력이 얼마나 대단한지 분명하게 알 수 있습니다. 자기 절제는 반

7가지 긍정적 감정	7가지 부정적 감정
(1) 사랑	(1) 두려움
(2) 섹스	(2) 질투
(3) 희망	(3) 증오
(4) 믿음	(4) 복수
(5) 열정	(5) 탐욕
(6) 충실	(6) 분노
(7) 바람	(7) 미신

드시 14가지 감정에 대한 완벽한 통제에서 시작해야 합니다.

이 감정은 모두 마음의 상태를 뜻하며 조절하고 감독할 수 있는 것입니다. 7가지 부정적 감정은 완벽하게 조종하지 못하면 치명적 결과를 불러오죠. 7가지 긍정적 감정 역시 잘 파악해서 숙지하고 완벽한 통제 아래 관리하지 않으면 만만치 않은 파괴적 결과가 따릅니다. 언급한 14가지의 감정 안에는 정신적인 힘을 뜻하는 '멘탈 다이너마이트Mental Dynamite'가 있어요. 멘탈 다이너마이트는 우리를 성공의 정상으로 끌어올릴 수도, 실패의 나락으로 떨어뜨릴 수도 있습니다. 아무리 교육을 많이 받고 경험을 하고 지식을 갖추고 좋은 의도를 지녔다 해도 14가지 감정이 지닌 힘에 영향을 줄 수는 없습니다.

⊗ 멘탈 트레이닝 어드바이스

이 책에서 전하는 카네기의 가르침에 담긴 핵심은 이렇다. 우리는 성공을 위해 필요한 모든 요소를 갖추었듯이 실패할 수 있는 요소 역시 모두 지니고 있다. 우리의 마음은 무엇을 입력하느냐에 따라 다르게 움직인다. 좋은 내용을 입력하느냐, 나쁜 내용을 입력하느냐에 따라 출력물의 내용이 달라진다. 예전의 쉬운 방식으로 돌아가는 것이 인간의 본성이라는 사실에 주목해야 한다. 특히 기술과 현대의 편안함에 익숙한 우리는 더더욱 쉬운 방식을 택할 가능성이 높다. 자신이 원하는 바를 명확하게 알지 못하면 집중력이 흐려지고 해야 할 일을 차일피일 미루게 된다. TV 프로그램을 몰아보고 정크푸드를 마구 먹어대며 아무 생각 없이 소셜네트워크서비스를 뒤적이는 행동을 생각해보라. 하지만 성공을 목표로 하고 있다면, 긍정적 감정과 부정적 감정 사이에 존재하는 균형에서 그리고 그 감정들이 우리가 가는 길에 미치는 영향에서 눈을 떼어서는 안 된다.

나는 전 세계를 돌며 강연을 하는 영광을 누렸는데 무대에 오르면 늘 다음과 같은 글귀를 소개한다. "매일매일 승리하기 위한 결정을 내리지 않는다는 말은 자동적으로 패배로 가는 결정을 내린다는 뜻이다." 내가 이 글귀를 소개하는 이유는 힐에게서 직접 받은 가르침 때문이다. 힐은 성공을 생각하는 사람에게 성공이 찾아온다고 했다. 큰 성공을 바라는 사람이라면 기본적으로 이 원칙을 이해해야 한다. 의식적으로 성공을 생각하지 않는 사람은 가난·질병·고통을 겪을 수밖에 없다. "성공을 생각하면 부를 누리고 성공을 생각하지 않으면 가난을 겪는다"라는 말 역시 결국 같은 전제를 두고 있다.

무엇보다 가장 중요한 싸움은 내면에서 벌어지는 싸움이다.

힐

7가지 부정적 감정을 조절하지 못하면 확실한 패배로 향할 수 있다는 점은 분명해 보이긴 합니다. 그런데 원하는 바를 달성하기 위해 7가지 긍정적 감정을 사용하려면 어떻게 해야 하는지 잘 모르겠습니다. 이 부분을 명확하게 설명해줄 수 있나요?

카네기

기꺼이 설명하겠습니다. 어떠한 목표를 달성하려면 추진력이 필요한데, 긍정적 감정들을 어떻게 추진력으로 바꿀 수 있는지 정확히 알려드리겠습니다. 자신의 감정을 효과적으로 사용했던 한 사람의 방식을 사례로 들어 설명하는 게 가장 좋을 것 같은데요. 바로 찰스 슈왑입니다. 나는 그와 오랜 기간 알고 지낸 사이여서 그가 사용한 방식을 분석할 수 있었습니다.

슈왑은 나와 함께 일하기 시작하면서 곧 자신이 우리 비즈니스 가족에 꼭 필요한 사람이 되어야겠다고 마음먹었고 그에 따라서 소망이라는 감정을 명확한 목표로 방향 설정했습니다. 그리고 자신이 소망한 바를 이루기 위해 다음의 원칙을 적용했습니다.

(1) 명확한 목표

(2) 마스터마인드

(3) 매력적인 성품

(4) 실행하는 믿음

(5) 기대 이상의 특별한 노력 기울이기

(6) 체계화된 노력

(7) 창의적인 비전

(8) 자기 절제

슈왑은 자기 절제를 통해서 나머지 7가지 원리를 체계화했습니다. 자기 절제를 강화하기 위해 동료를 향한 충실성과 일에 대한 열정, 자신의 일에서 성공적인 성취를 바라는 희망, 자신의 성취 능력에 대한 믿음을 통해 자신의 감정에 집중하고 표현했습니다. 그리고 열정·희망·믿음 등 이 모든 감정을 강화한 것은 아내를 향한 사랑이었습니다. 아내는 슈왑이 자신의 성공을 통해 기쁘게 해주고 싶어 하는 대상이었습니다.

그가 확실한 목표를 달성하는 과정에서 감정을 체계화하고 사용할 수 있었던 것은 (1) 사랑과 (2) 재정적 성공이라는 2가지 동기가 있었기 때문입니다.

> 필요는 자연의 동반자이자 안내인이다.
> 필요는 자연의 주제이자 발명가이며
> 자연의 억제, 변하지 않는 진리다.
> ― 레오나르도 다빈치

힐

무슨 말인지 알 것 같습니다. 슈왑의 성공 과정에 관해 제가 이해한 것을 설명할 테니 맞는지 봐주세요. 슈왑은 자신이 원하는 것이 무엇인지 정했고 그에 따라서 목적의 명확성이라는 방법을 사용했습니다. 자신이 원하는 바를 얻기 위해 한 가지 계획을 채택했고 그에 따라 기대 이상의 특별한 노력 기울이기 원칙을 사용해 그 계획을 실행하기 시작했고요. 따라서 체계화된 노력 원칙 역시 사용했습니다.

당신을 비롯해 동료들과 조화를 이뤄 일하는 과정에서는 마스터마인드(두 사람 이상이 공통의 목표를 달성하기 위해 조화를 이루는 마음 상태:

옮긴이주) 방법을 사용했고요. 아주 높은 목표를 채택함으로써 자기가 창의적 비전을 이해하고 활용하고 있다는 점을 보여주는 동시에 실행하는 믿음의 원칙을 이해하고 적용하고 있다는 점 역시 입증했습니다. 당신을 비롯해 다른 동료들에게 즐거움과 우애를 느끼도록 관심을 보임으로써 매력적인 품성의 원칙을 이해하는 모습을 보였습니다.

슈왑은 이 모든 원리를 슬기롭게 사용하는 동시에 맡은 일을 이룰 때까지 끝까지 물고 늘어짐으로써 자기 절제를 이해하고 활용한다는 사실을 증명했고요. 이를 통해서 당신의 조직에서 꼭 필요한 일원이 되어야겠다는 유일한 목적에 자신의 모든 욕망을 종속시켰던 겁니다.

이런 노력의 뒤에는 아내를 향한 사랑과 경제적 성공이라는 동기가 있었고요. 이 2가지 동기를 통해 자신의 명확한 목표를 달성하는 데 모든 긍정적인 감정을 이용했습니다. 대강 맞는 얘기인가요?

카네기

과정 설명이 아주 정확하군요. 만약 슈왑이 언급한 원리 중 어느 하나라도 사용하지 못했다면 성공 확률이 떨어졌을 것이라는 점을 당신도 알게 될 겁니다. 슈왑은 이 모든 원리를 세심하게 계획하고 적용한 덕분에 성공할 수 있었죠. 이렇게 적용하려면 가장 높은 수준의 자기 절제가 필요합니다. 만약 그가 감정적 힘을 어디든 다른 쪽으로 낭비했다면 결과는 달라졌을 겁니다. 이 이야기를 하다 보니 생각나는 사람이 또 있네요. 슈왑이 우리 조직에서 성공적인 관계를 맺었듯이 그 사람도 그렇게 하려고 했었죠.

그 사람도 능력 면에서는 슈왑에 비해 전혀 뒤지지 않았습니다. 이름만 대면 누구나 알 수 있는 대학에서 공업 화학을 전공했으니 슈왑보다 훨씬 더 나은 교육을 받았다고 할 수 있죠. 그 사람 역시 언급했던 모든 원리를 슈왑만큼이나 효과적으로 사용했습니다. 딱 한 가지 다른 점이 있었는데, 바로 동기였어요. 그 사람에게 동기를 부여했던 경제적 이득은 아내를 향한 사랑을 표현하기 위해서가 아니라 자신의 허영심을 만족시키기 위해서였습니다. 힘을 갖고 싶어 했지만 성취에 대한 자부심을 표현하기 위해서가 아니라 다른 사람 위에 군림하기 위해서였고요.

그런 약점이 있긴 했지만, 그럼에도 꾸준히 사다리를 올라 우리 마스터마인드그룹의 일원이 되었습니다. 그러다가 넘어지고 말았죠. 오만과 허영심이라는 덫에 걸려 자신의 희망과 기회를 산산조각냈습니다. 마스터마인드그룹에서 조화를 이루지 못하더니 결국 사다리 맨 아래로 추락하면서 처음 시작했던 자리로 떨어졌습니다. 좌천당했다는 사실 때문에 그 사람은 허영심에 큰 상처를 입었고 다시는 회복하지 못했어요.

힐

그 사람의 가장 큰 약점은 무엇이었습니까?

카네기

세 단어로 대답할게요. 자기 절제 부족! 그 사람이 자신의 감정을 통제하는 방법을 알았다면 슈왑보다 훨씬 더 적은 노력을 들이고도 성공할 수 있었을 겁니다. 슈왑이 지닌 성공의 자질을 그 역시 지니고 있었을 뿐 아니라 교육도 더 많이 받았으니까요. 그 사람은 자신의 긍정적인 감정을 조절하고 집중시키지 못했습니다. 자신이 미끄러졌다고 생각하면서 여러 부정적인 감정, 특히 질투·두려움·증오에 무릎을 꿇고 말았죠. 그는 성공을 이룬 사람들을 시기했습니다. 자기보다 뛰어나다고 생각해서 그 사람들을 미워했습니다. 그는 모든 사람, 특히 자신을 두려워했습니다. 그렇게 여러 부정적인 감정에 휩싸이고도 성공할 수 있을 만큼 강인한 사람은 아무도 없죠.

힐

개인적 힘이라는 게 반드시 방향성을 지녀야지, 그렇지 않으면 축복이 아니라 저주가 될 수도 있다는 말이네요. 맞습니까?

카네기

그렇습니다. 난 늘 함께 일하는 사람들에게 개인적 힘의 무분별한 사용을 조심하라고 말하고, 그게 제 사업 철학 중 하나이기도 했어요. 특히 더 높은 자리에 올라가면서 전에 없었던 더 강한 힘을 지니게 된 사람은 조심해야 합니다. 전에 없던 힘을 얻은 사람은 갑자기 부자가 된 사람이나 마찬가지입니다. 자신이 지니게 된 힘의 희생양으로 전락하지 않도록 각별한 주의가 필요하죠. 여기서 자기 절제가 중요한 역할을 하는 겁니다. 스스로 완벽하게 마음을 통제하게 되면 마음이 다른 사람의 반감을 사지 않으면서 자신에게 유익하게 작용하도록 만들 수 있습니다.

힐

결국 자기 절제를 하려면 7가지 부정적 감정을 완벽하게 다스리면서 7가지 긍정적 감정은 방향을 조절해가야 하다는 말로 들립니다. 다시 말해 부정적 감정의 목을 발로 밟은 상태에서 7가지 긍정적 감정을 체계화하고 명확한 목표를 향하도록 해야 한다. 그런 건가요?

카네기

그렇습니다, 하지만 자기 절제를 위해서는 감정 말고도 성격적 특성을 다스릴 필요가 있습니다. 엄격하게 시간을 편성하고 활용해야 합니다. 일을 미루려고 하는 인간의 타고난 특성을 다스릴 줄 알아야 하죠. 만약 인생에서 높은 위치로 오르고자 하는 사람이라면, 편안히 쉬면서 몸과 마음을 돌보는 시간 외에는 불필요한 활동에 낭비할 시간이 없습니다.

⊠ **멘탈 트레이닝 어드바이스**

여기서 카네기는 시간 관리의 중요성을 언급한다. 목표를 달성하려면 정확하고 구체적으로 날짜를 정해 충분한 긴박감을 조성해야 한다. 이 긴박감을 동기라는 줄로 묶고 14가지 감정에 대한 통제로 포장하면 산만함과 뒤로 미루기에 희생당할 가능성은 훨씬 줄어드는 대신 목표를 달성할 가능성은 훨씬 높아진다.

대학 생활을 간단히 살펴보자. 학생 대부분이 마감일 직전에 과제를 제출한다는 사실을 우리는 알고 있다. 과제 제출 기간은 6주 또는 그 이상이 될 수 있다. 그런데 만약 교수가 과제를 주면서 성적의 60%를 차지하는 과제이고 48시간 내에 제출해야 한다고 말했다면 학생들은 그래도 여전히 막판에 가서야 과제에 집중할까? 전혀 그렇지 않다.

모든 목표에는 정해진 마감일이 있어야 하고 그 과정에서 중요한 단계마다 진행 상황을 추적할 수 있어야 한다. 시간 관리를 위해 유용한 도구로 알려진 '포모도로 테크닉'도 타이머를 앞에 두고 시각적으로 시간을 확인함으로써 발생하는 긴박함을 활용하는 것이다.

긴박감이 없으면 아무 결과 없이 하루를 보내기 쉽다. 당신이 좋아하는 기업가, 운동선수, 비즈니스 리더, 기록을 깨고 세상을 바꾸는 데 집착하는 사람에게 낭비할 시간이 있다고 생각하는가?

힐

자기 절제를 익히는 과정에서 자주 방해물로 작용하는 성격적 특성을 몇 가지 말해주시겠어요?

카네기

현재 단계에서는 7가지 부정적 감정이 자기 절제의 가장 큰 적이라고 해두죠. 이 부정적 감정은 확실한 성공을 바란다면 가장 먼저 주의를 기울여야 하는 장애물입니다. 자기 절제는 건설적인 습관, 특히 음식·술·섹스와 관련된 습관을 비롯해 여분의 시간 사용과 관련된 습관을 형성하는 데서 시작합니다. 일반적으로 말해 우리가 이러한 습관들을 통제하게 되면 다른 모든 습관을 조절하는 데도 도움이 되거든요.

예를 들어 명확한 목표가 우리 습관을 고치는 데 어떤 일을 하는지 생각해보세요. 기대 이상의 노력 기울이기 원칙을 적용하기 시작하면서 우리는 건설적인 습관을 키우게 됩니다. 한 걸음 더 노력하려면 시간을 효율적으로 사용하기 위해 잘 조정할 수밖에 없거든요.

그다음으로 우리가 어떤 강력한 동기에 휩싸이고 창의적 비전과 함께 체계적인 노력을 통해 그 동기를 표현하기 시작할 때 어떤 일이 발생하는지 생각해보세요. 이런 원칙들을 조절할 수 있게 될 정도면 이미 자기 절제의 훌륭한 요소 중 하나가 되는 습관을 올바르게 익혀 사용하고 있다는 뜻이 되는 겁니다. 자, 어떻게 연결이 되는지 아시겠어요?

힐

그뿐 아니라 우리가 하는 모든 일이 명확한 주요 목적 뒤에 숨겨진 주요 동기에 초점이 맞춰져 있다는 사실 또한 알 수 있겠어요. 동기야말로 모든 성취의 출발점인 거죠?

카네기

맞는 말입니다. 하지만 이 동기는 강박 관념 수준이 되어야 합니다. 즉, 모든 생각과 노력을 동기 실행에 종속시킬 수밖에 없을 정도로 강력해야 합니다. 흔히 동기와 단순한 바람을 구분하지 않는데요. 바란다고 성공하는 건 아닙니다. 만약 그랬다면 세상에 뭔가 바라지 않는 사람은 없으니까 모든 사람이 성공했겠죠. 사람들은 지구에서 달까지 모든 것을 바라지만, 바람과 몽상은 확실한 동기에 바탕을 두고 욕망의 뜨거운 불꽃으로 부채질하기 전까지는 아무것도 되지 않습니다. 이 동기는 사람들 마음을 지배할 정도로 강력한 영향력을 행사하는 것이어야 합니다. 행동을 하기에 충분할 정도로 강박적인 면이 있어야 한다는 말이죠.

자신이 선택한 주요 목적의 원동력이 되는 동기에 계속 관심을 두면서 강조하고 또 강조해야 합니다. 명확한 주요 목적을 적을 때 함께 적어야 해요. 강박적인 동기가 없는 명확한 목적은 보일러에 증기가 없는 기관차처럼 무용지물이라 할 수 있죠. 자신이 세운 계획에 힘과 행동과 끈기를 부여하는 것이 동기입니다.

긴박감이 없으면,
욕망은 그 가치를 잃는다.
— 짐 론

힐

그렇다면 이 성취 철학의 정리를 부탁하면서 지금까지 저를 지도하게 된 동기는 무엇입니까? 당신은 필요 이상의 물질적 부를 소유하고 있습니다. 이미 세계 최고의 산업가로 인정받고 있고요. 인생 전체가 엄청난 성공 그 자체로, 제가 보기엔 더는 바랄 게 없을 것 같은데요.

카네기

그건 잘못 생각한 거예요. 나는 내가 원하는 모든 것을 가지고 있지 않습니다. 내가 언제든 불안해하지 않고 돈을 사용할 수 있다는 점에서 필요 이상의 물질적 부를 소유하고 있다는 말은 사실입니다. 하지만 내가 가장 바라는 것은 따로 있어요. 그것은 미국 국민이 가장 이상적인 형태로 부를 획득할 수 있도록 해주는, 안전하고 믿을 수 있는 철학을 제공해야 한다는 강박적인 욕망입니다.

사람들이 마음의 평화와 행복, 삶의 책임감 속에서 즐거움을 찾을 수 있도록 다른 사람과 이해하고 공감하며 살 수 있게 해주는 부를 전해주고 싶은 겁니다.

내 강박적인 욕망은 사람들과의 경험을 통해 생겨나기 시작했고, 그러면서 나는 그러한 철학이 얼마나 필요한지 깨닫게 되었습니다. 남에게 피해를 주지 않으면서 이득을 취하려는 사람을 보기가 힘들어요. 공짜로 무언가를 얻으려는 현명하지 못한 사람들이 여기저기 많습니다. 결국 돌아오는 것은 슬픔과 실망뿐이라는 게 뻔히 보이는데 말입니다.

신뢰할 수 있는 개인 성취 철학을 정리하는 데 도움을 주고 싶다는 나의 동기는 큰 돌로 기념비를 세우고 그 밑에 묻히고 싶은 사람의 마음과 같습니다. 단, 돌로 만든 기념비는 시간이 흐르면 무너지고 먼지로 돌아가겠지만, 내가 세우고 싶은 것은 영원히 무너지지 않는 기념비입니다. 문명이 지속되는 한 영구히 존재하는 그런 기념비 말이죠.

그것은 어떤 형태로든 한 개인이 인류 전체에 이익이 되는 건설적인 봉사를 통해 다른 사람의 마음속에 세울 수 있는 기념비라 할 수 있습니다. 내가 당신의 도움을 받아서 세우고 싶은 기념비가 이런 겁니다. 내가 이 기념비를 세울 수 있도록 도와주는 과정에서 당신 역시 자신의 기념비를 세우는 데 도움을 받게 되지 않을까요?

힐

무슨 말인지 알겠습니다. 처음 사회생활을 하면서부터 그걸 동기로 삼았습니까?

카네기

그렇지 않습니다. 처음에는 나를 보여주고 싶다는 욕망, 재정적으로 영향력을 얻고 그 영향력을 행사해서 나를 널리 알리고 싶다는 욕망이 동기로 작용했어요. 하지만 그 동기를 실행하다가 다행스럽게도 그보다 더 큰, 더 고귀한 동기가 떠오른 겁니다. 돈을 버는 게 아니라 사람을 계발해야겠다는 동기 말입니다. 돈을 버는 과정에서 세상에 더 나은 사람이 필요하다는 더 큰 동기의 비전을 깨닫게 되었죠.

문명이 더 나은 삶의 기준을 향해 진화하는 것이라면 혹은 그동안 쌓아온 것을 잃지 않고 지켜내기 위한 것이라면, 현재 만연한 인간관계보다 더 높은 수준의 인간관계에 대해 가르치고 배워야 합니다.

무엇보다 물질적 부보다 훨씬 더 위대한 부가 있다는 사실을 알아야 합니다. 우리가 위대하다고 하는 사람들에게도 돈을 넘어서는 위대한 가치를 실현하기란 쉽지 않은 일입니다. 나는 돈을 버는 것에서 개인 성취라는 건실한 철학을 사람들에게 전달하는 것으로 강박적 관념이 바뀐 거죠.

⊗ 멘탈 트레이닝 어드바이스

카네기가 자선 활동을 통해 거둔 효과는 사업적 활동을 통해 거둔 효과를 능가한다. 나폴레온힐재단의 돈 그린Don Green 전무이사가 '추천사'에서 언급했듯이, 문명의 잠재력을 드러낼 수 있도록 돕겠다는 철강 업계 거물의 약속은 오늘날에 여전히 전 세계에 살아 숨 쉬고 있다.

돈이 모든 악의 근원이라는 오해도 있긴 하다. 하지만 마음껏 사용하고도 남을 만큼 자원을 소유하고 있으면 자신이 원하는 대로 삶을 살 수 있는 자유, 가장 소중하게 생각하는 대의에 기여할 수 있는 능력을 얻을 수 있을 뿐 아니라 어디서든 사람들의 생활 수준을 향상시키고 삶의 질을 높이는 혁신 활동에 자금을 댈 수 있다.

카네기를 움직인 힘은 개인의 출세가 아니었다. 그는 전 세계를 통해 야망이라는 불꽃을 일으키고 사람들에게 큰 선물을 주고 싶어 했다. 그가 주고 싶었던 선물은 사람들이 스스로를 도울 수 있는 능력이었다. 그가 세상을 떠난 지 100여 년이 지난 지금, 우리는 워런 버핏, 빌 게이츠, 리카싱 같은 당대의 주요 인물을 통해 카네기의 바람이 실현되고 있음을 본다. 이들은 사업 목표를 달성한 후 자선 사업으로 눈을 돌렸다. 주로 교육과 의료에 초점을 맞춘 이들의 자선 활동은 평화를 이룩하고 질병을 치료하며 모든 곳에서 삶의 수준을 향상시키는 데 목표를 두고 있다.

카네기는 너그러운 마음으로 엄청난 금전적 도움을 제공했을 뿐 아니라 자신의 성취 철학 또한 제공했다. 카네기는 자신이 제공한 성취 철학이 다른 사람들에게 자급자족하는 방법을 가르쳐줄 수 있기를 바랐다. 힐도 여러 책을 통해 카네기의 성취 철학을 정리하고 전했지만 말이다. 마음껏 사용할 수 있는 자원이 많으면 많을수록 다른 사람을 더 많이 도울 수 있다. 이는 다음과 같은 또 다른 근본적인 주제와 연결된다. 다른 사람들을 돕는 가장 좋은 방법은 먼저 자신을 돕는 것이다.

힐

들어보니 자기 절제에서 좋은 습관 형성이 상당히 큰 부분을 차지한다는 생각이 드는군요. 제 생각이 맞습니까?

카네기

바로 그겁니다!

그 사람이 어떤 사람이냐 그리고 성공이든 실패든 무엇을 성취하느냐는 습관의 결과로 나타나는 겁니다. 다행히 습관은 자기가 만들어가는 것이죠. 개인이 통제할 수 있어요. 결정적으로 누군가의 행동을 보면 그 사람이 지닌 사고 습관의 특성이 드러납니다. 사고 습관을 장악할 수 있으면 자기 절제를 달성하는 데 큰 도움이 되죠.

명확한 동기는 사고 습관의 출발점입니다. 사람은 자신이 매우 중요하게 생각하는 동기에 어렵지 않게 마음을 집중할 수 있죠. 특히 그 동기를 실행해야 한다는 강박 관념에 사로잡히면 더더욱 그렇고요. 명확한 동기가 없으면 자기 절제도 불가능합니다. 혹시 자기 절제가 가능하다 해도 그것은 가치가 없는 일입니다. 인도에서 몸으로 견디기 어려운 일을 하며 수행을 쌓는 수도자를 본 적이 있습니다. 뾰족한 못이 솟아난 판자 위에 온종일 앉아 지내는 수도자들에게서 완벽한 자기 절제의 모습을 볼 수 있었죠. 하지만 그 이면에 건설적인 동기가 없어 그 사람들이 행하는 수양은 쓸모가 없는 겁니다.

힐

제가 정확하게 이해하고 있다면, 자기 절제가 개인의 성취를 위해 필요한 주요 원칙 중 하나라는 점에서 우리의 사고 습관과 육체적 습관 모두 완전히 통제해야 한다는 말인 것 같은데요. 그런가요?

카네기

맞습니다.

자기 절제란 말 그대로입니다. 완벽한 자기 수양! 자기 절제는 마음의 감정과 두뇌의 이성적 능력 사이의 균형을 필요로 합니다. 즉, 결정을 요구하는 각 상황의 본질에 따라 우리의 이성과 감정 모두에 반응하는 법을 배워야 하죠. 때로는 감정을 완전히 제쳐놓고 머리가 지배하도록 맡겨둬야 하는 상황도 있습니다. 육체적 관계에서는 이 능력이 매우 중요해지죠.

힐

결정을 내리고 계획을 세우는 과정에서 감정을 배제한 채 이성적 능력으로 삶을 통제한다면 더 안전하지 않을까요?

카네기

아니요, 그럴 일도 없겠지만 설사 그게 가능하다 하더라도 아주 어리석은 일이 되겠죠. 감정은 '머리'가 내린 결정을 실행에 옮기는 힘을 제공하거든요. 행동의 원동력이 됩니다. 감정을 통제하고 조율해야지 제거하는 것은 해결책이 아닙니다.

더구나 인간의 위대한 정서적 본질을 제거하는 것은 불가능한 일 또는 매우 어려운 일입니다. 강물은 댐에 가두었다가 필요한 만큼 원하는 방향으로 방출할 수 있다는 점에서 우리의 감정과 비교할 수 있겠습니다. 자기 절제라는 댐을 통하면, 계획과 목적의 목표 지점에 도달하기 위한 수단으로 감정을 조절해서 고도로 집중된 형태로 방출할 수 있죠.

무엇보다 가장 강력한 힘을 발휘하는 감정은 사랑과 섹스입니다. 이 두 감정은 선천적인 것이고 자연의 수작업으로 만들어진 것입니다. 창조주가 인류의 영속을 위해, 인간관계의 낮은 수준의 질서에서 높은 수준의 질서로 문명을 발전시키는 사회 통합을 위해 제공한 도구라 할 수 있죠.

그토록 멋진 선물이라 할 수 있는 이런 감정을 설사 파괴할 수 있다고 해서 정말 파괴하고 싶은 사람은 없을 겁니다. 사랑과 섹스는 인간의 가장 위대한 힘이기 때문이죠.

만약 희망과 믿음을 파괴한다면 우리에게 뭐가 남을까요? 열정·충성심·성취욕을 제거해도 여전히 이성적 능력('머리의 판단력')은 남아 있겠지만 그게 무슨 소용이 있겠습니까? 머리가 지시할 일이 아무것도 있지 않은데!

자, 제가 놀라운 진실을 알려드릴게요. 희망·믿음·열정·충성심·욕망이라는 감정은 사랑과 섹스라는 선천적 감정이 여러 분야에 응용된 것에 불과합니다. 사랑과 섹스라는 감정이 서로 다른 목적을 위해 전용되거나 변형된 것일 뿐이에요! 모든 인간의 감정은 사랑과 섹스라는 자연스럽고 선천적인 특성에 뿌리를 두고 있습니다. 만약 이 2가지 자연 요소가 파괴된다면 사람은 중성화 수술을 받은 동물처럼 유순해질 겁니다. 이성적 능력은 남아 있겠지만 그것만으로 무얼 할 수 있을까요?

힐

그렇다면 자기 절제가 선천적인 감정을 활용하고 자신이 선택한 방향으로 마음을 기울이게 하는 도구라는 겁니까?

카네기

맞아요. 놀라운 진실 또 하나를 알려드리죠. 창조적 비전 역시 사랑과 섹스의 감정을 특별한 계획이나 목적에 맞게 변형시킨 자기 절제의 결과물입니다.

위대한 지도자 중 어떤 분야에서 노력을 기울였든 이 2가지 선천적인 감정에 마음을 기울이고 통제하지 않은 상태에서 지도력을 얻은 사람은 아무도 없습니다!

위대한 예술가·음악가·작가·연설가·변호사·의사·건축가·발명가·과학자·산업가·영업 사원을 포함해 각계각층의 뛰어난 사람들은 사랑과 섹스라는 자연스러운 감정을 노력의 원동력으로 활용하고 지휘함으로써 리더십을 얻습니다. 대부분 사랑과 섹스의 감정을 특정 분야를 위한 노력으로 바꾸는 일은 무의식적으로 일어납니다. 성취에 대한 욕구가 변형된 결과로 나타나는 거죠. 바꾸기 위해 의식적으로 노력하기도 하지만요.

힐

그렇다면 사랑과 섹스라는 감정과 관련해서 엄청난 능력을 타고난다고 해서 수치스러울 건 없는 거군요?

카네기

없죠, '수치'는 이런 자연적인 선물을 남용할 때 발생하는 겁니다! 이렇게 위대한 감정의 본질과 잠재력에 대한 무지, 교육 부족의 결과로 남용하게 되는 것이고요.

열심히 추구하고 실행하면
습관이 된다.
— 라틴 격언

힐

우리가 사랑과 섹스의 감정의 주인이 되어서 자신이 원하는 어떤 형태의 노력으로 변화시키려 할 때 자기 절제를 적용하는 게 가장 중요하다는 뜻으로 들리는군요. 그런 건가요?

카네기

정확합니다. 하나 더, 이 두 감정을 다스릴 줄 알게 되면 다른 모든 부분에서도 자신을 다루기가 쉬워진다는 걸 알 수 있습니다. 사랑과 섹스의 감정은 의식적으로든 무의식적으로든 우리가 하는 모든 일에 반영되기 때문이죠.

사랑과 섹스의 감정을 통제하지 못하면 다른 감정에 대한 통제력 또한 얻을 수 없다고 말해도 무방합니다. 찰스 디킨스를 예로 들어보죠. 그는 일찍이 사랑에 크게 실망했습니다. 하지만 상대방이 알아주지 않는 짝사랑의 감정이 자신을 파괴하도록 두지 않고, 방향을 바꿔 엄청난 원동력으로 활용하면서 『데이비드 코퍼필드』라는 소설을 써냈습니다. 덕분에 부와 명성을 얻었고 이후로도 여러 작품을 내놓으며 최고의 작가 반열에 오르게 됐죠.

에이브러햄 링컨은 거의 모든 일에서 실패를 거듭하던 평범한 변호사였지만 진정으로 사랑했던 유일한 여성인 앤 러틀리지의 죽음으로 큰 슬픔을 느끼면서 감정의 깊은 우물이 활짝 열리게 됩니다. 자신의 슬픔을 공공 서비스 제공으로 방향을 틀었고 마침내 미국 역사에서 영원히 사라지지 않을 이름을 남겼습니다. 링컨의 전기 작가 중에서 위대한 정치가로서 링컨에게 전환점이 되었던 그 비극적인 사건이 얼마나 중요한 역할을 했는지 설명한 사람이 아무도 없다는 게 유감스러운 일이죠.

나폴레옹 보나파르트가 군사 지도자로서 창조적 천재성을 보여줄 수 있었던 것도 첫 부인과의 마스터마인드 인연이 크게 작용했습니다. 하지만 나중에 야망을 위해 그 마음을 버리고 머리만 좇으면서 비극을 맞이하고 말았죠.

당신도 성취 철학을 연구하고 내용을 정리하는 과정에서 다음과 같은 점을 주의 깊게 봐야 합니다. 사랑에 빠진 두 사람이 확실한 목적을 달성하기 위해 조화 속에서 감정을 공유하고 끌어모을 때마다 그 어떤 형태의 낙담과 일시적 패배에도 무너지지 않는 무적에 가까운 존재가 된다는 사실을요.

우리가 가장 위대한 영적 힘을 갖게 된 것은 이 조화로운 동맹을 통해서입니다! 아마도 창조주가 그렇게 의도했겠지만, 남녀를 불문하고 위대한 사람 중에 살면서 사랑과 섹스의 감정에 의해 영향을 받지 않은 사람은 세상에 한 명도 없습니다!

내가 섹스라는 표현을 할 때는, 성적인 힘의 물리적인 표현뿐 아니라 인류에게 창조적 능력을 부여하는 타고난 창조적 감정을 언급하고 있다는 점을 분명히 이해해야 합니다. 섹스라는 위대한 감정을 부정행위로 사용하거나 질이 낮은 말로 표현할 때 그 수준이 떨어지게 되는 겁니다.

힐

그렇다면 감정을 이해하고 적용하는 데 섹스라는 감정은 가장 큰 자산이자 가장 큰 책임이 될 수도 있다는 말이군요?

카네기

사랑과 섹스는 함께 존재해야 하는데 부정행위처럼 섹스만 존재하면 아주 위험해집니다. 2가지 감정이 함께 표현될 때 영적인 본성을 맛볼 수 있는 창의적 힘이 되는 거죠.

힐

다시 말해 수정을 가하지 않은 사랑의 감정은 완벽하게 통제되지 않을 경우에 재앙이 될 수도 있는, 단순한 생물학적인 힘이라는 것인가요?

카네기

그렇습니다!

섹스의 감정을 조절하는 방법을 알려드리죠. 이 감정이 지닌 엄청 난 구동력을 변환시켜서 자신의 주요 목적 뒤에 둬야만 안전핀 역할 을 할 수 있습니다. 그렇게 하면 사랑의 감정으로 수정을 가하지 않아 도 귀중한 자산이 될 수 있습니다.

섹스의 감정 표출을 막을 수는 없습니다. 강물에 비유해보죠. 댐에 물을 가두었다가 우리가 원하는 여러 목적을 위해 사용합니다. 하지 만 물을 영원히 가둘 수만은 없습니다. 그러면 결국 큰 피해가 발생하 죠. 섹스의 감정도 댐에 가둔 물처럼 관리된 형태로 방출하지 않으면 터져 나오기 마련입니다. 그 안에 내재된 힘이 파괴적인 방식으로 어 떻게든 표출되고 마니까요. 이 엄청난 힘을 안전한 수로로 안내할 수 있는 합리적인 수단이 자기 절제입니다.

힐

자기 절제를 익히는 과정에서 사랑과 섹스가 강력한 영향력을 지니 고 있다면 우리 실생활에 미치는 영향을 분석해주실 수 있을까요? 사 회의 여러 분야에 걸쳐서 이 두 감정이 어떻게 인간관계의 필수 요소 로 적용하는 겁니까?

카네기

개인의 성취와 관련해서 진정으로 실용적인 철학이라고 할 수 있으려면 그 철학은 모든 사람이 삶에서 마주하는 현실적인 문제를 극복할 수 있게 해주어야 합니다. 말 그대로 모든 문제를 말입니다!

⊗ 멘탈 트레이닝 어드바이스

카네기와 힐의 대화를 보면서 내가 끊임없이 놀라는 이유는 이 두 사람이 수십 년 후에 사람들이 직면하게 될 문제를 이미 이해하고 해결책을 제시하고 있다는 점 때문이다. 힐이 누구나 따르고 실천할 수 있는 실용적인 성취 관련 백서를 만들어달라는 의뢰를 받았을 때, 핵심은 과연 그 백서가 개인이 직면하는 모든 문제에 대해 조언자 역할을 할 수 있느냐 여부에 달렸다. 하지만 오늘날에도 사람들은 그 어느 때보다 해답을 찾아 헤매고 있으며 종종 사치스러운 물질적 구매를 통해 일시적으로라도 구원을 얻고자 한다.

필연적으로 물질을 통해 위안을 얻으려고 해봐야 덧없는 행복만 돌아올 뿐이다. 그래 봐야 이전에 자신을 괴롭혔던 동일한 문제에 다시 맞닥뜨릴 뿐이다. 카네기는 여기서 개인의 성취와 관련된 철학이라면 사람들이 일상에서 마주치는 수천 개의 갈림길에서 항상 올바른 길을 찾을 수 있게 해줄 수 있어야만 가치를 지닌다는 점을 간략하게 지적한다.

"자신의 인생을 위해 명확한 계획이 있으면, 매일매일 궁극적인 성공에 영향을 미치는 수백 가지의 결정을 내리는 과정이 아주 단순해진다."

내가 가장 좋아하는 힐의 인용구 중 하나다. 이 책과 『놓치고 싶지 않은 나의 꿈 나의 인생』 같은 책을 통해 큰 성공을 거둔 사람들의 습관을 가능한 한 많이 배우도록 하라.

그런 다음 자신이 가장 원하는 것이 무엇인지 확실하게 마음에 새긴 상태에서 그것을 달성하기 위한 세부 계획을 준비하라. 이 두 단계를 익히고 나면 일상생활에서 어떤 문제가 발생해도 바로 해결책을 찾을 수 있게 된다.

인간의 모든 활동은 동기에 근거한 것입니다. 사랑과 섹스의 동기가 다른 기본적인 동기들의 맨 앞에 오는 게 우연이 아닙니다. 다른 동기들이 불러일으키는 행동을 모두 합한 것보다 이 2가지 동기가 더 많은 행동을 불러일으키므로 맨 앞에 있는 게 당연한 거죠.

가장 위대하다고 하는 문학·시·예술·드라마·음악은 사랑에 뿌리를 두고 있습니다. 셰익스피어의 작품을 보면 비극과 희극 모두 사랑과 섹스의 동기가 짙게 배어 있다는 사실을 알 수 있죠. 셰익스피어 희곡에서 이러한 동기를 제거하면 평범한 극작가의 희곡과 다를 게 없는 대화밖에 남지 않을걸요. 따라서 이러한 창조적인 감정이 문학을 한 단계 더 높이 끌어올린다는 걸 알 수 있습니다.

뛰어난 웅변가들은 어떤 경우든 사랑과 섹스의 감정을 열정으로 변화시킴으로써 자기 말에 영향력과 구심력을 부여하고 말을 통해 감정을 전달합니다. 연설 주제와 글 모두 완벽했는데도 마음 없이 머리로만 생각을 정리하는 바람에 감정을 전달하지 못하는 웅변을 들어본 적이 있습니다.

감정적인 능력이 부족한 탓인지 아니면 사용하는 방법을 몰라서 그런지는 모르겠지만 어쨌든 그 웅변가는 자신의 말에 아무런 감정도 불어넣지 못했어요.

역사는 내게 친절할 것이다.
내가 역사를 써 내려갈 작정이니까.
― 윈스턴 처칠

일상적인 대화에서 사람은 누구나 말로 자신의 감정에 색을 입혀

전달합니다. 색을 입히지 못해 감정이 결여되기도 하고요. 경험이 풍부한 청자는 화자와 동일한 심리 상태에 도달하니 그걸 느낄 수 있습니다. 단어란 종종 생각을 전달하기보다 감추기 위해 쓰이기도 합니다! 그러므로 경험이 풍부한 분석가는 단어가 아니라 그 단어에 포함된 감정 또는 결여된 감정으로 상대방을 판단합니다.

이렇게 보면 말이나 글에서 감정의 힘을 이해하고 그 힘을 의도적으로 사용한다는 것이 얼마나 중요한지 생각해봐야 합니다. 말 한마디, 글 한 줄에는 자신이 느끼는 감정이 의식적으로든 무의식적으로든 배어 있다가 드러나게 마련이니까요.

힐

제가 정확하게 이해하고 있다면, 우리가 하는 말은 부정적이든 긍정적이든 감정에 의해 색이 입혀지는군요.

카네기

그게 사실이긴 하지만 공포·질투·분노 같은 부정적인 감정은 통제해서 건설적인 원동력으로 변화시킬 수 있습니다. 부정적인 감정도 그 위험성을 털어버리고 유용한 목적을 위해 사용할 수 있는데, 그건 자기 절제를 통할 때 가능합니다. 때로 두려움과 분노는 우리가 평소 같으면 하지 않을 행동을 하게 만들죠. 부정적인 감정에서 비롯되는 모든 행동은 머리에서 수정이라는 영향력을 가해야 건설적인 목적을 향해 이끌어갈 수 있습니다.

힐

부정적인 감정과 긍정적인 감정 둘 다 이성의 능력, 당신의 표현대로라면 '머리'의 감수 또는 검사를 받아들여야 한다는 겁니까, 행동으로 표현하기 전에?

카네기

그게 이성적 능력의 주요 목적 중 하나죠. 누구도, 어느 순간에라도 생각이라는 충동을 이성의 능력으로 수정하지 않은 상태에서 감정에 따라 행동해서는 안 되는 겁니다. 이게 자기 절제의 주요 기능이에요. 자기 절제는 머리와 심장 사이에 적절한 힘의 균형이 이뤄질 때 가능합니다.

힐

예전에는 그런 생각을 해본 적이 거의 없었습니다. 머리와 마음 둘 다 다스려야 한다는 생각은 하질 못했는데 의지력으로 이 둘을 다스릴 수 있겠다는 걸 알겠군요.

카네기

의지를 통해 행동하는 자아는 이성과 감정 둘 다 지도하고 감독하는 재판장 역할을 합니다. 하지만 이 재판장은 자기 절제를 통해 자신의 자아를 단련시킨 사람의 편에서만 활동한다는 점을 잊지 말아야 합니다.

자기 절제가 없는 자아는 자기 일에만 몰두하게 됩니다. 이렇게 되면 머리와 마음은 각자 하고 싶은 대로 하려고 싸움을 벌입니다. 어느 한쪽이 득세하고 다른 한쪽은 심하게 상처를 입는 거죠.

힐

그러니까 인간의 뇌가 그 안에 완전한 형태의 정부를 지니고 있다는 거군요?

카네기

그것도 좋은 표현 방법이 되겠네요. 머릿속에 있는 정부는 많은 부서로 구성되어 있죠. 각 부서가 자기 절제를 통해 조정받고 적절하게 지도받을 때, 개인은 다른 사람들에게서도 인정받는 인생의 길을 찾을 수 있고요.

머릿속 정부를 이루는 부서는 이렇게 구성되어 있습니다.

⑴ 상상력: 목적을 달성하기 위한 방법, 아이디어, 계획을 만들 수 있다.

⑵ 이성 능력: 상상력의 산물을 따져보고 평가하며 적절히 평가할 수 있다.

⑶ 양심: 자신의 생각·계획·목적의 도덕적 정의를 시험할 수 있다.

⑷ 감정 능력: 자신의 생각·계획·목적을 행동으로 옮기는 원동력이 존재한다.

⑸ 기억: 모든 경험의 기록 보관자 역할을 한다.

⑹ 자아(의지력을 통해 표출): 모든 부서의 업무를 뒤집거나 수정하거나 바꾸

거나 없앨 수 있는 대법원 역할을 하며 가장 높은 곳에 존재한다.

윌리엄 셰익스피어가 심오하고 의미심장한 글을 쓴 걸 보면 서로 맞물려 돌아가는 머릿속 자치 정부의 시스템을 생각하고 있었던 게 분명합니다.

무엇보다, 너 자신에게 진실하게 대하라,
그러면 당연히 밤이 낮을 따라오듯,
다른 사람에게도 거짓으로
대할 수 없게 된다.
— 「햄릿」

위대한 극작가 셰익스피어는 6가지 부서로 구성된 정부의 자치권이 조화를 이루고 자연스럽고 적절하게 운영되는 사람이라면 누구에게도 진실로 대할 만큼 현명하다는 점을 깨달았습니다.

여기서 보듯이 자기 절제란 정부에 속하는 6개 부서를 어느 한 부서도 통제에서 벗어날 수 없는 방식으로 조정하는 과정을 말한다는 게 분명해지죠.

힐

이 여섯 부서 중 가장 면밀히 관찰해야 하는 부서가 있다면 어디일까요?

카네기

당연히 감정 부서입니다. 여기가 행동 부서이거든요. 머리를 거치지 않고 감정을 따르는 행동은 재앙을 초래한다는 말이 무슨 뜻인지는 주위 사람들을 보면 금방 알 수 있잖아요. 이성이 없는 감정은 우리의 가장 큰 적입니다!

힐

마지막 문장을 좀 더 완곡한 표현으로 바꿔줄 수 있을까요?

카네기

아니요, 전혀. 오히려 감정적 욕구는 머리를 통해서 검사를 받기로 하는 순간 어떤 형태로든 수정될 수밖에 없다는 사실을 확실하게 말하고 싶어요. 자신이 무언가를 더욱 원하면 원할수록 머리로 더 많이 생각하고 분석해야 하며, 자기 절제가 되는 사람은 이 사실을 알고 있습니다. 마음으로는 무언가 하고 싶은 기분이 드는데 머리에서는 그 일을 하지 말라고 하는 경험을 하지 않는 날이 단 하루라도 있을까 싶네요.

> ⊠ **멘탈 트레이닝 어드바이스**
>
> 감정을 그대로 표출하는 행동에 관해 카네기가 얼마나 강력하게 말하고 있는지 생각해보라. 카네기는 이성이 없는 감정이 우리의 가장 큰 적이라고 분명하게 말했고, 힐은 카네기에게 그런 생각을 조금이라도 누그러뜨린 표현으로 바꿀 마음이 있는지 물었다. 하지만 카네기는 그 부탁을 거절했을 뿐 아니라 오히려 자기가 한 말을 더욱

강조했다. 감정을 조절하지 못해 일과 사생활 모두 파국을 맞이한 사람을 수도 없이 봐왔으니 말이다.

현대 생활을 예로 들어 생각해보자. 많은 사람이 뒷일을 생각하지 않고 충동적으로 감정적인 이메일을 보내거나 소셜 미디어에 자신의 감정을 그대로 쏟아냈다가 질책이나 해고를 당한다. 재빨리 밖에 나가서 신선한 공기를 마시거나 현명한 동료의 조언을 구하는 방법을 통해 감정을 적절히 조절했더라면 충동적인 행동과 그에 따른 결과를 방지할 수 있었을 텐데 말이다. 감정에 따르는 행동은 일단 저지르고 나면 개인의 명성에 회복할 수 없는 해를 끼칠 수 있다. 올바른 자기 절제를 발휘할 수 있었다면 얼마나 많은 사람이 자신의 일을 지킬 수 있었을까?

정리되지 않은 감정에서 비롯되는 비극적인 행동은 급속하게 불신을 낳고 문제를 일으키는 확실한 주범이다. 어떤 선택을 하든 개인의 자유이지만 그 선택의 결과에서는 누구도 자유로울 수 없다.

"머리와 심장이 보조를 같이한다"라는 말은 무언가를 하고 싶은 마음이 생기지 않는다는 뜻이 아니다. 그건 당신이 가고 싶은 곳으로 갈 수 있는 올바른 선택을 내린다는 뜻이다.

힐

그렇다면 조화는 집에서, 자신의 마음에서 먼저 시작되어야 합니다. 그렇지 않은가요?

카네기

마스터마인드그룹을 형성하는 개인 사이에 조화가 완벽하게 이뤄지지 않으면 마스터마인드 원칙은 작동될 수 없습니다. 우리의 마음에 있는 여섯 부서가 조화를 이뤄야 마스터마인드그룹도 조화로운 하나의 단체가 되는 거죠.

힐

전체적인 개인 성취 철학을 성공적으로 적용하려면 자기 마음속의 조화가 선행되어야 한다는 점을 당신의 설명에서 알 수 있겠네요.

카네기

자기 절제를 통하지 않으면 그 어떤 방법으로도 내적 조화는 이룰 수 없다는 사실을 기억해야 합니다. 이 점을 이해하고 나면 왜 내가 자아를 통제하는 게 중요하다고 강조하는지 알게 될 겁니다.

힐

의지력의 중요성은 언급하지 않은 것 같은데요?

카네기

아니, 빠뜨린 부분은 없습니다. 의지력은 인간의 자아에 속합니다. 그래서 마음의 다른 다섯 부서의 행동을 무시할 만한 힘을 얻을 수 있는 겁니다. 우리가 의지력이라고 할 때는 자아의 특권을 말하며, 이 특권은 영혼과의 동맹 혹은 다른 다섯 부서에 내재된 어떤 힘보다 더욱 강력한 힘과의 동맹으로 이뤄지죠.

자아는 최후의 수단입니다.

자아가 내리는 결정은 최종적이며, 우리는 그 결정이 마음의 다른 모든 부서에 구속력을 지니고 있다는 사실을 설명하지 않아도 알고 있습니다. 자아보다 높은 저 너머 위에 어떤 힘이 존재하긴 하지만 개인 성취 철학을 논하는 이 자리에서는 그 힘에 대해 논할 필요는 없다고 생각합니다.

자아 뒤에 숨겨진 힘에 대해 우리가 알고 있는 건 그런 힘이 존재한다는 사실뿐입니다. 개인 성취 철학을 통해 설명하는 원칙들을 이해하고 적용할 수 있을 때만 그 힘을 이용할 수 있어요.

그 힘의 원천과 특성을 알려고 하기 전에 먼저 그 힘에 다가갈 수 있는 원칙들을 현명하게 사용할 줄 알아야 합니다. 그 힘을 먼저 알아내려 하다 보면 혼란이 발생할 수 있고 분명히 사람들 간에 논란이 발생할 테니까요.

힐

요약하면 우리 마음이 지닌 거대한 힘의 원천에 신경 쓰기 전에 우리 마음의 여섯 부서가 지닌 특성과 사용법에 대해 더 많은 걸 알아야 한다는 말이군요?

카네기

바로 그게 내가 하고 싶은 말입니다! 지금은 우리가 지닌 힘을 더 잘 이용하는 방법을 배울 때까지 더 큰 힘을 제공하는 방법 같은 것은 신경 쓰지 않고 이 책의 내용에 집중할 겁니다. 확실한 건 개인 성취 철학의 원리를 결합함으로써 미국의 지도자들이 문명사에서 비교할 수 없는 최고 수준의 생활 방식을 세상에 제공했다는 사실을 기억해야 한다는 겁니다.

지도자들은 이 철학을 적용해서 위대한 산업 제국, 뛰어난 은행 시스템, 수백만 명에게 경제적 보장을 제공하는 생명 보험 시스템, 타의 추종을 불허하는 교통과 통신 시스템, 세상이 부러워하는 광고와 판매 시스템, 다른 어떤 국가보다 훨씬 앞선 교육 시스템을 발전시켰습니다.

이러한 제도들은 비록 완벽하지 않지만, 여전히 진화하고 있으며 거의 매일 개선과 향상을 거듭하고 있습니다.

그러므로 우리가 현명하게 그리고 인류를 위해 사용할 준비가 되었을 때 이 모든 인간 활동 너머와 위에 존재하는 거대한 힘이 우리에게 더 많은 힘을 줄 것이라고 믿으면서 지금은 이러한 개선들을 계속 진행합시다.

> *당신의 삶을 위해 가능한 한*
> *가장 높고 웅장한 비전을 만드세요.*
> *사람은 자신이 믿는 대로*
> *되는 법이니까요.*
> — 오프라 윈프리

힐

당신의 따끔한 충고가 일리 있다고 생각합니다. 저는 우리가 더 많은 혹은 더 큰 힘을 요구하기 전에 우리가 위임받은 '재능'을 더 잘 활용해야 한다는 의견에 동의합니다.

카네기

거기에 자기 절제가 우리의 힘을 더 잘 활용할 수 있는 수단이라는 말을 덧붙였어도 좋았겠네요. 모든 살아 있는 사람에게 필요한 한 가지, 어쩌면 다른 무엇보다 필요한 한 가지가 지금보다 더 많은 자기 수양입니다.

먼저 마음의 6가지 부서에 대해 자기 절제가 필요합니다. 하지만 이것만으로는 충분하지 않아요. 식욕·섹스·언어·옷·독서에 대해서도 규율이 필요하며, 특히 시간을 활용하는 데 가장 엄격한 규율을 적용해야 합니다. 대부분이 잡담에 시간을 낭비하고 있는데, 만약 그 시간을 적절히 분배해 현명하게 쓴다면 자신이 필요로 하는 호화를 모두 누릴 수 있을 겁니다.

다른 사람과의 관계에도 규율이 필요하죠. 그러니까 자기 절제란 어디든 늘 필요한 겁니다. 그런데도 누구나 손만 뻗으면 얻을 수 있을 정도로 가까이 있고 다른 사람에게 상담하지 않아도 스스로 활용할 수 있는 자기 절제를 익히지 못한다는 게 슬픈 일이라 할 수 있겠죠.

힐

사람들은 이런 특권을 왜 그렇게 등한시하는 겁니까?

카네기

옛날 철학자들도 같은 질문을 해왔습니다. 모든 위대한 철학자의 공통된 훈계는 '너 자신을 알라'는 것이었어요. 우리에게 필요한 것은 자신의 마음속에 감춰진 힘의 본질을 아는 것뿐이라는 사실을 철학자들은 확실하게 깨우치고 있었거든요. 이 힘을 이해하고 적용하면 자신이 필요로 하거나 원하는 모든 것을 얻을 수 있습니다. 우리는 자신의 마음을 장악하고 자기 절제로 마음을 통제하기만 하면 됩니다. 그러면 놀라운 일이 일어나죠. 알라딘의 램프처럼 소원하는 모든 것을 얻을 수 있게 해줍니다.

하지만 당신의 질문에 좀 더 직접적으로, 나는 이 특권이 간과되어 왔다고 말하고 싶어요. 잘 관리해서 성공한 삶의 모든 핵심 요소를 통합한 실용적인 철학을 어느 누구도 세상에 제공한 적이 없기 때문이죠. 내가 당신에게 그 내용의 정리를 시작해달라고 의뢰한 것도 그런 철학이 필요하다고 인식했기 때문이고요.

아리스토텔레스와 플라톤 같은 고대 철학자에서 근대 철학자까지 그들은 삶의 추상적인 원리에는 지나칠 정도로 신경을 쓰면서 우리가 삶을 통해 성공적으로 찾아낼 수 있는 인간관계의 실질적이고 구체적인 규칙에는 소홀했습니다.

아무도 그런 철학을 제공하려는 책임을 떠맡지 않았고 당연히 내용을 정리하고자 하는 시도조차 하지 않았어요. 내 생각엔 탐구하고 조사하고 연구하는 데 들어가는 엄청난 노력에 비해 수익이 터무니없이 빈약했기 때문이겠죠.

당신도 개인 성취 철학을 정리하는 20년간 노력에 대한 대가를 얻지 못할 겁니다. 하지만 나는 당신이 성취의 자부심이라는 동기, 다 끝내고 난 뒤에 돌아올 물질적 보상이라는 동기에 고무되어서 작업을 완성시켜줄 거라는 희망 속에서 기운을 얻습니다.

왜 어느 누구도 개인의 성취 철학 연구에 착수하지 않았는지 모르겠어요. 당신이나 나나 모르기는 매한가지죠! 문명이 그 지평을 넓히기 위해 자발적으로 나서는 사람을 필요로 할 때 어떻게든 그런 사람이 등장한다는 사실 외에는 당신에게 어떤 대답도 해줄 수 없군요. 그리하여 인류는 문명의 바로 그 새벽부터 생겨났고 계속 성장할 것입니다. 그 이면에는 더 나은 세상을 만들기 위해 자원하는 우리 같은 사람들이 다 이해할 수 없는 어떤 훌륭한 계획과 목적이 있는 법입니다. 우리는 유용한 서비스를 제공하는 모든 사람에게 주로 주어지는 자기만족이라는 보상에 만족해야겠죠.

⊗ 멘탈 트레이닝 어드바이스

오늘날 성취 철학이 왜 그렇게 중요한지 그 이유를 여기서 정확히 볼 수 있다. 이 철학에 담긴 원칙은 나폴레온 힐이 1937년에 발표한 『놓치고 싶지 않은 나의 꿈 나의 인생』을 위해 대화를 나눈 모든 사람에게 효과가 있었으며, 80년 후에 나폴레온힐 재단을 통해 출간한 『Think and Grow Rich: The Legacy』에서 소개한 수백 명에게도 효과가 있었다.

성공은 차별하지 않으며, 목에 금메달을 걸고 태어나는 사람은 없다. 성공은 해야 할 일을 하는 모든 사람에게 다가온다. 이 책을 읽는 당신도 믿어야 한다. 이 원칙은 당신에게도 효과가 있을 테니까.

힐

인류를 대신해서 훌륭한 봉사를 하는 사람이 높은 수준의 자기 절제를 보여준다는 게 맞는 말 아닙니까?

카네기

사실입니다. 그러한 서비스를 제공하면서 자기 절제 능력을 계발할 수 있다는 사실도 충분한 보상으로 작용합니다. 자기 절제보다 더 큰 자산은 없기 때문이죠. 만약 우리가 우리 자신을 절제하고 통제한다면, 원하는 다른 어떤 것이든 실질적으로 통제가 가능할 수 있습니다.

힐

엄격한 자기 훈련을 통해 큰 힘을 얻는 사람이 그 힘을 사용해 다른 사람들에게 해를 끼치는 경우는 드물지 않습니까?

카네기

그렇습니다. 진정으로 자기 절제를 실행하는 사람은 다른 사람에게 불이익을 주기 위해 권력을 휘두르려 하지 않습니다. 역사는 이 규칙을 어긴 사람 모두 곧 그 권력을 잃었다는 사실을 우리에게 보여주죠. 미국의 건국자들은 자기 절제를 통해 권력을 얻었습니다. 조지 워싱턴, 토머스 제퍼슨을 비롯해 시대별·유형별로 지도자의 기록을 살펴보면 공통으로 가장 높은 수준의 자기 절제와 관련된 증거를 찾을 수 있을 겁니다. 이 사람들은 모든 인류를 위한 자유를 요구했기 때문에 성공과 명성을 얻었죠.

힐

전 많은 사람이 삶에서 피할 수 없는 실망과 실패, 특히 물질의 손실과 친구의 상실로 인해 정신이 황폐해지고 마는 모습을 보았습니다. 어떻게 하면 자기 절제가 그런 사람들에게 도움이 될 수 있을까요?

카네기

자기 절제야말로 그런 문제를 풀 수 있는 유일한 해결책이죠. 절제는 우리가 해결할 수 있는 것과 해결할 수 없는 것, 이렇게 두 종류의 문제밖에 없다는 걸 인식하는 데서 시작해야 합니다. 풀 수 있는 문제는 사용 가능한 가장 실용적인 수단으로 풀어야 하며, 풀 수 없는 문제는 마음속에서 몰아내고 잊어야 합니다.

모든 감정의 주인이 되어서 다스린다는 의미를 지닌 자기 절제는 우리 자신과 과거의 불쾌한 경험 사이에 문을 닫을 수 있게 해줍니다. 문은 다시 열리지 않도록 단단히 닫고 확실하게 잠가야 합니다. 해결책이 없는 문제도 문을 닫아야 하고요. 자기 절제가 부족한 사람은 자신과 불쾌한 기억 또는 풀 수 없는 문제들 사이에 문을 열어둡니다. 그뿐 아니라 문을 닫고 미래만 내다봐야 하는 데도 문간에 서서 과거를 돌아봅니다. 이 문 닫기 처방은 필요하고 중요합니다. 문을 닫으려면 자아의 도움이 필요하지만 자아는 다른 부서들을 통제 아래 둘 수 있을 때만 도움을 제공할 수 있습니다.

힐

그렇다면 불쾌한 기억과 풀 수 없는 문제를 뒤에 남겨두고 문을 닫는 첫 단계는 자신의 마음을 통제하는 겁니까?

카네기

그렇습니다. 자신의 마음을 통제할 수 있을 때까지는 과거의 경험과 연결되는 정신적 문을 단단히 닫고 그 상태를 유지한다는 게 쉬운 일이 아니에요. 우리 자신과 과거 사이에 문을 닫는 습관을 형성하지 않는 한 자기 바로 앞에 서 있는 기회의 문 역시 열 수 없다는 사실도 염두에 둬야 합니다. 과거의 실수, 실패 또는 좌절감에 사로잡힌 사람들에게는 자신을 향상시킬 수 있는 기회, 행복을 달성할 수 있는 기회, 물질적 풍요를 축적할 수 있는 기회가 굳게 닫혀 있습니다. 성공한 사람들은 강인한 사람들이죠! 강할 수밖에 없어요. 성공한 사람은 과거의 문을 잠그는 데 그치지 않고 아예 열쇠를 내던진 사람이니까요.

⊗ 멘탈 트레이닝 어드바이스

이 얼마나 대단한가! 성공은 성공을 생각하는 사람에게 찾아오듯, 기회는 과거의 불행에 연연하기보다 미래의 번영에 집중하는 사람에게 찾아온다. 하지만 심각한 정신적 외상이나 신체적 손상을 경험한 사람에게 과거의 불행을 잊고 미래에 집중하는 일은 특히 어려운 일이다. 내 친구 중에서 이 어려운 일을 해낸 3명이 생각난다.

자닌 셰퍼드는 캐나다 캘거리 동계 올림픽 출전 자격을 획득한 크로스컨트리 스키 선수였다. 올림픽 개막을 몇 달 남겨두고 오스트레일리아 블루마운틴에서 자전거로 횡단 훈련을 하던 셰퍼드는 과속 트럭에 치여 쓰러지고 말았다. 셰퍼드는 비행기로 병원에 실려갔고, 그곳에서 부모님은 셰퍼드가 소생할 가망이 없다는 소리를 들었다. '불사조 셰퍼드'는 열흘 동안 혼수상태에 빠져 있다 깨어났지만, 이후로 여러 차례 수술을 받고 척추 부상 병동에서 6개월을 지내야 했다. 그로 인해 선수로 복귀할 수 있는 희망은 증발해버렸을 뿐 아니라 정상적인 신체 상태를 회복할 수 있을지조차 확실치 않은 벅찬 현실을 마주하게 되었다. 현재 역경을 이겨내고 새로운 길을 찾은 셰퍼드는 베스트셀러 작가로서 아마존·구글·시스코 같은 일류 기업, 비영리 단체 및 학교와 손을 잡고 사람들에게 영감을 전달하는 활동을 벌이고 있다. 그녀는 하반신 마비이면서도 세계를 돌아다니며 인간에게는 육체보다 굴하지 않는 정신력이 중요하다는 사실을 일깨워주고 있다. 셰퍼드가 내게 해준, 내 마음속에 영원히 남을 말 한마디가 삶을 대하는 그녀의 자세를 고스란히 보여준다. "사람들이 나는 할 수 없는 일이라고 말을 해도 내 귀에는 그런 말이 안 들려."

제시카 콕스는 희귀한 선천적 결함으로 양팔이 없이 태어났다. 콕스는 자신의 불행에 미련을 두지 않고 기지를 발휘해 해결책을 찾았다. 자기에게는 두 발이 있으니 손을 대신해 쓰기로 한 것이다. 도전 정신으로 무장한 콕스는 자동차 운전, 빠르고 정확한 키보드 타이핑, 스쿠버 다이빙, 콘택트렌즈 교체하는 방법을 배웠고 14살 때는 태권도 검은 띠까지 땄다. 비행기 조종은 그녀가 해낸 여러 일 중에서도 정말 대단한 일로 세계 최초의 팔 없는 조종사로 기네스 세계 기록에서 인정받았다. 요즘 콕스는 개인·기업·협회를 대상으로 불가능한 일을 해내는 방법을 가르친다.

짐 스토벌은 17살 때 고등학교 축구팀에 들어가기 위해 실시한 일상적인 신체검사를 통과하지 못했다. 3명의 의사가 스토벌의 눈을 검사하더니 그를 앉히고 "머지않아 영구적인 실명이 찾아올 것이고 실명을 막을 방법은 전혀 없다"라고 말했다. 의사의 말대로, 스토벌의 세계는 말 그대로 암흑으로 변하기 시작했다. 하지만 스토벌은 자신에게 주어진 고통을 이익을 창출해내는 방법으로 보상해야 한다고 생각했다. 몇 년 후, 스토벌은 전 세계 수백만의 시각장애인이 TV 프로그램을 즐길 방법이 없다는 사실을 깨달았고 그런 상황을 바로잡기 위해 나섰다. 오늘날 NTNNarrative Television Network은 10여 개국에서 운영되고 있으며 예전에 소외감을 느꼈던 사람들에게 엄청난 가치를 제공하고 있다. 실명하기 전까지 책이라고는 한 권도 써본 적이 없던 스토벌은 현재 베스트셀러 30권의 저자이기도 하다.

자닌 셰퍼드, 제시카 콕스, 짐 스토벌을 비롯해 전 세계의 수많은 사람이 지나온 여정은 우리가 과거에 일어났던 일과 상관없이 앞으로 살아갈 삶이 더 많다는 믿음을 가지고 용감하게 미래에 맞서야 한다는 사실을 다시 한번 생각하게 한다.

당신을 부당하게 취급했던 사업 파트너나 당신의 존엄성을 무너뜨린 전 배우자 또는 당신이 당시에는 결코 예측할 수 없었던 상황에 미련을 두는 것 모두 현재 당신이 행복으로 가는 길을 막아서는 방해물이다. 에너지를 건설적인 방법을 사용하는 쪽으로 돌리고 모든 역경에 숨어 있는 선물을 찾아내라. 목적의식을 지니고 취하는 행동이야말로 최선의 치료법이다.

힐

저는 '문 닫기'라는 표현이 마음에 드는군요. 그런데 이런 문 닫기 습관이 우리를 딱딱하고 냉정한 사람으로 만들지는 않을까요?

카네기

사람을 탄탄하게 만들죠. 딱딱하게 만든다고는 할 수 없을 것 같은데요. 탄탄함 또는 견고함은 자기 절제를 실행하는 사람이 되려면 반드시 갖춰야 할 자질입니다. 손목을 가볍게 툭 치면서 "자, 이제부터 똑바로 하자!"라고 말한다고 해서 그걸 자기 절제라고 할 수는 없다는 점을 명심하세요. 자기 절제는 자신의 영혼을 깊이 탐구하고 우리 존재에서 쓸모없는 방해물을 찾아낸 다음 과감하게 버릴 수 있는 확고한 정신 태도입니다.

자기 절제는 슬픈 경험에 대한 기억이 가슴에 자리 잡도록 허락하지 않고 풀 수 없는 문제를 걱정하느라 시간을 낭비하지 않습니다. 두려움에 맞서 문을 굳게 닫고 희망과 믿음을 위해 문을 활짝 엽니다. 질투에 맞서 문을 굳게 닫고 사랑을 위해 문을 활짝 엽니다. 마찬가지로 증오·복수·탐욕·분노·미신으로 향하는 문을 확실하게 닫고 아무도 어떤 이유로도 그 문을 열지 못하도록 문 뒤에 서서 감시하죠.

문 닫기 작업에는 타협이 있을 수 없습니다. 자기가 잊고 싶은 경험으로 연결되는 문 뒤에 의지력을 세워두고 문을 단단히 닫아걸어야지, 그렇지 않으면 자기 절제를 익힐 수 없습니다. 이게 자기 절제가 수행하는 역할이자 혜택 중 하나입니다.

> 대부분 사람은
> 마음먹은 만큼 행복하다.
> — 에이브러햄 링컨

힐

하지만 사랑에 실망하고 상심한 사람은요? 꼭 필요하다는 문 닫기 습관을 이 사람들은 어떻게 해야 하죠?

카네기

사랑에 대한 실망도 여느 실망과 다르지 않습니다. 사랑 때문에 입은 상처는 자신의 애정을 새로운 분야에서 다시 쓰면 좀 더 쉽게 치유될 수 있겠죠. 그러니까 이런 사람에게는 실망과 통하는 문을 굳게 닫고 사랑을 줄 수 있는 관심사를 새롭게 찾기 시작하는 것이 해결책이 되는 겁니다.

힐

이 치료법은 처방하기는 쉬워도 실제로 적용하기는 힘들겠네요, 그렇지 않은가요?

카네기

문을 닫는다는 게 쉬운 일은 아니죠! 쉬운 일이라면 문을 닫고 말고 할 것도 없었을 겁니다. 대부분 사람에게서 나타나는 문제는 문을 약간 또는 활짝 열어놓은 상태로 자신의 삶에서 차단해야 하는 것들과 타협한다는 겁니다. 불쾌한 추억을 붙잡고 우물쭈물하지 마세요. 불쾌한 기억은 창조적 비전이 지닌 힘을 파괴하고 진취성을 약화시키고 상상력을 궁하게 만들며 사고력을 저해하고 마음의 모든 부서를 혼란스럽게 하니까요. 자기 절제는 어떤 행동 방침에서든 방해받는 걸 허용하지 않습니다.

힐

당신 말대로라면 자기 절제는 우리에게 방해가 되거나 어떤 식으로든 불편함을 불러일으키는 모든 것을 제어할 수 있게 해주는군요?

카네기

그렇습니다. 자기 절제는 마음의 질서와 평화가 방해받는 것을 용납하지 않습니다.

소해정이 물속에 설치된 폭탄을 제거하듯, 자기 절제는 해로운 장애물을 모두 제거해서 우리 앞날에 탄탄대로를 열어줍니다. 우리가 뒤돌아보지 않고 앞을 볼 수 있도록 해주죠. 자기 절제는 낙담이나 걱정을 용인하지 않을 것입니다. 낙담과 걱정이 침입하지 못하도록 문을 단단히 닫거나 아예 이런 감정을 제거해버립니다.

반면 7가지 긍정적인 감정과 통하는 문을 닫으려 하면 자기 절제는 완강히 거부합니다. 이 문은 항상 활짝 열려 있는데, 만약 긍정적인 감정이 문을 통해 들어오지 않으면 자기 절제가 자발적으로 나가서 긍정적인 감정을 데리고 들어와서 맡은 일을 하게 만들죠.

힐

자기 절제는 긍정적인 감정에 먹이를 주고 영양분을 공급하지만, 부정적인 감정에 대해서는 문을 닫아버린다, 이런 얘기인가요?

카네기

그렇긴 하지만 긍정적인 감정을 장려만 한다고 되는 게 아닙니다. 자기 절제는 긍정적인 감정들을 제 위치에서 벗어나지 않게 하고 감정이 독단적으로 활동하지 않도록 이성 능력과 함께 영향력을 발휘하게 하면서 긍정적인 감정을 통제합니다.

열정의 감정을 예로 들어볼게요. 열정 없이 진정 위대한 무언가를 성취했다는 사람은 아무도 없다는 게 알려진 사실이긴 하지만 오히려 열정을 억제하지 못해 곤경에 빠질 수 있고, 실제로 그런 경우가 종종 발생합니다. 따라서 열정은 통제 아래서 확실한 목적을 향해 인도해야 하는 거죠.

다른 긍정적인 감정, 특히 사랑과 섹스의 감정 역시 마찬가지입니다. 7가지 감정 중 가장 강력한 힘을 발휘하는 사랑과 섹스는 가장 엄중하게 감시해야 할 필요가 있습니다. 이 둘은 통제에서 벗어나면 사람을 영구적으로 파괴할 수 있어요. 희망·믿음·충성심은 유일하게 통제할 이유가 거의 없는 감정입니다. 하지만 이런 감정조차 때로는 이성 능력으로 수정을 가해야 합니다. 그렇지 않으면 제자리를 이탈해서 그 힘을 오용할 수 있으니까요.

힐

자기 절제란 강한 사람만이 누릴 수 있는 자산이라는 생각이 들기 시작하는데요.

카네기

맞는 말입니다! 그래야 하는 것 아닌가요? 마음 약한 사람이 무얼 기대하겠습니까? 자기 절제의 목적은 마음을 강하게 만드는 것입니다. 개인 성취 철학이 마음을 강하게 만드는 것 외에 무슨 목적이 있을 거라고 생각하나요? 마음을 강하게 만드는 것이야말로 자기 절제의 주요 기능이라 할 수 있습니다. 자기 절제의 목적은 사람들이 자신의 마음을 소유하고 그 마음을 자기가 필요로 하는 목적을 위해 사용할 수 있도록 도와주는 것이에요.

자기 마음을 체계화하고 파괴적인 영향력을 마음에서 깨끗하게 치울 수 있을 정도의 자기 절제에 도달하기 전까지는 그 누구도 자신의 마음을 소유했다고 할 수 없습니다.

힐

대부분 사람이 자기 절제를 할 수 있게 될 때까지 필요한 대가를 지불할 거라고 생각하십니까?

카네기

물론 그렇게 생각하지 않죠! 성공하는 사람이라면 대가를 치러야 할 겁니다. 성공하는 사람은 자신이 노력을 기울이기로 선택한 분야에서 지도자급에 오르게 될 것이고, 필요한 대가를 치렀기에 성공이라는 보상을 받을 겁니다. 이제부터 잊지 마세요, 공짜 같은 건 있을 수 없다는 사실을. 소유할 만한 가치를 지닌 모든 것엔 가격표가 붙어 있고, 그 값을 지불해야 그걸 얻을 수 있지 그렇지 않으면 얻지 못합니다. 무언가 다른 것을 얻을 수 있겠지만 결코 공짜로 얻을 수 없습니다.

힐

자기 절제를 익힐 마음이 없는 사람은 개인 성취 철학이 부여하는 혜택을 누리지 못할 수 있다는 말처럼 들리는데요?

카네기

그렇습니다. 내가 방금 "공짜로 얻을 수 있는 것은 없다"라고 한 말은 곧, 혜택을 얻고자 스스로 노력하지 않는 사람은 이렇게 완벽한 철학이 제공하는 혜택을 자기 것으로 만들기 힘들다는 뜻입니다.

이 철학에 숙달하고 적절하게 적용하게 될 때 자기가 대상으로 삼았던 가장 높은 희망과 목표를 달성하게 된다는 사실을 기억해야 합니다. 그 외에 다른 방법으로 달성할 수 있다고 확신할 수 없어요. 따라서 이렇게 확실한 답이 정해져 있는데 지불하지 못할 정도로 큰 대가란 있을 수 없다는 겁니다.

이 철학이 약속하는 이익에 비해 우리가 지불해야 할 대가는 극히 미미합니다. 더구나 이 대가는 평균 지능, 건강한 신체, 건전한 정신을 갖춘 사람이라면 누구나 어렵지 않게 지불할 수 있는 수준이에요. 어마어마한 무언가를 지불해야 한다는 게 아니란 말입니다. 이 철학을 자기 것으로 만들어 사용하겠다는 굳은 의지만 있으면 되죠. 이 철학이 약속하는 혜택을 얻기 위해 치러야 하는 대가에서 자기 절제를 발전시키기 위해 필요한 노력이 가장 큰 비율을 차지하는데 그건 전적으로 의지력의 문제, 지속적인 노력을 끌어낼 수 있을 정도로 확실한 동기의 문제라고 말하고 싶군요.

모든 것은 개인의 선택에 달렸습니다.

힐

그런 말을 들으니 다행이네요. 저도 전적으로 공감합니다. 제가 질문을 하는 건 의심해서가 아니라 당신의 견해에 대해 변호하는 걸 듣고 싶어서입니다. 이 철학을 통해 자기 결정권을 추구하는 사람들이 나중에 똑같은 질문을 던졌을 때 제가 당신을 대신해 대답할 수 있어야 하니까요. 세상에는 쉽게 믿지 못하는 사람이 많잖습니까. 그런 사람들에게 제가 알고 있는 개인 성취의 규칙을 알려주고 그 규칙을 실행하는 모든 사람에게 효과가 있다는 사실을 납득시킬 수 있도록 준비해야 할 것 같습니다.

카네기

좋은 생각입니다. 이 규칙은 실천하는 모든 사람에게 효과가 있다는 게 맞는 말이니까요. 그 어떤 철학도 저절로 효과를 발휘할 수 없어요. 철학이란 설탕을 입힌 알약처럼 꿀꺽 삼킨 다음 한숨 자고 나면 약 효과가 나타나는 그런 게 아닙니다. 현명하게 쓸 때 확실한 효과를 기대할 수 있죠. 어떻게 그렇게 될까요? 인생 성취 철학은 단순히 추상적인 규칙을 모은 것이 아닙니다. 이 철학은 완성되고 나면 대단한 성공을 이룬 500여 명의 인생 경험을 전형적으로 보여줄 것입니다. 이 철학의 규칙이 견실하다면 시간이 흐른 뒤에도 효력을 발휘하겠죠. 어느 한 사람에게 도움이 된다면 그 규칙을 적용할 수 있는 동등한 능력을 지닌 사람 누구에게나 도움이 될 겁니다.

힐

이제 많은 생각을 하게 만들었던 질문을 하려고 하는데요. 왜 성공한, 부와 영향력을 얻은 사람들을 보면 젊을 때는 하지 못하고 나이 들어서 성공을 이루는 건가요?

카네기

충분히 그럴 만한 2가지 이유가 있어요. (1) 과거에는 개인의 성취와 관련해서 명확한 철학이 없어서 사람들은 시행착오를 통해 배울 수밖에 없었다는 겁니다. 그러니 시간도 더 걸렸겠지요. (2) 사람은 세월 속에서 성숙함을 얻으며 때로는 지혜를 얻기도 합니다.

힐

자기 절제로 실현할 수 있는 가장 좋은 것은 무엇입니까?

카네기

주저하지 않고 이렇게 말하겠습니다. 가장 큰 혜택은 자기 절제가 되면 원하는 것을 얻을 수 있게 되는 거라고. 의지력이 머무르는 곳인 자아는 마음의 대법원이나 마찬가지로 마음의 다른 부서들이 하는 일을 무시할 수 있는 힘이 있습니다. 자기 절제를 통해 힘의 원천을 보호하고 지원한다면 힘의 범위와 영향력 면에서 엄청난 결과를 얻을 수 있습니다.

자신의 의지력이 패배라는 평결을 인정하기 전까지 우리는 패한 게 아닙니다. 나는 중년을 훨씬 넘어선 나이에 사업에 실패하고 소유했던 모든 물질적인 것을 잃었다가 다시 복귀해서 손실을 만회한 사람들을 알고 있습니다. 그 사람들은 자기 절제를 끝까지 잃지 않고 지켜낸 사람들입니다. 자기 절제를 통해 불굴의 의지력을 키운 사람들이죠.

힐

그러면 "우리의 유일한 한계는 스스로가 마음에 설정한 한계"라는 말에 동의하는 겁니까?

카네기

동의합니다! 마음의 힘에 대해 또 하나 말해줄게요. 자기 절제를 통해 마음을 소유하지 못하고 확실한 목적을 향해 나아가지 않으면, 마음이 알아서 한계를 설정할 겁니다. 마음은 어떤 요구가 들어오면 들어오는 대로 그 요구에 맞출 수 있도록 무한한 힘을 발휘합니다. 여러 면에서 마음은 마치 비옥한 정원 같아요. 잘만 일구면 얼마든지 원하는 농작물을 수확할 수 있죠. 하지만 방치하면 저절로 잡초가 무성하게 자라납니다!

마음도 이와 같다는 점을 이해한다면 왜 자기 수양을 통해 마음을 통제해야 하는지 알 수 있겠죠.

가장 좋은 보안 장치는
내면에서 발전시킨 개인적 보안 장치다.
— 앤드류 카네기

힐

자기 절제가 지닌 가장 중요한 잠재력을 요약한다는 의미에서, 우리가 먼저 신경 써야 하는 부분이 있다면 간략하게 설명해줄 수 있나요?

카네기

음, 우리가 자기 절제를 통해 마음을 다스리게 되면 관계된 다른 모든 것에 대한 통제도 자동으로 이뤄진다고 할 수 있습니다. 물론 초보자라면 마음의 6가지 부서에 대한 자기 절제 습관을 형성하는 데서부터 시작하는 게 좋겠죠. 그러려면 인내심과 끈기, 이런 자질들을 지속적으로 적용할 수 있도록 힘을 주는 확실한 동기가 필요합니다.

절차는 복잡할 게 없습니다. 명확한 주요 목적의 채택부터 시작하면 됩니다. 그 목적 뒤에는 목적을 달성하고자 하는 적절한 동기가 뒷받침하고 있어야겠지요. 이렇게 시작하려면 자기 절제의 도움이 필요할 수밖에 없고요.

⊗ 멘탈 트레이닝 어드바이스

여기서 카네기는 사람들이 목표 달성에 실패하는 근본적인 이유를 언급한다. 연구에 따르면, 새해 목표를 세운 사람 중에서 2월 둘째 주가 지나기 전에 목표를 포기한 사람이 약 80%에 이른다고 한다. 이는 애초에 목표를 세웠던 소수의 사람 중에서 불과 6주가 흐른 후에도 그 목표를 달성하기 위해 힘쓰는 사람이 5명 중 1명밖에 되지 않는다는 말이다!

카네기는 동기의 중요성을 강조했고, 그에 고무된 힐은 어떤 책에서 "마음의 표류가 실패의 주요 원인"이라고 쓴 바 있다. 이는 달성 가능성이 높은 목표란 명확한 주요 목적에서 생겨난 목표, 왜 자기가 그 목표를 성취하고 싶은지 알려주는 적절한 동기에 의해 강화된 목표라는 것을 말해준다. 이럴 때 목표는 감정으로 충전시키기가 훨씬 더 쉬워지고, 이는 우리가 앞에서 보았듯이 목표를 현실로 만들기 위해 필요한 일관되고 목적의식이 충만한 행동을 이끌어내는 데 중요한 역할을 한다.

잊지 말아야 한다, 동기가 강하면 강할수록 행동은 더욱 열성적이 된다는 것을.

그 외에 자아의 경각심을 고취시키고 자기 절제의 필요성을 자각하는 수단으로 자기 암시를 권하고 싶습니다. 자기 암시는 다음의 심리 관련 문구를 매일 반복하는 방법으로 할 수 있습니다.

⑴ 나는 내 마음이 상상력·양심·이성 능력·감정 능력·기억력·의지력이라는 6개 부서로 구성된 정부 시스템이며, 의지력은 자아 안에 상주하면서 다른 모든 부서 위에 존재하는 대법원의 역할을 한다는 점을 인정한다.

(2) 나는 끊임없이 상상력을 사용함으로써 나의 상상력을 기를 것이다.

(3) 의심스러울 때는 양심과 상의하되 양심을 무시하지 않음으로써 양심과 좋은 관계를 유지할 것이다.

(4) 나는 행동하기 전에 모든 계획·목적·의견을 이성 능력에게 지도·감독 받게 함으로써 이성 능력을 키울 것이다.

(5) 나는 7가지 긍정적인 감정을 장려하겠지만, 항상 이성 능력의 지도·감독을 통해 수정을 가한 후에야 그 감정을 표현할 것이다.

(6) 나는 7가지 부정적인 감정의 위험을 인식하고 있기에 부정적인 감정을 어떤 형태로든 건설적인 행동으로 변화시킬 수 있을 때만 표현할 수 있도록 통제할 것이다.

(7) 나는 어떤 노력을 기울여야 한다 해도 의지력에 모든 것을 맡기고 마음 속 다른 부서에 대한 통제권을 완전히 부여함으로써 내 마음의 대법원, 즉 의지력을 존중한다.

(8) 나는 즉각 기억해내고 싶은 모든 것을 기억에 확실하게 새겨두도록 관리함으로써 기억력을 예리하고 또렷한 상태로 유지할 것이다.

(9) 나는 마음의 6가지 부서를 발전시키는 수단으로서 명확한 주요 목적을 채택하고 그 목적을 달성하기 위해 매일 어떤 형태로든, 적든 많든 노력을 기울일 것이다.

(10) 나는 내가 설정한 또는 내가 다른 사람으로 하여금 설정할 수 있도록 허락한 한계를 제외하고 내 마음에 한계가 없다는 점을 인식한다. 그러므로 내 마음에 들어오는 모든 부정적인 영향과 과거의 불쾌한 경험에 맞서 문을 굳게 닫을 것이며 얼마나 많은 노력을 해야 하든 그 문을 닫

은 상태로 유지할 것이다.

(11) 습관의 힘을 인정하는 나는 명확한 주요 목적의 본질과 조화를 이루는 일상의 습관을 형성함으로써 내 잠재의식이 이러한 습성을 넘겨받아 자동으로 수행할 것임을 인식하면서 완전한 자기 수양을 발전시켜 나 갈 것이다.

(12) 이 약속을 충실하게 수행하려면, 내가 세운 계획이 때때로 수정이 필요할 수 있다는 사실을 인식하면서 나는 무한 지성의 안내를 받을 수 있도록 마음을 열어둘 것이다.

(13) 최선을 다해 약속을 지키기 위해서 기도할 것이다!

바람직한 결과가 나타나지 않는다면 믿음만으로 매일 약속을 다 하기란 불가능한 일입니다. 조만간 약속은 잠재의식적인 마음으로 넘겨지고 자동으로 행동을 통해 나타날 겁니다.

약속은 겸허한 마음으로 실천해야 합니다. 약속은 개인적으로 다른 사람의 지식(그 지식 때문에 발생할 수 있는 간섭)이 개입하지 않은 상태에서 실행해야 해요. 이는 한 개인이 자신과 창조주 사이에 정식으로 맺은 협정이라 할 수 있습니다. 이 약속은 여러 변화를 통해 사람의 정신 태도를 바꾸게 될 겁니다.

- ○ 규율을 의식하게 만든다.
- ○ 모든 유형의 낙담을 제거하는 데 도움을 준다.
- ○ 삶의 일상에서 자립적이고 명확한 결정을 내릴 수 있게 해준다.

○ 미루기 습관을 다스릴 수 있게 해준다.

○ 성격에 즐거운 변화를 불러오며, 주위 사람들은 그 변화를 바로 알아채게 된다.

○ 수많은 방식으로 자기 향상을 위한 기회를 불러들인다.

○ 과거에는 저항도 못 하고 굴복했던 약점들을 영구히 경계하게 한다.

간단히 말해 이 모든 변화는 최고 수준의 가장 유익한 형태의 자기 절제가 될 것이고, 이 자기 절제는 당신이 행하고 생각하는 모든 곳에 반영되어 나타납니다.

⊗ 멘탈 트레이닝 어드바이스

자기 암시는 준비하기는 간단하지만, 오롯이 정성을 들이지 않으면 유지하기 어려운 과정이다. 이 과정을 통해 성공하려면 현재 자신을 둘러싼 환경에 대해 불평하느라 쓰는 에너지를 동력원으로 활용해서 자신이 가장 원하는 환경을 건설적으로 만드는 방향으로 재설정해야 한다.

자기 암시 과정은 자신의 결의를 시험하는 훌륭한 방법이다.

작가·강연자이자 힙합 전도사로 알려진 에릭 토머스Eric Thomas 박사는 비평가들로부터 호평을 받은, 동기부여를 주제로 한 강연(온라인에서 찾을 수 있음)에서 청중에게 간단한 질문을 던진다.

"당신은 얼마나 간절히 원하는가?" 그는 완벽한 시간은 기다리기보다 만들어내는 게 중요하다고 설명한다. 강연에서 그는 "숨 쉬고 싶어 하는 만큼 성공을 간절히 원한다면 당신은 성공하게 될 것"이라고 말한다.

요즘은 아무리 사소한 일이라도 하기 힘든 또는 귀찮은 일로 하루를 시작하면 도움이 된다고 하는 사람들이 점점 많아지고 있다. 이렇게 하면 스스로 성취감을 느낀다고 한다. 중요하게 생각하는 구절 외우기, 찬물로 샤워하기, 명상하기, 자신의 생각이나 감정 기록하기 혹은 침대 정리하기 등 무엇이든 아침에 처음으로 하는 일을 대하는 자신의 태도가 하루를 결정하게 된다.

당신이 아직 성공할 준비가 되어 있지 않다면 이미 준비된 사람을 위해 옆으로 비켜
서라.

힐

마음의 모든 부서 중에서 가장 중요한 부서인 잠재의식 부서를 간
과한 것 아닙니까?

카네기

간과한 건 아니지만 잠재의식은 개인의 통제 아래 있는 것이 아닙
니다. 나는 자기 절제의 대상이 되는 마음의 부서만 언급했을 뿐이고
요. 잠재의식적 마음은 의식과 무한 지성을 연결하는데 그건 아무도
훈련시키거나 통제할 수 없습니다.

잠재의식은 의식적 마음의 지배적인 생각을 자기 것으로 만들고 그
에 따라 행동하는 방식으로만 작동합니다. 여기서 한 가지 자기 절제
를 통해 소기의 목적을 분명하고 확실하게 의식적 마음에 새길 수 있
다는 것을 알고 있어야 합니다. 잠재의식이 지체 없이 그 목적을 넘겨
받아 행동으로 옮기도록 준비하는 셈이죠.

힐

잠재의식 활동을 가속화할 수 있는 것이 있다면 무엇일까요?

카네기

강렬한 계획과 목적! 명확한 목적을 달성하고자 하는 불타는 욕구가 동기로 작용하면 종종 잠재의식적 마음은 그 욕구에 작용합니다. 행동은 보통 목적 달성을 위한 계획에 따라 나타나는데, 강렬한 목적이 있다는 걸 포착한 무의식적 마음이 '육감六感'을 통해 의식적 마음에게 어떻게 하라는 계획을 전달해서 움직이게 합니다. 이 갑작스러운 육감 또는 충동은 이성 능력이나 상상력의 도움 없이 갑자기 찾아오는데, 이런 충동이 열정과 함께 찾아온다면 우리는 그게 무의식적 마음에서 비롯된 거라는 걸 쉽게 알 수 있죠.

힐

심리 작용 공식의 주요 목적은 자신의 목표·계획·목적을 받아들이고 그에 따라 행동하도록 마음을 조절하는 것이라고 결론내릴 수 있겠네요. 그런 건가요?

카네기

바로 그겁니다. 심리 공식은 마음에서 쓸모없는 장애물과 부정적인 영향을 없애서 맑은 상태로 만드는 데 도움을 주고 긍정적인 영향을 불러들이도록 장려하죠.

힐

감정이 강렬하면 항상 잠재의식적 정신의 작용이 가속화되는군요?

카네기

아니요. 잠재의식이 행동으로 나타나기까지 충분한 시간이 걸리는 편이지만 욕구의 충동을 받는 즉시 나타날 때도 있습니다. 예를 들어 두 자동차가 충돌하기 직전의 순간처럼 비상시에는 운전자가 의식적 마음에 의존해서 판단을 내릴 상황이 안 되면 무의식적 마음이 운전자로 하여금 안전하게 위험을 피해갈 수 있게 해준다고 알려져 있습니다. 나도 유사한 상황을 겪어봤고요.

다들 알고 있는 사실이지만, 사람은 집에 화재가 발생하는 등 큰 위험에 직면하면 탈출하기 위해 종종 육체적으로 그리고 정신적으로 초인적인 힘을 발휘한다고 합니다. 이런 경우에는 잠재의식이 상황을 장악하고 명령을 내리게 되는데 몸과 마음을 완전히 관장하는 수준까지 가기도 하죠.

잠재의식적 마음은 머리로부터 명령을 받지 않는다는 특성이 있습니다. 오직 감정의 명령에 의해서만 작용하죠. 그러니까 왜 우리가 반드시 긍정적인 감정을 계발하고 통제해야 하는지 아시겠죠. 잠재의식적 마음은 긍정적인 감정이 내린 명령만큼이나 부정적인 감정이 내린 명령도 신속하게 처리할 테니까요. 잠재의식적 마음은 명령의 주체를 구분하려 하지 않습니다.

힐

정신적·물질적으로 수준이 낮은 사람들에 둘러싸여 있으면 그 사람 역시 수준이 낮아진단 말이군요. 그렇지 않은가요?

카네기

잘 보셨어요. 잠재의식적 마음은 감정의 지배적인 영향을 따르죠. 잠재의식은 가장 강한 감정, 마음을 차지하는 시간이 가장 많은 감정의 영향을 받아 행동합니다.

힐

그러면 자꾸 가난을 생각하거나 언급하는 사람은 말 그대로 자신을 가난에 빠트린다고도 할 수 있겠네요?

카네기

정확하게 그렇게 됩니다. 또 하나, 엄격한 자기 절제 시스템을 통해 마음을 체계화하고 명확한 목표를 향해 방향을 설정하지 못하면 마음의 문이 열린 상태에서 환경의 영향력이 침투하게 되죠.

마음이 모든 것이다.
사람은 생각하는 대로 된다.
— 석가모니

힐

반면 마음이 풍성함과 풍요로움을 기반으로 한 명확한 주요 목적으로 가득하다면 더 많은 걸 얻을 수 있는 수단과 방법을 쉽게 끌어들일 수 있다는 건가요?

카네기

그래요, 하지만 마음에 목적의 명확성이 확실하면 수단과 방법뿐 아니라 원하는 것을 직접 얻을 수 있습니다. 어떤 사람이 매일 어떤 식으로 마음의 양식을 쌓는지 보면 그 사람이 여생을 어떤 식으로 살지 말해줄 수 있어요.

힐

이 토론의 핵심 부분으로, 이 원칙과 관련해서 강조하고 싶은 부분이 있습니까?

카네기

있어요! 아주 중요한 부분이므로 이 전체 철학의 핵심이 될 수 있을 것 같네요. 내가 염두에 두고 있는 생각을 끄집어낼 수 있는 질문을 당신이 해주기를 기다렸는데 그런 질문이 나오질 않는군요. 당신이 그 점을 보지 못했다고 비판하는 건 아니니 이해해주기 바랍니다. 내가 염두에 두고 있는 생각은 인간적인 면에서 성숙하고 경험이 풍부한 사람에게만 일어날 수 있는 거니까요.

제가 마음속에 있는 6가지 부서를 비롯해 각 부서가 하는 일을 있는 그대로 설명했습니다. 하지만 다른 모든 부서를 훨씬 능가하므로 특별히 강조해야 하는 부서가 하나 있습니다. 바로 의지력이 활동하는 자아입니다. 다음의 마음의 6가지 부서는 자기 절제가 어떻게 유지되는지 보여주기 위해 상대적 중요도에 따라 순서를 정했습니다.

⑽ 잠재의식적 마음: 마음과 무한 지식을 연결하는 고리

⑴ 자아: 의지력이 활동하는 곳, 다른 부서를 관장하는 대법원, 그 힘의 중심은 잠재의식 안에 있다

⑵ 감정 능력: 마음의 행동력이 활동하는 곳

⑶ 이성 능력: 판단과 의견이 자리하는 곳

⑷ 상상력: 아이디어와 계획의 근원

⑸ 양심: 마음의 도덕적 지침

⑹ 기억력: 마음의 기록 보관소

비교하면 대법원이 사법부 내 모든 기관 중 최고위 기관으로 최종적 심사 권한을 지니고 있듯이 의지력과 마음속 다른 부서 간의 관계도 비슷하다고 보면 됩니다. 물론 의지력이 인간사에서 하는 역할을 완전하게 설명하기에 충분한 비유는 아니지만요.

물리 선생님은 물리학을 처음 접하는 학생들에게 재미 삼아 이런 질문을 던집니다. "어떤 힘으로도 움직일 수 없는 물체와 그 무엇으로도 막을 수 없는 강력한 힘이 만나면 어떻게 될까요?" 물리학 분야에 지식이 있는 사람이라면 당연히 어떤 힘으로도 움직일 수 없는 물체나 그 무엇으로도 막을 수 없는 힘 같은 것은 존재하지 않는다는 사실을 알고 있습니다. 하지만 그건 물리학 세계에 적용되는 법칙이죠. 형이상학적 세계에서는 그 무엇으로도 막을 수 없는 강력한 힘이 존재하며 이를 의지력이라 하죠.

의지력은 무한한 힘을 지니고 있어 사람이 자기 마음속에 한계를

정해놓음으로써 의지력의 사용을 제한하는 방법 외에는 그 힘을 약하게 하는 방법이 없습니다.

의지력의 힘은 아주 강력해서 죽음의 손길마저 거부할 수 있다고 알려진 사례가 수없이 많아요. 의지력으로 이룬 인간 성취의 업적은 놀라워서 '기적'이라는 단어 말고는 달리 설명할 길이 없죠.

감정이 불굴의 의지에 의해 뒷받침될 때, 잠재의식적 마음은 인류에게 알려진 적이 없는 힘을 전해준다고 합니다. 토머스 에디슨이 가장 뛰어난 발명품 중 몇 가지를 완성할 수 있었던 것이 바로 이 힘 덕분이었고요. 의심할 여지 없이 조지 워싱턴이 아군보다 우월했던 적군을 상대로 승리를 거두고 미국에 자유를 선사할 수 있었던 것도 이 힘 덕분이었죠.

의지력은 우리가 영원히 잊고 싶은 어떤 경험이나 상황에 대해 문을 닫을 수 있게 해주는 도구입니다. 의지력이라는 도구는 우리가 선택한 방향으로 기회의 문을 열 수 있게도 해주죠. 만약 우리가 열려고 하는 첫 번째 문이 열기 힘들다면, 우리는 다른 문을 열려고 시도할 것이고 마침내는 이 저항할 수 없는 힘에 열리는 문을 찾아낼 겁니다. 따라서 인간 마음의 대법원은 판결을 내리는 법원이자 명령을 수행하는 군대도 될 수 있죠.

자아를 다스릴 줄 알게 되면 자신만의 방식대로 삶에 적응하는 데 필요한 모든 것을 다스릴 수 있습니다. 만약 이 생각이 당신의 관심에서 탈출하도록 둔다면, 당신은 이 철학의 중요한 부분을 놓치게 될 것입니다. 하지만 당신은 놓치지 않을 겁니다. 당신이 개인 성취 철학을 정리해서 체계화하기까지 오랜 세월에 걸쳐 연구를 완수하려면 무엇보다도 의지력이 필요하다는 사실을 내가 알고 있으니까요. 의지력이 없다면 닫혀 있었을 문을 당신의 의지력이 열어줄 겁니다. 의지력은 의지하는 모든 이를 위해 똑같이 문을 열어줄 겁니다.

나는 늘 불굴의 의지를 지닌 사람이라면 우주의 모든 힘을 이용할 수 있다고 생각했어요. 불굴의 의지는 돈으로도 할 수 없는 일에서 내게 도움을 주었습니다. 다른 모든 것이 등을 돌렸을 때 말이죠. 지금까지 불굴의 의지에 무조건적으로 의존했을 때 단 한 번도 실망한 적이 없습니다. 다른 사람도 살면서 그렇겠지만 때로 내가 그 힘을 충분히 활용하지 못한 적은 있었어도 말입니다. 자신의 의지력을 이해하는 사람에게 극복하기 어려운 어려움 같은 것은 없습니다. 이런 사람은 비록 자신이 원하는 방법이 아니더라도 돌아갈 방법을 찾아내니까요.

사회 초년생 시절에 잊지 못할 경험을 했습니다. 구매하고 싶은 부동산이 있었는데 그러려면 수백만 달러가 필요했어요. 내게는 그만한 돈이 없었고요. 처음에는 몇 군데 은행에서 대출을 받으려고 했지만 모두 거절당하고 말았습니다. 다음 날이 부동산을 매각하려는 회사의 이사진과 만나기로 한 날이었습니다. 나는 돈이 있든 없든 무조건 그 부동산을 내 것으로 만들어야겠다는 결연한 심정으로 회사로 향했죠. 그런 마음을 먹고 모임 장소로 갔습니다. 그 회사에 도착하기 전, 돈 한 푼 지불하지 않고 부동산을 얻을 수 있는 계획이 떠올랐어요. 전체 금액에 대해 채권을 발행해야겠다고 생각했습니다. 부동산 소유주에게는 만기 때 보너스로 충분한 이자를 더해주겠다며 마음을 움직일 생각이었고요.

은행에서 대출을 거절당했다는 말은 한마디도 하지 않고, 계획했던 대로 채권 구매를 제안했더니 의심 없이 받아들이더군요. 오히려 보너스 얘기를 듣고는 굉장히 좋아했어요. 나중에 은행 간부들을 만난 자리에서 그 얘기를 해주니까 누군가가 "불가능"한 일이라고 소리치더군요. 그 일이 있고 나서 몇 년간 돈 없이도 부동산을 구매할 기회가 많았습니다.

다 끝내기 전에는
모든 게 항상 불가능해 보인다.
— 넬슨 만델라

힐

그렇다면 의지력에 다가가는 과정의 출발점은 명확한 목표인가요?

카네기

목적의 명확성은 인류가 성취하는 모든 것의 출발점입니다. 의지력은 우리가 하기로 한 일을 달성할 때까지 지탱해주는 힘이고요.

힐

불굴의 의지력에 확고한 목적을 더한 결과가 성취라고 말할 수 있겠네요?

카네기

간단하게 말하면 그럴 수 있겠지만 누군가에게 확고한 목적을 주는 게 무엇이냐고 묻는다면 나는 동기라고 하겠어요.

힐

그렇다면 이렇게 하면 되겠네요. '동기+단호한 목적+불굴의 의지력=성취'가 된다.

카네기

그게 훨씬 더 좋네요. 그 한 문장에 개인 성취 철학 전체를 담아냈군요.

힐

저항과 압박이 발생하는 상황에서 의지력이 느슨해지기 시작할 때, 의지력을 지탱해주는 것은 무엇입니까?

카네기

동기! 그에 더해 실현하고자 하는 불타는 욕구. 동기가 깊이 자리 잡고 있고 성취에 대한 욕구가 강력하다면 의지력은 자연스럽게 유입됩니다. 완벽한 자기 절제 아래 있는 사람이라면 필요할 때마다 의지력을 소환할 수 있죠. 이것이 자기 절제의 주요 이점 중 하나입니다.

힐

다른 힘들과 마찬가지로 의지력도 쓰지 않으면 붕괴되나요?

카네기

그렇습니다. 신체와 마찬가지로 마음의 힘도 사용하면 발달합니다. 모든 자연에 근본적으로 통용되는 '사용을 통한 성장의 법칙Law of Growth Through Use'이라 할 수 있죠. 자연은 어떤 형태로든 나태해지는 걸 막으려 합니다. 모든 생물은 투쟁과 행동을 통해 계속 성장해야 합니다. 어떤 분야에서 어떤 일을 하든 행동이 멈추는 순간 죽음이 시작되는 겁니다.

힐

그래서 토론 내내 행동의 중요성을 강조하셨군요.

카네기

정확합니다! 지금까지 내가 확실하게 전하고 싶었던 말이 개인 성취 철학은 행동으로 표현하기 전까지는 아무 가치도 없다는 겁니다! 활동을 통해 성장과 힘이 탄생합니다. 사람들이 마음을 사용하지 않을 때 어떤 일이 일어나는지 보여주는 대표적인 예를 들면 은퇴하고 일을 그만둔 사람을 보세요. 사용하지 않으면 곧 녹슨다는 점에서 마음은 기계와 같은 겁니다.

⊠ 멘탈 트레이닝 어드바이스

카네기는 우리가 자신의 안전지대에서, 편안함에 안주하는 생활 방식에서 벗어나야 한다고 강조하면서 첫 대화를 마무리한다. 안이한 생활 방식에서 벗어나는 순간에는 불편이나 불안을 느낄 수 있지만 그럼에도 거기서 벗어나야 성장할 수 있기 때문이다. 우리는 노력을 통해 강해졌다. 하지만 대형 스크린 TV와 끝없는 소셜 미디어 뉴스가 등장하면서, 적극적으로 참여하기보다 구경하기를 선택하는 경우가 그 어느 때보다 많아지고 있다.

프롤로그에서 이 책이 "당신을 삶에 적극적으로 참여하도록 끌어들이는 초청장"이라고 했던 문장이 기억나는가? 나는 지금 당신이 기회를 잡을 수 있다는 생각에 신이 나서 구체적인 행동 목록을 만들어놓았기를 바란다.

우리는 종종 자신의 안전지대에서 벗어날 기회를 거부한다. 하지만 나는 기회를 받아들이는 습관을 구축했기에, 오늘날 내가 누리고 있는 모든 성공을 가능하게 해준 관계와 기회를 확실하게 만들 수 있었다. 안전지대에 머무르면 편하겠지만 그곳에서는 아무것도 자라지 않는다.

행사에 참여하고 긍정적인 사람들을 만나며 당신이 상상했던 것보다 훨씬 더 위대한 삶을 추구하면서 마음을 확장시킬 수 있도록 스스로 노력하라. 당신과 당신의 가족과 당신의 공동체를 위해서.

나폴레온 힐이 말하는
자기 절제

앞에서 자기 절제를 유지할 수 있게 해주는 마음의 6가지 부서를 제시했다. 각 부서는 내가 생각하는 중요도에 따라 순서를 정했지만 어떤 부서가 가장 중요하다고 단적으로 말하기는 힘들다. 하지만 불필요한 부서는 하나도 없다.

카네기는 의지력의 활동 장소를 강조했는데, 아주 설득력 있는 설명이었기에 나도 의지력을 가장 중요한 부서로 선택할 수밖에 없었다. 카네기가 분명하게 말한 대로 "의지력은 다른 모든 부서를 관장한다." 그렇기에 마음의 대법원이라는 비유를 들었다.

"세상은 감정이 지배한다"라는 것이 주지의 사실이다. 따라서 내가 다음으로 중요하게 생각하는 부분은 감정 능력이다. 이성 능력은 감정적 행동을 안전하게 사용할 수 있도록 준비시키는 교정 역할을 하므로 당연히 중요도에서 세 번째를 차지한다. 잘 균형 잡힌 마음이란 감정 능력과 이성 능력 사이에 이뤄지는 타협을 말한다. 상상력은 아이디어와 계획, 바람직한 결과를 얻는 방법과 수단을 만들어내므로 네 번째로 중요한 부서라 할 수 있다. 양심과 기억이라는 나머지 두 부서는 마음의 필요한 부속물이며, 둘 다 중요하긴 하지만 후순위에 자리 잡는 것이 맞다.

잠재의식은 마음이 협력을 필요로 할 때 끌어당길 수 있는 막강한 힘을 지니고 있으므로 가장 높은 곳에 자리한다. 잠재의식은 독립적으로 행동하므로 마음속 정부 기관의 일부에 포함되지 않았으며, 제안의 형태 말고는 어떤 형태의 통솔도 받아들이지 않는다. 잠재의식은 자기만의 방식대로 자발적으로 행동한다. 하지만 카네기가 언급했듯이 감정을 격화하고 고도로 집중된 형태로 의지력을 적용함으로써 행동 속도를 높일 수 있다.

잠재의식적 마음, 의식적 마음에 존재하는 6가지 부서와의 관계는 농부, 농작물이 생산되는 자연법칙과 여러 면에서 유사하다. 농부가 토양을 준비하고 적당한 계절에 작물을 심는 등 일정한 임무를 수행하고 나면 농부의 할 일은 끝난다. 거기서부터 자연이 이어받아 씨앗을 번식시키고 열매가 여물며 수확을 낳는다.

의식적 마음은 의지력의 지휘 아래 계획과 목적을 수립해 길을 마련한다는 점에서 농부와 비교될 수 있다. 만약 그 일이 제대로 이뤄지고 자신이 원하는 것에 대한 명확한 그림이 만들어지면(그림은 자신이 이루고자 하는 목적의 씨앗), 잠재의식은 그 그림을 이어받아 목적을 달성하기 위한 실질적인 방법과 수단을 의식적인 마음에 제시한다. 씨앗이 발아해 자라기까지 걸리는 시간이 정해진 자연법칙과 달리, 잠재의식은 행동하기까지 시간이 정해져 있지 않다. 언급한 대로 예외가 있긴 하지만.

카네기는 의지력 강조를 통해, 이 힘을 고도로 집중시켜 노력하면 명확한 결과를 낳을 수 있다는 자신의 믿음을 내비친다. 하지만 그 결과가 항상 잠재의식적 정신의 작용에서 나온다고 주장하지는 않는다. 이 점은 누구도 확실한 정보를 갖고 있지 않은 듯하다. 하지만 그 힘의 원천이 무엇인지와는 관계없이 의지력에 대한 카네기의 주장을 뒷받침할 수 있는 증거는 충분하다.

⊗ 멘탈 트레이닝 어드바이스

최상의 결과를 얻으려면 어느 분야에서든 기울이는 노력의 집중력과 강도가 중요하다는 점을 계속 보고 있다. 어쩌면 당신은 높은 지능, 명문 대학 교육, 운동선수 같은 신체 또는 강력한 사회 연결망을 갖춘 축복받은 사람일 수 있다.

하지만 자신이 원하는 결과를 확신하지 못한다면 당신이 갖춘 자산은 낭비되고 결국에는 당신보다 더 방향이 뚜렷하고 주위 자원을 이용하는 능력이 뛰어나며 쾌활한 사람에게 뒤처질 것이다.

당신이 가장 비싼 가구로 꾸민 호화 요트를 소유하고 있다고 해보자. 하지만 당신이 목적지를 모른다면, 더 안 좋게 말해서 당신이 원하는 대로 요트를 사용하는 방법을 모른다면 당신은 부둣가에 앉아 있는 것 말고는 할 게 없다. 아무 역할을 하지 못하고 멈춰 있는 요트는 선체에 따개비들이 점점 달라붙고, 천천히 부식되기 시작할 것이다. 마침내 극심한 압박이 가해지면 당신의 호화 요트는 가라앉고 만다.

자기 절제로 하여금 확실한 주요 목적을 창출해내도록 하면 마음의 6가지 부서가 공통의 목적 안에서 회전자를 돌리며 작동할 수 있다. 이렇게 한 가지 목표를 위해서 모든 부서가 함께 일하도록 할 수 있기 때문에 의지력이 중요한 것이다.

당신이 어떤 결과를 원하는지, 그 결과를 얻기 위해 어떤 일을 해야 하는지, 매일 목표를 이루기 위해 최선을 다하고 있다는 사실을 어떻게 증명할지 생각해보라. 당신의 꿈이 원대한 꿈, 한곳에만 집중하는 결연한 마음에 의해 자극받고 일관성에 의해 강화된 큰 꿈이 되도록 하라. 매력적인 방법은 아니지만 가장 위력 있는 방법이다.

사람들은 대부분 성공 공식을 아주 복잡하게 만들어놓고 다른 사람을 비난하거나 아예 행동하지 않거나 빠르고 효과적인 마법의 해결책을 찾으려 한다. 불행히도 소셜 미디어는 이러한 현상을 악화시킬 뿐이다.

이런 점에서 보면 미국에서만 매년 730억 달러 이상을 복권 구매에 쓴다는 사실이 놀랄 만한 일이라도 되는 걸까? 이는 도서 구매에 쓰는 돈의 5배에 달하는 액수다. 책은 어느 정도 우리 삶을 변화시킬 가능성이라도 높지만 복권은 대체 몇 장이나 사야 수익을 거둘 수 있단 말인가? 3억 분의 1이라는 당첨 가능성에서 투자 수익률을 기대한다는 자체가 말이 안 된다고 할 수 있다.

카네기와 힐이 개략적으로 설명했듯이 자기 절제는 일관성을 보면 명백히 드러난다. 기울이는 노력에서, 역경에 직면했을 때 보여주는 집요함에서, 달성한 결과보다는 매일 집중해서 실천하는 행동에서 자기 절제가 드러난다.

우리 모두 스스로 마음속에 패배를 받아들이기 전까지는 패배하지 않는다는 사실을 알고 있다. 이는 우리의 의지력 사용이 느슨해지기 전까지는 패배한 게 아니라는 뜻이다. 영업을 예로 들면 끈질긴 판매원이 일반적으로 실적이 가장 좋다. 광고도 마찬가지다. 크게 성공한 광고주들은 끈질기게, 매달 끊임없이 규칙적인 태도로 밀고 나아간다. 광고 분야의 전문가들은 만족스러운 결과를 낼 수 있는 유일한 방책이라고 확신한다.

광활한 황야만 펼쳐진 미국에 정착한 개척자들은 의지력에 끈기가 더해졌을 때 어떤 일을 해낼 수 있는지 보여주었다! 개척자들이 민주주의 사회와 비슷한 모습을 구축한 다음에 이어지는 미국 역사에서, 조지 워싱턴을 비롯해 제대로 먹지도 못하고 제대로 된 군복도 입지 못하고 제대로 된 장비도 갖추지 못한 그의 작은 군대가 끈기를 더한 의지력으로 무적의 군대가 될 수 있다는 사실을 다시 한번 증명했다.

그 후 불굴의 의지력과 끈기로 세계가 이전에 보지 못했던 삶의 기준을 이 나라에 선사해준 미국 산업과 상업의 창시자들이 나타났다. 의지력과 끈기를 활용해 마침내 미국의 경제력에 엄청난 공헌을 한 몇몇 지도자의 기록을 살펴보자. 물론 이들은 자신을 위해서도 충분한 부를 쌓았다.

앤드류 카네기 역시 그런 지도자 중에서도 상위에 이름을 올린 사람이다. 카네기는 아주 어렸을 때 이민선 3등칸에 몸을 싣고 미국에 와서 노동자로 일하기 시작했다. 친구가 몇 명 있긴 했지만, 영향력 있는 집안의 자제나 제대로 교육받은 친구는 없었다. 하지만 카네기에게는 의지력과 끈기라는 엄청난 능력이 있었다.

낮에는 잡역부 일을 하고 밤에는 공부하면서 전보를 배웠고 마침내 펜실베이니아철도회사 지부장의 개인 전신 기사 자리까지 올라갔다. 이때 카네기는 개인 성취 철학의 원리를 활용해서 철도 회사 고위 관료들의 관심을 끌었다. 당시 카네기가 펜실베이니아철도회사에 근무했던 수백 명의 다른 전신 기사보다 나은 대우를 받은 것은 전혀 없었다. 하지만 그는 다른 전신 기사들이 지니지 못했던 무언가가 있었다. 어쩌면 다른 사람들도 카네기가 지녔던 무언가를 지니고 있었지만 활용하지 못했을 수 있다. 그 무언가는 이길 때까지 계속 밀고 나가겠다는, 끈기와 짝을 이룬 의지였다.

카네기에 관한 기록, 오랜 세월에 걸쳐 그와 함께 일했던 사람들이 언급한 내용을 보면 그가 끈기와 의지력과 자기 절제라는 뛰어난 자질을 갖추고 있었다는 사실을 알 수 있다. 카네기는 엄격한 자기 절제를 통해 끈기와 의지력을 관리하고 명확한 목적을 향해 갈 수 있었다. 이를 제외하면 동일한 업무를 수행하던 사람들 대부분에게 없는데 카네기에게만 있었던 특출한 자질은 없었다.

의지력을 발휘함으로써 카네기는 명확한 주요 목적을 채택하고 위대한 산업 지도자에 오를 때까지 끈질기게 그 목적에 매달렸다. 물론 엄청난 부도 일궈냈다. 올바른 자기 절제를 갖추고 명확한 목표를 향해 나아간 카네기가 의지력을 활용해서 만들어낸 결과가 US스틸의 탄생이다. US스틸은 철강 산업을 혁명적으로 변화시켰으며 숙련공과 비숙련공을 가리지 않고 많은 사람에게 고용 기회를 제공했다. 물론 지금도 제공하고 있다. 당연히 추정하기 힘들 정도로 많은 돈으로 국가 경제력 제고에 이바지하기도 했다.

내면에서 올라오는 작고
고요한 목소리를 가만히 들을 수 있도록
하루에 1시간은 떼어놓아라.
— 앤드류 카네기

하지만 이 이민자 소년의 이야기는 거기서 끝나지 않는다. 카네기는 세상을 떠났지만, 그의 의지력은 미국의 모든 지역과 많은 외국에서 긍정적인 영향력을 끼치면서 성공을 이어가고 있다. 그는 축적한 자산을 교육 시설이라는 형태로 사회에 환원했으며 일부는 공공 도서관을 돕기 위해 사용되었다. 하지만 그의 말을 따르면, 그가 환원한 '자산 중 가장 큰 부분'은 그의 성취 철학을 통해 전달되었으며 이제는 전 세계의 각계각층에 있는 사람 누구나 그의 철학을 배우고 활용할 수 있게 되었다.

이 한 사람이 끼친 영향력은 헤아릴 수 없을 정도다! 그에게 부의 축적을 가능하게 했던 개인 성취 원칙을 이제는 원하는 모든 사람이 배우고 이용할 수 있게 되었다. 그의 선견지명 덕택에 이 철학을 따른 사람들은 산업 및 상업 분야에서 저명한 500여 명의 지도자로 성장했고, 이 철학은 문명이 지속되는 한 계속 인류에게 혜택을 제공할 것이다.

⊗ 멘탈 트레이닝 어드바이스

나폴레온 힐은 "이제 바라는 사람은 누구나 성취 철학을 이용할 수 있다"라고 말한다. 힐을 좋아하는 사람들은 힐의 모든 작품에서 욕구가 기본 주제를 이룬다는 사실을 알고 있다. 예를 들면 『놓치고 싶지 않은 나의 꿈 나의 인생』에서 힐은 첫 원칙을 이렇게 적었다. "모든 성취는 욕구에서 출발한다."

힐의 문장은 간단하지만, 그 안에는 강력한 힘이 있다. 카네기가 의뢰하고 힐이 완수한 성취 철학은 책으로 나와 현재 1억 2,000만 부 이상이 팔렸고, 세상을 완전히 바꾸려는 노력을 계속하는 기업 리더, 문화의 아이콘, 프로 운동선수들이 오늘날에도 그의 말을 인용하고 있다.

> 하지만 사람들이 성공하기 위해 어떻게 해야 하는지 알고 있다면 왜 성공은 아직도 그렇게 많은 사람을 외면하는 것일까? 이유는 욕구의 결여 때문이다. 그러므로 타인을 발전시키고자 하는 지도자가 해야 할 첫 번째 역할은 사람들이 미래의 무한한 가능성에 대해 감동하도록 만든 다음 그들에게 성공의 모습이 어떤지 포괄적으로 규정해주는 것이어야 한다.

카네기는 자신이 이룬 업적이 의지력과 끈기를 적용한 결과라는 사실을 알고 있기 때문에 그가 의지력과 끈기의 중요성을 강조하는 것이 그리 놀랄 일은 아니다. 이렇게 스스로 획득한 자질은 산업 지도자뿐 아니라 다른 분야에도 적용된다. 헬렌 켈러가 달성한 개인 성취에서도 의지력과 끈기를 얼마든지 볼 수 있다.

헬렌 켈러는 태어난 지 얼마 되지 않아 시각·청각·언어 장애인이 되었다. 이런 고통 속에서 그녀에게 남은 유일한 희망은 자기 마음의 주인이 되어야 한다는 것이었다. 의지력과 끈기를 통해 자신의 고통을 효율적인 방향으로 연결시키게 된 그녀는 말하는 법을 배웠다. 그녀는 촉각을 사용해 자신의 마음을 바깥세상과 연결하는 법을 두 눈으로 세상을 볼 수 있는 사람들보다 더 많이 배웠다. 그런 의지력으로 헬렌 켈러는 이런 것을 얻었다.

○ 평균을 훨씬 넘어서는 마음의 평화를 얻었다.

○ 어둠의 삶에서 자신을 지탱하는 데 필요한 희망을 얻었다.

○ 모든 능력을 온전히 지닌 보통 사람만큼이나 어쩌면 그보다 더 많이 자기 주위 세상의 본질을 간파할 수 있을 만큼 충분히 수양했다.

만약 누군가 자기 절제를 위해 그 오랜 시간을 투자해야 하는 게 적절하냐고 묻는다면 우리는 헬렌 켈러가 이룬 놀라운 업적을 증거로 내세울 수 있다. 하지만 헬렌 켈러가 극복 불가능해 보이는 장애물을 넘어서 거둔 승리 못지않게 토머스 에디슨이 거둔 승리 역시 그만큼 극적이라 할 수 있다.

에디슨의 초등학교 교사는 입학한 지 3개월밖에 안 된 에디슨을 집으로 돌려보내며 함께 보낸 편지에 이렇게 적었다. "정신이 '산만해서' 교육이 불가능함". 에디슨은 그 '산만한' 마음을 제어하고 세상에서 가장 위대한 정신으로 발전시켰다. 그를 가까이 알고 지내던 사람들은 나도 인정하는 바이지만, 에디슨이 지닌 주요 자산이 불굴의 의지력이라고 믿었다.

에디슨은 "의지력이 무한한 힘을 지닌다"는 카네기의 말이 사실임을 증명했다. 이곳저곳을 옮겨 다니며 철도 전신수로 일했던 위대한 에디슨은 본격적으로 마음을 다스리며 발명에 힘쓰기 시작했고 마침내 밝고 오래가는 백열전구를 발명하면서 세계적으로 인정받게 된다.

백열전구 발명과 관련된 이야기를 모르는 사람은 거의 없지만 완벽한 전구를 만들어내기까지 거듭된 1만 번의 실패를 멋지게 이겨냈다는 사실이 얼마나 중요한 의미를 지니는지 깨닫는 사람은 거의 없다. 여기서 우리는 의지력과 끈기가 이상적인 형태로 동맹을 맺고 있다는 것을 알 수 있다. 하지만 보통 사람은 무슨 일이든 한두 번의 실패를 겪고 나면 낙담하고 손을 놓는다는 사실에 비추어볼 때 이 2가지 자질이 지닌 가능성이 얼마나 대단한지 명백하게 깨닫지 못한다. 실패를 겪을 때까지 기다리지 않고 실패를 예상하며 미리 그만두는 사람이 적지 않다. 반면 의지력에 대한 이해가 부족해 그만두지 않는 사람도 있다. 아예 시작조차 하지 않는 사람이다!

⊠ 멘탈 트레이닝 어드바이스

나폴레온 힐은 구식 교육 제도의 근본적인 문제 중 하나를 다루고 있다. 우리는 수학·과학·역사 등을 가르치는데 이 모든 것은 실용적으로 활용할 수 있는 시기와 장소가 있다. 하지만 아이들을 세상으로부터 보호해야 한다며 점점 더 애지중지 키우는 현상이 이어지는 이 시대에, 학교가 어린이에게 제공할 수 있는 가장 좋은 수업은 아이가 어떤 분야를 선택하든 점점 도전 정신을 키우고 즐기도록 가르치는 것이 아닐까 싶다. 이렇게 되면 실패란 어쩌면 있을 수도 있는 상황에서 충분히 있을 수 있는 상황으로 의미가 달라지고, 이렇게 의미가 달라지면 아이는 특정 상황에서 무언가를 배우고 행동의 진로를 재평가한 다음 그 어느 때보다 강하고 탄력적으로 전진할 수 있게 된다.

실패에 노출되면 정신이 강해지고 결심이 굳어지며 자기가 무엇을 원하는지 정확히 결정하는 데 도움이 된다. 해결책에 목마르게 되면 사업과 삶에서 성공 가능성은 훨씬 더 커진다. 모든 도전에는 해결책이 있다는 사실을 알고 있기 때문이다. 그보다 더 좋은 일은 더 큰 도전을 찾는 과정에서 해결책을 찾는 능력 또한 커진다는 사실이다.

에디슨은 백열등 실험과 관련한 실패에 대해 말하면서, 비록 여생을 바치는 일이 있더라도 완성하겠다는 각오로 일했다고 했다. 이런 사람의 사전에 '불가능'이라는 단어는 없다. 친구들이 그를 "천재"라고 하면, 그는 항상 빙그레 웃고 나서 이렇게 답했다. "천재는 1%의 영감과 99%의 노력으로 이뤄진다." 에디슨의 이 말은 겸손함의 표현이 아

니었다. 이 말 속에는 그의 모든 진심이 담겨 있다.

카네기가 의지력이란 저항할 수 없는 힘이라고 했을 때, 의지력은 믿음 안에서 올바르게 체계화하고 명확한 결과를 향해 방향을 정했을 때 저항할 수 없는 힘을 지니게 된다는 정의를 말한 게 분명하다. 이 정의는 엄청난 힘을 담고 있는 이 철학의 3가지 원칙을 강조하고 있다. 뛰어난 성과를 목표로 하는 사람 모두에게 적용되는 '필수' 목록에 속하는 3가지 원칙은 다음과 같다.

누구든 주목할 만한 성공을 거두었다는 사람의 기록을 보면 이 '기발한' 정의가 옳다는 증거를 찾을 수 있다. 아무리 생각해봐도 어느 한 사람이 거둘 수 있는 성공의 수준은 이 3가지 원칙을 얼마나 잘 조직하고 지능적으로 적용하는지와 비례한다는 결론을 피할 수 없다.

(1) 목적의 중요성

(2) 실천하는 믿음

(3) 의지력에 대한 자기 절제

이러한 원리에 통달하는 방법은 딱 한 가지밖에 없는데, 그 방법은 지속적으로 원칙을 적용하는 것이다! 의지력은 끈질기게 동기를 뒤쫓아 실현하려고 할 때만 반응한다. 근육이 강해지는 것과 정확히 같은 방식으로 의지력도 강해진다. 체계적인 사용을 통해서 강해진다. 강한 근육을 발달시키는 데 적용되는 법칙과 강한 의지력을 발달시키는 데 적용되는 법칙은 같다.

> 통달하려면 자신의 모든
> 것을 바쳐야 한다.
> — 아인슈타인

19세기에 시카고는 대화재로 소실되었다. 한 무리의 상인이 얼마 전까지 멀쩡했던 상점들이 잿더미로 변한 모습을 지켜보고 있었다. 이들은 낙담하며 고개를 가로젓더니 하나둘씩 자리를 떴다. 희망을 잃은 이들은 시카고를 떠나 다른 곳에서 새 출발을 하기로 마음먹었다.

그 자리를 떠나지 않는 한 남자가 있었다. 그의 상점 역시 잿더미로 변했고 그 자리에서는 연기만 피어오르고 있었다. 그는 상점이 있던 자리를 똑바로 보더니 손가락으로 가리키며 소리쳤다. "바로 저 자리에, 내가 세계 최고의 상점을 짓겠어!" 그의 이름은 마셜 필드였고, 그가 가리켰던 자리에는 오랜 세월이 지난 지금도 그의 의지력을 보여주는 증거물이 남아 있다. 마셜필드백화점에서 일하는 모든 사람의 마음에는 여전히 이 위대한 상인의 정신이 살아 있다고 한다.

남북전쟁 중 초라한 모습의 장군이 방금 참패를 당하고 돌아온 군인들 앞에 섰다. 그에게는 충분히 낙담할 만한 이유가 있었다. 전황은 불리하게 돌아가고 있었고 극복하기 힘든 어려움이 앞에 놓여 있다는 사실을 정확하게 파악하고 있었다. 장교 중 한 명이 "전망이 어둡다"라는 말을 하자, 그랜트 장군은 지친 머리를 들어 올리더니 눈을 감고 주먹을 불끈 쥐며 외쳤다. "여름내 싸우는 한이 있더라도 여기서 끝까지 싸우자!" 그 결정, 불굴의 의지가 뒷받침하고 있는 그 하나의 결정이 북부 연합군의 승리를 결정지었다.

"정의가 곧 힘!"이라는 신조를 믿는 사람이 있는 반면 "힘이 곧 정의!"라고 외치는 사람도 있다. 하지만 나는 옳든 그르든 "의지력이 곧 힘!"이라고 말하겠다. 문명의 역사도 내 말이 옳다는 걸 보여준다. 어디서든 특출한 성취를 이룬 사람을 보면 의지력, 체계화해서 끈질기게 적용한 의지력이야말로 성공의 핵심이라는 증거를 찾게 될 것이다.

성공한 사람들은 자신이 통제할 수 없는 상황이 강요하는 대로 따르기보다 엄격한 자기 절제 시스템을 따른다는 사실도 발견하게 될 것이다. 이들은 남들이 놀거나 잠잘 때 일한다. 필요하다면 기대 이상으로 더 노력을 기울여 한 걸음, 또 한 걸음 나아가면서 자신이 할 수 있는 한 최대한의 봉사를 제공할 때까지 멈추지 않는다. 이런 사람들의 일상을 따라가다 보면 이들에게는 일을 지시하는 감독관이 필요 없다는 것을 알게 될 것이다.

○ 이들은 표창을 고맙게 받아들이지만, 표창에 의존해 살아가지 않는다.

○ 이들은 비난에 귀를 기울이지만 비난을 두려워하지 않는다.

○ 다른 사람처럼 이들도 실패하지만, 이들의 실패는 더 큰 행동으로 이어질 뿐이다.

○ 모든 사람이 그렇듯 장애물에 부딪히지만, 이들은 이러한 장애물을 자신이 선택한 목표를 향해 더 높이 올라가는 데 사용하는 디딤돌로 바꾼다.

○ 다른 사람과 마찬가지로 낙담도 경험하지만, 이들은 불쾌한 경험을 뒤로하고 굳게 문을 닫은 다음 실망을 에너지로 변환시켜 앞으로 나아간다.

○ 가족의 죽음을 맞이할 때 이들은 시신을 땅에 묻지만, 불굴의 의지까지

묻지는 않는다.

○ 이들은 다른 사람에게서 조언을 구해 자신이 활용할 수 있는 부분을 뽑아내고 나머지는 거부한다. 비록 세상이 자신의 판단을 비난한다 해도.

○ 이들은 자신의 삶에 영향을 미치는 모든 상황을 통제할 수 없다는 사실을 알고 있지만, 마음이 부정적인 영향을 받지 않도록 하면서 자신의 심리 상태를 통제한다.

○ 이들은 자신의 감정을, 자기 절제를 통해 조직하고 지도해야 하는 거대한 힘의 원천으로 인식하지만 이러한 힘을 자신의 노력 앞에 내세우지 않고 자신의 노력 뒤에 둔다.

○ 모든 사람이 그렇듯 이들 역시 자신의 부정적인 감정에 의해 시험에 들지만, 부정적인 감정의 위에 올라서서 그 감정이 자신을 위해 일하도록 만들면서 통제한다.

자기 절제를 통해 2가지 중요한 일을 할 수 있다는 점을 기억하자. 이 2가지 모두 탁월한 성취를 이루는 데 필수적이다. (1) 부정적인 감정을 건설적인 노력으로 바꿔 완전히 통제할 수 있다. (2) 긍정적인 감정을 자극해 원하는 방향으로 이끌 수 있다. 따라서 우리는 부정적인 감정과 긍정적인 감정 모두를 통제함으로써 이성 능력, 상상력이 자유롭게 작동하도록 한다.

감정 통제는 좋은 습관을 발달시킴으로써 점진적으로 이뤄진다. 좋은 습관은 일상생활에서 작은 일, 중요해 보이지 않는 사항과 연관해서 형성되어야 한다. 마음의 6가지 부서를 하나씩 차례차례 완전한 자기 절제 밑에 둘 수 있지만, 대부분은 평생을 감정의 희생자로 살기 때문에 처음에는 감정을 통제하는 습관 형성부터 하는 것이 좋다. 감정의 희생자가 되는 사람은 확실하고 체계적인 습관을 익힌 적이 없으니 감정의 주인이 아니라 하인이라 할 수 있다.

엄격한 자기 절제 시스템을 통해 마음의 6가지 부서를 통제하기로 한 사람이라면 모두 자기 앞에 놓인 이 목적을 유지하고 동시에 일상에서 자기 절제의 습관을 길러주기 위해 고안한, 확실한 계획을 채택하고 따라야 한다. 이 철학을 공부하는 어떤 사람이 자기가 따르는 신조를 적어놓은 게 있는데, 내용을 참고하고 도움받기를 원하는 다른 사람을 위해 공개한다.

이 신조는 글로 적어서 서명한 후에 하루에 두 번 즉, 아침에 일어나자마자 한 번, 밤에 하루를 정리하면서 또 한 번 큰 소리로 읽는다. 이렇게 하면 자기 암시를 통해 신조의 목적이 확실하게 잠재의식적 마음에 전달되어 그곳에서 자동으로 작용하게 되면서 혜택을 주는 것이다. 신조의 내용은 다음과 같다.

내 일상의 신조

'의지력'이 내 마음의 다른 모든 부서를 관장하는 대법원이라는 점을 인식하면서, 나는 매일 목적을 위해서 행동을 자극할 필요가 있을 때 의지력을 행사할 것이며 적어도 하루에 한 번은 의지력을 행동으로 옮기도록 계획된 습관을 형성할 것이다.

'감정'은 긍정적이기도 하고 부정적이기도 하다는 점을 인식하면서, 나는 긍정적인 감정들의 발전을 격려하는 일상의 습관을 형성할 것이고, 이는 부정적인 감정을 유용한 노력의 형태로 전환시키는 데 도움을 줄 것이다.

통제하지 않거나 바람직한 목적을 향해 인도하지 않으면 긍정적인 감정과 부정적인 감정 모두 위험할 수 있다는 점을 인식하면서, 나는 모든 욕망과 목표와 목적을 '이성'의 검증을 받도록 하고 욕망·목표·목적을 표현하는 데 이성 능력의 안내를 받을 것이다.

욕망을 이루려면 올바르고 안전한 계획과 아이디어가 필요하다는 점을 인식하면서, 나는 모든 계획을 세우는 데 '상상력'의 도움을 매일 요청함으로써 상상력을 발전시킬 것이다.

감정은 종종 과대한 열정 때문에 잘못되고, 이성 능력은 나의 판단에 정의와 자비가 공존하는 데 필요한 감정의 따뜻함이 자주 부족하다는 점을 깨달으면서, 나는 무엇이 옳고 그른지와 관련해서 '양심'이 나를 인도하도록 격려할 것이지만, 양심이 내리는 평결을 무시하지 않을 것이다.

맑고 또렷한 '기억'이 중요하다는 점을 인식하면서, 나는 즉시 떠올리고 싶은 모든 생각을 기억에 확실히 새기도록 신경 쓰고 그러한 생각들을 내가 자주 떠올리는 관련 주제들과 연관시킴으로써 내 기억으로 하여금 또렷한 상태를 유지하도록 격려할 것이다.

'잠재의식'이 의지력에 끼치는 영향을 인식하는 가운데 가장 중요한 것은 뜨거운 욕망이 뒷받침하는 목적의 명확성이라는 점을 언제나 생각하면서, 건설적인 욕망의 명확한 그림을 잠재의식에 확실히 건네도록 할 것이다.

서명 _____

자기 절제는 우리가 조절할 수 있는 습관의 형성을 통해 조금씩 얻을 수 있다. 습관은 마음에서 시작된다. 그러므로 매일 신조를 반복하면 마음의 6가지 부서를 계발하고 통제하는 데 필요한 습관들과 관련해서 의식하는 사람이 될 것이다.

여섯 부서의 명칭만 반복하는 것으로도 효과가 있다. 그렇게만 해도 이러한 부서들이 존재한다는 것, 이들이 중요한 역할을 한다는 것, 습관 형성으로 이 부서들을 통제할 수 있다는 것, 습관의 유형이 자기절제와 관련해서 성공 또는 실패를 결정한다는 것을 깨닫게 된다.

살아가는 동안 성공과 실패란 대부분 자신의 감정 통제의 문제라는 점을 인식할 수 있다면 얼마나 다행스러운 일인가! 하지만 우리는 이 진실을 인식하기 전에 먼저 우리 감정의 존재와 본질을 인식해야 한다. 평생 감정의 존재와 본질을 인식하려는 행동을 시작조차 하지 않는 사람이 많긴 하지만.

평화는
미소로부터 시작된다.
— 마더 테레사

매일 신조를 반복하는 행동의 이점을 깨달은 사람이라면, 신조를 반복하기 시작한 거의 첫날부터 우리가 감정을 지니고 있다는 사실을 알게 될 것이다. 어떤 감정은 자주 사용함으로써 조장할 필요가 있는 반면 다른 감정은 건설적인 목적 달성을 위해 그 힘을 분산시킴으로

써 통제해야 한다. 매일 이 신조를 반복하는 사람들 모두 그런 행동을 통해 의식적으로든 무의식적으로든 신조에 담긴 약속과 조화를 이루는 습관을 형성하게 된다는 사실을 알게 될 것이다.

군사 전략가들은 "적을 알면 반은 이긴 것"이라고 말한다. 이 말은 자신의 마음 안에서 활동하는 적과 마음 밖에 존재하는 적에게도 적용되며, 특히 부정적인 감정이라는 적에게도 적용된다. 일단 이런 적이 있다는 사실을 알아채면, 우리는 적에 대항하기 위해 부정적인 감정의 힘을 건설적인 노력으로 바꾸는 습관을 거의 자동으로 만들어 내기 시작한다.

마찬가지로 아군이 누구인지, 혜택이 무엇인지 알면 그 아군을 활용할 수 있다. 7가지 긍정적인 감정은 유익하지만 엄격한 자기 절제를 통해 정리하고 통제해야 한다. 통제받지 않는 긍정적인 감정은 부정적인 감정만큼이나 위험할 수 있다. 다시 한번 감정을 살펴보자.

7가지 긍정적 감정	7가지 부정적 감정
(1) 사랑	(1) 두려움
(2) 섹스	(2) 질투
(3) 희망	(3) 증오
(4) 믿음	(4) 복수
(5) 열정	(5) 탐욕
(6) 충실	(6) 분노
(7) 바람	(7) 미신

믿음은 건설적인 목적을 향해 정리된 상태로 행동을 통해 표현될 때만 유용하다. 행동 없는 믿음은 무용지물이며 공상과 소원으로 전락할 뿐이다. 목적의 명확성이 끊임없이 따라오면 자기 절제는 믿음을 자극한다.

자기 절제의 삶은 의지력을 자극하는 습관 형성에서 시작해야 한다. 의지력이 활동하는 인간 자아 안에서 모든 욕망이 시작되기 때문이다. 자아는 욕망과 믿음이 짝을 이루는 곳으로 하나를 자극하면 다른 하나도 자극하게 된다. 강한 욕망이 발견되는 곳에서는 언제나 그 욕망과 정확히 동일한 수준의 강한 믿음이 발견된다. 조직화된 습관을 통해 하나를 제어하고 지시하면 다른 하나는 자동으로 통제하고 지시할 수 있다. 이 통제야말로 가장 높은 형태의 자기 절제인 것이다!

어떤 분야에서든 위대한 지도자들은 자신의 욕망과 믿음을 늘 완벽하게 정리하고 통제함으로써 언제 어디서든 행동에 동원시킬 수 있다. 건강, 의학적 발견, 물질적 소유, 기술 혁신을 비롯해 명확한 목적이 무엇이든 이들은 자기가 원하는 것을 얻기 위해 의지력을 발휘하고 그러면서 즉시 그것을 성취할 수 있다는 믿음 안에서 찾아낸다.

오늘을 찾아서

나는 어제와 통하는 문을 닫았다
어제의 슬픔과 실수
음침한 벽 안에 갇혀서

과거의 실패와 가슴앓이.

그리고 이제 나는 열쇠를 버린다
다른 방을 찾으려고.
그 방을 희망과 미소로 가득 채우고
매년 봄마다 꽃이 핀다.

어떤 생각도 이 거처로 들어갈 수 없다.
고통의 기미가 있기는 하지만,
모든 악의와 불신은
그 안에서 군림하지 못할 것이다.

나는 어제와 통하는 문을 잠갔다.
그리고 열쇠를 버렸다.
내게 내일의 두려움은 없다
오늘을 찾았으므로.

― 아그네스 마틴

앨리스 마블은 자기 절제를 비롯해 개인 성취 철학의 여러 원리를
실천함으로써 테니스 세계 챔피언까지 올랐고 사람들의 본보기가 되
었다. 그녀의 놀라운 이야기는 샌프란시스코에서 시작하는데, 당시
17세이던 마블은 테니스 세계 챔피언이 되겠다고 결심했다. 그녀는 명

확한 주요 목표를 채택함으로써, 세상에 자신의 이름을 알릴 기회를 열어줄 자기 절제를 향해 첫걸음을 내디뎠다. 그렇다고 자기 절제가 저절로 그녀에게 다가온 것은 아니었다. 자기 절제를 익히기 전에, 보통 사람보다 얼마나 대단한 패기를 지녔는지 먼저 증명해야 했다. 선수 생활 초기에 마블은 자신의 경기를 보기 위해 골든게이트공원을 찾은 유명한 테니스 코치 엘레노어 테넌트의 관심을 끌게 되었다. 세계 챔피언이 되고자 하는 이에게는 멋진 날일 수밖에 없었다.

경기가 끝나자, 마블은 코치의 인정과 진심 어린 박수를 간절히 기대하는 마음으로 그녀에게 달려갔다. 하지만 그 유명한 코치는 아무 말 없이 한동안 마블을 바라보기만 했다. 그러고는 챔피언이 되겠다는 포부를 지닌 이 어린 선수가 과연 그만한 자질을 지녔는지 시험해 보기로 마음먹었다. "그래, 세계 챔피언이 되고 싶다고? 목표가 높긴 하지만 도전할 만한 가치는 있지. 그런데 그게 얼마나 힘든 일인지 알고 있니? 네 야망을 이루기까지 가슴 아픈 일도 실망도 이겨낼 준비가 되어 있어? 세계 챔피언에 오르기까지 익혀야 할 자기 절제를 위해 모든 걸 바치고 네 또래 아이들이 좋아하고 즐기는 모든 것을 포기해야 하는데 기꺼이 그럴 마음이 있는 거야?"

앨리스가 소리쳤다. "네! 그래야 한다면 모든 걸 포기할 수 있어요, 기꺼이 그렇게 하겠어요." 테넌트는 어린 선수의 단호한 말투와 반짝이는 눈빛에서 드러나는 비범한 자질을 알아차리고 소녀의 코치가 되어주기로 동의했다. "앨리스, 잊으면 안 돼. 네가 어느 정도 신경만 쓰면 성적은 올라갈 거야. 연습과 인내와 결단력으로 열심히 목표를 좇으면 야망을 현실로 이룰 수 있어. 하지만 자기 절제가 가장 중요하다는 사실을 항상 기억해야 해."

그 후 4개월간 마블은 자기 절제의 진정한 의미를 배웠다. 때론 코치가 자신을 인간이 아니라 기계처럼 대한다고 불평하면서도 테넌트의 자신감을 물려받아 스스로 자신감을 채워갔다. 앨리스가 경기에서 이기고 좋은 플레이를 했다고 생각할 때도 테넌트 코치는 고개를 저으며 이렇게 말할 뿐이었다. "아직 좀 더 해야 해."

마침내 심리학에 대한 이해가 깊었던 테넌트는 이제 자신의 제자가 알아서 하도록 모든 것을 맡기로 했다. 헤어지는 순간이 오자 테넌트는 말했다. "앨리스, 이제 레슨 내용 같은 건 잊어. 너는 타고난 운동선수이자 테니스 선수야. 있는 그대로 플레이하면 훌륭한 선수가 될 거야. 정신적·육체적으로 게을러질 때를 조심해야 해. 테니스 챔피언은 최상의 컨디션이 아닐 때도 이길 수 있는 사람이란다. 게임이 잘 풀리면 이기는 건 쉽지. 하지만 게임이 잘 풀리지 않을 때도 멋지게 싸워서 이길 수 있는 선수가 되어야 한다."

그러고 나서 앨리스에게 큰 기회가 찾아왔다. 유럽으로 파견될 유망주 명단에 선발된 것이다. 출발하기 전, 팀은 맛있는 술과 음식을 대접받았다. 뉴욕에서도, 보트에 승선해서도, 파리에 도착해서도 사람들에게 대접을 받았다. 이때 이 어린 스타 선수의 자기 절제가 처음으로 시험대에 오르게 된다. 장래가 촉망되는 선수들이 첫 시험에서 살아남지 못하는 경우가 많다. 처음 거둔 성공이 종종 자기 절제에 혼란을 불러오는 장애물로 작용하기 때문이다. 갖은 노력 끝에 앨리스는 유망주로 인정받았고, 이제는 자기가 주위의 인정에 어떻게 반응하느냐에 따라 챔피언이 될 자격을 갖추었는지가 드러날 것이다.

앨리스는 센터 코트인 롤랑가로스에서 헨로틴과 첫 경기를 치렀다. 앨리스는 이 시합이 중요하다는 사실을 알고 있었기에 경기에서 모든 것을 쏟아부을 수 있도록 신체적으로나 정신적으로 최상의 상태를 유지하려고 열심히 준비했다. 경기 도중 무리할 정도로 시합에 열중하던 앨리스는 쓰러지고 만다.

정신을 차린 앨리스는 병원 침대에 누워 있는 자신을 발견했다. 훌륭한 코치가 언급했던, 챔피언이 되기 위해 치러야 하는 대가가 이런 것인가 하는 생각이 얼핏 들었다. 정신적 고통과 육체적 고통이 함께 찾아오며 이 모든 것이 자신의 의지를 시험하기 위한 누군가의 음모가 아닌가 하는 생각도 들었다. 곧이어 병실을 찾은 의사는 앨리스가 가슴막염에 걸렸으며 다시는 테니스를 치지 못할 거라고 통보했다.

그만둘 마음이 있다면 이보다 더 좋은 핑곗거리를 찾을 수 있을까! 이 정도면 많은 사람이 마음 편하게 그만두었겠지만, 앨리스의 욕망은 다른 사람의 말에 흔들리지 않을 만큼 강했다. 의사가 무슨 진단을 내리든 앨리스는 테니스를 다시 칠 생각이었다. 신체는 제 기능을 하지 못하는 상태였지만 자신의 꿈은 그 어느 때보다 강하다는 사실을 알게 되는 순간이었다. 그것은 자기 절제에서 비롯된 결정이었다. 앨리스는 그런 비상사태가 발생할 수 있다는 점을 몇 달 전부터 마음속으로 생각하며 준비하고 있었고, 포기하는 대신 맞닥뜨릴 마음의 준비를 하고 있었다.

휠체어에 몸을 실은 채 앨리스는 미국으로 돌아왔고, 뉴욕의 선착장에서는 낯익은 얼굴이 그녀를 기다리고 있었다. 곧 앨리스와 테넌트는 캘리포니아로 향했다. 앨리스는 나중에 멘토에 대해 이렇게 말했다. "캘리포니아로 가는 길에 코치님은 쾌활한 모습을 보여주었는데, 그 모습에서 내 고통을 함께 나누고 있고 내가 건강을 되찾기를 기대하고 있다는 걸 알 수 있었어요."

앨리스는 파리, 뉴욕, 로스앤젤레스, 샌프란시스코를 돌아다니며 유명한 의사들을 만났지만 한결같은 대답만 돌아올 뿐이었다. "혼자 생활하기도 쉽지 않은 상태라고 보면 됩니다. 다시는 테니스를 칠 수 없을 겁니다." 의사들은 앨리스에게 진지하게 경고했다.

절망적인 진단을 받고 6개월이 지난 후, 앨리스는 자기 손으로 일을 해결하고자 나섰다. 그녀는 어떤 의사나 약도 할 수 없는 일을 직접 해결하고자 본격적으로 뛰어들었다. 그녀는 테넌트를 병원으로 불러 분명하게 자신의 마음을 밝혔다. 의사의 진단만으로 병상에 갇혀 지내지는 않겠다고 선언한 것이다.

테넌트는 앨리스의 결정에 기뻐했다. 그동안 테넌트는 그 같은 결정을 기다리고 있었지만 자기가 먼저 앨리스에게 말할 수 없는 노릇이었다. 앨리스가 스스로 내려야 하는 결정이라는 걸 테넌트는 충분히 알고 있었다. 여기서 또 한 번 자기 절제가 구원의 손길로 다가온 것이다. 절망감이 '승리를 향한 의지'로 대치되는 기적이 일어났다.

앨리스는 테넌트에게 당장 짐을 꾸리고 퇴원 절차를 밟자고 했다. 오후 9시였지만 시간은 문제가 되지 않았다. 즉시 떠나면 그만이었다.

의사는 그녀의 결정을 나중에 알게 되겠지만, 어쨌든 앨리스는 스스로 결론을 내렸고 그 누구도 그녀의 결정을 바꿀 수 없었다.

여기서 잠시 호흡을 가다듬고 자기 절제를 생각해보자. 앨리스 마블은 경력의 전환점을 맞이했다. 그녀는 의학 전문가들이 예측한 패배를 그냥 받아들이든지 아니면 자신의 의지력을 발휘해서 건강을 되찾는 방법을 택할 수 있었다.

모든 것은 그녀의 마음속 싸움에 달렸다. 앨리스는 세계 챔피언이 되기 위해 필요하다면 모든 희생을 치르겠다고 맹세했었다. 그녀가 싸울 수 있었던 것은 그 동기 덕분이었다.

고민을 거듭하던 그날 밤에 병원을 떠나면서 마블은 말했다. "이제부터는 내가 알아서 건강 문제를 극복하겠어. 몸이 좋지 않네 어쩌네 하는 건 사치일 뿐이야. 난 그럴 여유가 없어. 내겐 할 일이 있고 해내고 말 거니까. 내게는 2가지 모습이 있어, 강한 나와 약한 나. 이제부터는 강한 나만 보게 될 거야. 약한 나는 병원에 남겨두고 갈 거니까."

밖에서 기다리는 차량으로 걸어가는 앨리스의 무릎은 떨렸지만, 마음만은 확고했다. 앨리스는 자신의 의지로 결정을 내렸고 자신의 모든 것을 동원해서 그 결정을 지켜낼 것이다. 앨리스는 바로 그때 카네기를 비롯해 위대한 성취를 이룬 사람들이 알고 있는 사실을 깨닫게 되었다. 자기 절제는 삶을 변화시키는 결정을 내릴 수 있는 용기를 주고 그 결정을 실행에 옮길 수 있는 의지력을 제공한다는 사실이다. 앨리스의 몸 상태는 그대로였지만 마음만은 그 어느 때보다 결연했다.

집에 도착한 마블은 세계 챔피언이 되기 위한 계획을 부지런히 세웠다. 그 계획은 가장 기본적이고 작은 일부터 실행하는 것이었다. 처음에는 한두 블록으로 시작해서 점차 거리를 늘여가며 최소한 약 5킬로미터를 걸을 수 있을 때까지 산책하는 계획이었다. 그다음에는 다리를 튼튼하게 해줄 줄넘기를 추가했다. 올바른 정신 태도를 유지하기 위해 그녀는 매일 노래를 불렀다.

앨리스는 차근차근 챔피언이라는 목적의식이 뚜렷한 운동선수의 모습을 잠재의식적 마음으로 보냈다. 그 모습이 마음속에서 떠나지 않고 항상 머무르도록 했다. 한 걸음 내디딜 때마다 자신의 주요 목적을 되새겼다. 한 번씩 뛸 때마다 자신의 목적을 보강했다. 날이 갈수록 그녀의 몸은 서서히, 하지만 확실히 강해져갔다.

그다음 앨리스는 계획의 몇 가지를 수정했다. 일시적이나마 육체적인 힘을 키우고 나자, 정신을 통제하는 범위를 넓힐 수 있도록 체계적인 계획을 세우기 시작했다.

그녀는 테넌트의 집 안 관리를 자처하고 나섰다. 이는 가정부를 관리하고 식사를 주문하고 계획하며 약속을 잡고 편지를 타이핑하며 공과금을 납부하는 일을 해야 한다는 뜻이었다. 이렇게 건설적인 일을 하며 바쁘게 지내다 보니 앨리스에게는 걱정거리를 곱씹을 시간조차 없었고, 이는 앨리스가 과거에 경험했던 실망과 자신 사이에 통하는 문을 굳게 닫을 수 있는 기회가 되었다.

몇 달 후 앨리스를 진찰한 의사는 경과가 좋다면서 다시 테니스를 쳐도 된다는 허가를 내렸다. 그해 말, 겨우 4개월 만에 준비를 마친 앨리스 마블은 전국대회 우승을 차지했다. 1939년에는 세계 1위에 등극

했다. 앨리스는 다사다난했던 여정을 회상하며 이렇게 말했다. "관심을 가진다면 그리고 인생에 목적이 있고 그 목적을 위해 기꺼이 노력할 의향이 있다면 넘을 수 없는 장애물은 없다."

목적의 명확성, 동기가 뒷받침하는 목적의 명확성을 계발해야 한다! 이것 없이는 그 누구도 자기 절제를 익히기를 바랄 수 없다. 이것이 있으면 자기 절제는 쉽게 이룰 수 있다.

우리는 이 특별한 여정을 무사히 마칠 수 있도록 도와준 또 다른 중요한 원칙, 마스터마인드의 힘에게도 공을 돌려야 한다. 앨리스가 자기 마음의 주인이 되는 데 필요한 용기를 준 것은 테넌트 코치와 오랫동안 맺어온 인연 덕분이었다. 두 사람은 전쟁에 직면해서 힘든 싸움을 벌였지만, 만약 혼자였다면 훨씬 더 힘든 싸움이 되었을 것이다.

병에서 회복한 후 마블은 말했다. "내게 닥쳤던 병이라는 위기가 전화위복이 되어서 이제는 인생을 살면서 일상의 어려움을 마주할 준비가 더 잘 되어 있어요. 건강을 지키기 위해 싸워본 적이 없는 사람, 목표가 멀어지는 경험을 해보지 않은 사람보다 아마 제가 준비가 더 잘 되어 있을 겁니다."

그렇다. 가끔 시험대에 오르는 건 도움이 된다!

자연은 인간이 인생의 주요 목적을 달성하려면 어떤 형태로든 혹독한 시험을 거칠 수밖에 없도록 계획을 짜놓은 듯하다. 뛰어난 성공을 거둔 사람은 대부분 그런 시험을 치르고 통과해야 했다. 하지만 올바른 정신 자세로 시험을 받아들이는 사람은 시험을 치를 때마다 더 강해지고 용기를 얻는다.

> 시련과 고통의 경험을 통해야,
> 영혼을 단련하고 야망을 자극하며
> 성공을 달성할 수 있다.
> — 헬렌 켈러

"내가 운 좋게 성공을 즐길 수 있었던 것은 2가지 덕분입니다. (1) 이기고자 하는 의지, (2) 친구이자 코치이며 동료인 엘레노어 테넌트가 내 노력에 보내준 지원이죠. 테넌트가 내 삶에 가장 큰 도움을 준 부분은 테니스 기술을 가르쳐준 게 아니라 내게 이기겠다는 의지를 심어주고 그 의지가 자랄 수 있도록 격려해준 것입니다." 이기겠다는 의지야말로 앨리스의 성공 비결인 것이다!

앨리스 마블은 이기려는 의지가 있었기에 우승할 수 있었다. 그런 의지는 자기 절제, 감정 통제, 목적의 명확성, 자신의 마음을 장악하고 스스로 주인이 되겠다는 결단을 통해 성장하게 될 것이다.

"챔피언인 저와 상대 선수 사이에 실질적인 기량 차이는 거의 없어요. 보통은 한 줌의 에너지를 더 끌어내야 하는 절박한 순간에 나타나는 의지력의 아주 작은 차이가 승패를 가르는 겁니다. 테니스 세계 랭킹 20위 안에 드는 선수는 기술적인 면에서 차이가 거의 없다고 봐도 됩니다. 테니스뿐 아니라 어떤 분야나 다 마찬가지예요. 내 주위에도 출중한 능력을 갖추고 최고의 훈련을 받으면서 맑은 정신을 유지하려는 선수는 많아요. 그런데 마지막 결전의 순간을 맞이해서 필요한 작은 불꽃, 그러니까 챔피언의 심장이 없어요. 이기고야 말겠다는 불굴의 의지가 부족한 거죠."

이기겠다는 의지로 자신을 단련하지 못하면 능력과 경험, 교육도 별 가치가 없다. 이기겠다는 의지는 무엇보다도 당신이 어떤 삶을 살지 결정하는 전환점이 된다.

⊗ 멘탈 트레이닝 어드바이스

어느 분야에서든, 과거든 현재든 모든 챔피언은 이 유전자를 지니고 있다. 이를 설명하기 위해 2명의 산악인이 지구상에서 가장 높은 에베레스트산을 오르기 시작한 1953년으로 돌아가 보자. 그때까지 에베레스트산은 그 누구에게도 정상을 허락하지 않고 있었다. 험악한 지리와 혹한의 기온, 엄청난 고도가 더해져 정상 등극을 하려면 헤아릴 수 없을 정도로 복잡한 계산이 필요했고 이 때문에 산악인들은 오히려 열광하며 정상 정복을 꿈꿨다.

힘든 여정을 시작한 지 7주 후, 용감한 뉴질랜드인 에드먼드 힐러리, 네팔 셰르파 출신의 텐징 노르가이는 에베레스트산 정상에 올랐다. 불가능해 보이던 정상 등극이라는 위대한 업적을 달성하기까지 이들이 보여준 용감함과 뛰어난 기술은 역사의 기록에 남을 만큼 훌륭한 것이었다.

그렇게 특별한 업적을 달성한 후에 세계의 존경을 받은 이 산악인들은 무엇을 성공의 비결로 꼽았을까? 확실한 준비와 체력, 뜻밖의 행운? 아니다. 그들은 정신적 강인함, 즉 이기겠다는 의지를 성공의 비결로 들었다. 에드먼드 힐러리 경은 "우리가 정복하는 대상은 산이 아니라 우리 자신입니다"라고 말했다.

복싱계의 영웅 무하마드 알리도 유사한 말을 했다. "챔피언은 체육관에서 만들어지지 않는다. 챔피언은 자기 내면 깊은 곳에 지니고 있는 무언가로, 즉 욕망과 꿈과 비전으로 만들어진다. 당연히 기술도 갖추고 의지도 지녀야 한다. 하지만 의지가 기술보다 더 강력해야 한다."

의지력은 생산적인 습관도 구축하지만, 파괴적인 습관도 구축한다. 집채만 한 파도타기를 즐기는 서퍼, 레어드 해밀턴은 이에 대해 이런 경고를 남긴다. "당신의 두 귀 사이에 최악의 적이 살지 않도록 확실히 하라."

테니스 여제 세레나 윌리엄스의 생각도 다르지 않다. "나는 무엇이든 지는 걸 싫어한다. 하지만 내가 가장 크게 성장할 수 있었던 것은 승리가 아니라 좌절을 통해서였 모든 위대한 지도자를 세심하게 살펴보면, 승리를 향한 의지에 의해 고무되지 않은 사람을 찾아볼 수 없다. 그뿐 아니라 지도자 위치에 오르기 전에 자신의 패기를 시험하는 거듭된 장애물을 거쳐야 했다.

많은 사람이 영국 역사상 가장 위대한 수상으로 생각하는 벤저민 디즈레일리는 오로지 승리를 향한 의지를 통해 그 자리에 올랐다. 그는 작가로 경력을 시작했지만 크게 성공하지 못했다. 그가 쓴 10여 권의 책 중에서 대중에게 큰 인상을 남긴 책은 한 권도 없다. 작가로서 실패한 그는 자신의 패배를 오히려 도전의 기회로 받아들이며 총리가 되겠다는 각오로 정계에 입문했다.

1837년 그는 메이드스톤에서 국회의원이 되었지만, 의회에서 한 첫 연설은 인정받지 못했다. 다시 그는 패배를 도전으로 받아들이며 더 노력을 기울이고 더 높은 야망을 추구한다. 포기할 생각 없이 싸움을 이어간 그는 1858년 여당 원내총무가 되었고 후에 재무상이 되었으며 1868년에는 대영제국의 수상이자 최고 권력자가 되었다.

첫 임기 중 디즈레일리는 압도적 반대에 부딪혔고 그로 인해 사임하게 되었다. 하지만 이 실패를 영구적이 아닌 일시적인 패배로 받아들일 만큼 확고한 신념을 지녔던 디즈레일리는 재기를 감행했고 다시 수상으로 선출되었다. 두 번째 임기 동안 그는 대영제국의 위대한 건설자로서 그 영향력을 여러 방면으로 확장시켰다. 그중에서도 디즈레일리의 가장 큰 업적이라면, 훗날 대영제국에 전례 없는 경제적 혜택을 안겨주게 될 수에즈 운하 건설이라 할 수 있다. 디즈레일리 정치 경력의 핵심은 자기 절제였다. 디즈레일리는 자신이 이룬 업적을 짧은 한 문장으로 표현했다. "성공의 비결은 초지일관에 있다."

시어도어 루스벨트 역시 이기겠다는 의지가 동기로 작용할 때 어떤 일이 일어날 수 있는지 보여주는 좋은 예다. 어린 시절의 루스벨트는 만성 천식과 약시를 앓았으며 병치레가 잦았다. 친구들은 그가 건강을 회복하지 못할 것이라고 걱정했지만 루스벨트의 생각은 달랐다. 그는 서부로 갔고 강인하면서도 거친 야외 노동자들과 일하면서 자기 절제라는 확실한 시스템을 통해 강인한 신체를 단련할 수 있었다. 의사들이 할 수 없다고 한 일을 그는 할 수 있다고 했고 실제로 해냈다!

건강을 되찾기 위한 싸움을 벌이면서 루스벨트는 완벽하게 마음을 다스리는 자기 절제를 익혔다. 그러고는 다시 동부로 돌아와 정치에 입문한 뒤 승리를 향한 의지로 미국 대통령 자리에 오를 때까지 노력했다. 루스벨트를 잘 아는 사람들은 패배를 받아들이지 않고 오히려 디딤돌로 삼으려 하는 의지가 그가 지닌 뛰어난 지질이라고 말했다. 이기겠다는 의지를 제외하면, 능력이나 교육 또는 경험 면에서 루스벨트가 주위 사람들보다 특출하다고 할 수 있는 점은 전혀 없었다.

루스벨트는 대통령 시절 군인들에게 체력 관리를 중시하라고 명령했고 일부 군 관계자는 이에 불평을 털어놓았다. 루스벨트는 체력 관리의 중요성을 몸소 보여주기 위해 161킬로미터가 넘는 버지니아의 험한 길을 말을 타고 달려가기도 했다. 그는 등산을 갈 때마다 경호 요원들을 지치게 만들어 정부 관계자들에게 웃음을 선사하기도 했다. 한 번은 록 크리크 파크에서 루스벨트 대통령이 너무 앞서가는 바람에 경호팀이 뒤를 쫓지 못하고 놓치는 일도 있었다.

이 모든 신체적 행동의 이면에는 허약한 신체 때문에 하고 싶은 일을 못 할 수는 없다고 마음먹었던 적극적인 정신이 있었고, 그 정신 활동은 루스벨트 행정부에 그대로 반영되었다. 마음이 "전진하라"라고 외치면 신체는 그 명령에 반응한다. 따라서 "우리의 유일한 한계는 우리 자신이 마음속에 세운 한계일 뿐"이라는 앤드류 카네기의 말이 옳다는 것이 증명된 셈이다.

개인의 힘은 이기겠다는 의지에 둘러싸여 있다! 이기려는 의지는 오직 자기 절제를 통해서만 얻을 수 있다. 마음의 여섯 부서를 통제하는 습관을 의도적으로 형성한 결과다. 모든 습관은 크든 작든, 익히게 된 원인이 무엇이든 자기 절제를 위해 일익을 담당한다. 습관이란 유혹적인 동기에 기반을 두고 명확한 목적이 뒷받침해줄 때 더 쉽게 형성된다는 사실을 기억하라.

그 누구도 내게 아픔을 줄 수 없다,
내가 인정하지 않는 한.
— 마하트마 간디

로버트 루이스 스티븐슨은 태어날 때부터 몸이 약했다. 건강이 좋지 않아 17살이 될 때까지 학업을 중단해야 했다. 23살 되던 해에 건

강이 아주 나빠지자 의사들은 증세가 호전되기를 바라며 그를 다른 나라로 보낸다.

프랑스에서 스티븐슨은 한 여자를 만나 사랑에 빠진다. 그녀를 향한 사랑이 얼마나 대단했던지 그는 글을 쓰기 시작했다. 스티븐슨의 체력으로는 글쓰기를 감당하기조차 힘들었지만, 현재 대작으로 인정받는 여러 편의 글을 발표하며 세상을 풍요롭게 했다. 그에게 동기를 부여하는 힘은 사랑이었다. 사랑이라는 동기는 로버트 스티븐슨처럼 세상을 풍요롭게 만든 여러 사람의 생각에 날개를 달아주었다. 이런 동기가 없었다면 스티븐슨은 그렇게 많은 사람에게 영감을 준 사랑과 편지를 남기지 못하고 세상을 떠났을 것이다. 스티븐슨은 자신이 선택한 여성을 향한 사랑을 전환시켜 자신을 불멸의 존재로 만들어준 문학 작품으로 탄생시켰다.

이런 식으로 스티븐슨은 전 세계를 더욱 풍요롭게 만드는 행동 안에서 자기 절제를 표현했고, 이 사실은 우리에게 적절한 행동 없이는 자기 절제도 있을 수 없다는 점을 일깨워준다. 행동이 없는 희망과 소원은 자기 절제를 가져다주지도 않고 가져다줄 수도 없다. 마음의 여섯 부서를 통제하는 명확한 습관을 통해 표현되는 동기, 목적의 명확성에 의해 뒷받침되는 동기에서 자기 절제는 시작된다.

찰스 디킨스 역시 이와 비슷한 방법으로 사랑의 비극을 전환시켜 세계를 풍요롭게 한 문학 작품으로 탄생시켰다. 첫사랑에서 아픔을 겪은 디킨스는 실망의 충격으로 쓰러지기보다 글쓰기에 집중하며 이를 통해 엄청난 창의력을 발산했다. 많은 사람이 아픔의 경험을 영구적인 패배의 구실로 삼았겠지만, 디킨스는 아픈 경험으로 통하는 문을 걸어 잠갔다. 자기 절제를 통해 디킨스는 자신의 가장 큰 슬픔을 가장 큰 자산으로 변환시킨 것이다.

슬픔과 실망을 다스리는 데 필요한 불변의 규칙 하나가 있다. 이런 정서적 격변을 확실하게 계획된 노력을 통해 변화시켜야 한다는 것이다. 이보다 더 나은 규칙은 없다! 하지만 그러려면 최상의 자기 절제가 필요하다. 그 과정에서 슬픔과 실망을 자신을 파괴하기보다 섬기는 도구로 만들 수 있다.

⊗ 멘탈 트레이닝 어드바이스

나폴레온 힐의 팬들은 카네기의 가르침에서 영감을 받은 힐이 남긴 유명한 말을 기억할 것이다. "모든 역경, 모든 실패, 모든 마음의 고통은 그 아픔에 상응하는 또는 그보다 더 큰 이익의 씨앗을 지니고 있다." 성공한 사람 중 일부는 이 개념을 이해했기에 성공을 거둘 수 있었다.

우리는 결혼생활의 파탄이나 사업상의 어려움 혹은 다른 개인적인 불행을 겪은 후 점점 무거워지는 짐을 어깨에 짊어지고 삶을 살아가는 사람들을 알고 있다. 하지만 자기가 어떻게 부당한 대우를 받았는지 불평하는 행동은 기회를 막는 행동이다. 마침내 과거와 통하는 문을 완전히 닫을 기회, 나중에 불행했던 일보다 훨씬 더 좋은 일들이 삶을 찾아올 기회의 문을 가로막는 행동이다. 자신의 과거와 자신이 부족한 부분에 대해 불평하느라 사용하던 바로 그 에너지를 현재에 유리한 상황을 만드는 쪽으로 방향을 바꿀 수 있다.

바바라 코코란도 에너지의 방향 전환을 통해 추진력을 얻은 사례다. 바바라는 남자 친구가 자신의 사업 파트너와 바람이 나서 떠나가자 아픔의 에너지를 바탕으로 결심을 다지고 부동산 제국을 건설하는 쪽으로 돌리면서 추진력을 발휘했다. 자신이 설립한 코코란그룹을 6,600만 달러에 매각하고 현재는 세계에서 가장 인정받는 기업가 중 한 명으로, 인기 TV 프로그램 〈샤크 탱크Shark Tank〉의 진행자로 출연했으며 전 세계의 산업을 교란하고 있는 수십 개의 스타트업과 함께 일하기도 했다.

> 우리는 모두 역경에 직면하지만 굴복해서는 안 된다. 불가피한 역경이 닥쳤을 때 어떻게 대응하느냐에 따라 그 사람이 보통 사람인지 아니면 큰 성공을 거두는 사람인지 구분할 수 있다.

정서적 고통을 유용한 행동으로 바꿀 수 있다는 규칙은 많은 사람을 굴복시키는 무절제한 습관에도 적용된다. 예를 들어 많은 미국인을 비극으로 몰아넣는 알코올 중독은 순수한 의지력이 뒷받침되는 자기 절제만으로 통제할 수 있다. 악을 다스리겠다는 의지가 수반되지 않으면 약도 무용지물이 되기 쉽다. 자신의 슬픔을 술로 씻을 수 있다는 생각은 비극적일 정도로 실망스러운 사고방식일 수밖에 없다. 슬픔을 어떤 형태로든 유용한 행동으로 바꿔야만 씻어낼 수 있다는 사실을 모두가 이해할 때까지 사회를 교육시켜야 한다.

자기가 하고 싶은 일을 하면서 그 일에 모든 시간을 투자할 정도로 바쁘게 지내면 낙담이라는 생각이 들어올 자리를 없애는 습관을 형성하게 된다. 철저하게 자기 절제를 갖춘 사람은 두려움의 대상으로부터 도망가지 않는다. 대신 공포의 대상을 투명하게 공개해서 자신의 공포를 믿음으로 변환시키고 공포의 대상을 제압하거나 전멸시킬 뿐 아니라 그 과정에서 엄청난 정신적인 힘을 얻는다. 의지력을 사용할 때마다 힘을 더하는 셈이다.

무슨 수를 써서라도 '변환'이라는 단어와 가까워져라! 변환은 삶의 거의 모든 문제에 대한 해결책으로 가는 문을 열어주는 열쇠다. 어떤 두려움·실망·걱정을 다스리려면 그 부정적인 감정을 치열한 활동으로 변환시켜야 한다. 자신감·믿음·희망·용기와 관련된 새로운 생각과 습관이 형성될 정도로 마음을 분주한 상태로 유지해야 한다.

불쾌한 경험으로부터 도망치려고 하는 시도는 어디를 가려 하든 헛된 노력일 뿐이다. 약물로 불쾌한 경험을 씻어내려는 시도는 더더욱 부질없는 짓이다. 약물은 불쾌한 경험을 씻어내지도 못하고 의지력만 약화시킨다! 술이나 마약으로 문제를 해결하려는 시도는 기름을 던져 불을 끄려는 시도처럼 어리석고 위험하다.

행동으로 표현되는 의지력은 두려움과 걱정을 다스려 낮게 할 수 있는 유일한 방법이다. 의지력은 패배주의를 용기로 바꾼다. 위대한 운동선수 중에 이기고자 하는 의지의 도움을 빌리지 않은 선수는 단 한 명도 없었다.

어제 나는 영리한 사람이었고
그래서 세상을 바꾸고 싶었다.
오늘 나는 현명한 사람이고
그래서 나 자신을 바꾸고 있다.
— 루미

권투선수 진 튜니가 전설적인 챔피언 잭 뎀프시에게서 세계 헤비급 타이틀을 빼앗을 수 있었던 이유는 체력적으로 우월해서가 아니라 이기고자 하는 의지를 완벽하게 적용했기 때문이다. 뎀프시는 단연코 세계에서 가장 강력한 '주먹'의 소유자로 인정받는 선수였다. 하지만 정신력 활용 면에서 앞선 튜니는 그를 누르고 챔피언 자리에 올랐다.

1년 후 벌인 리턴 매치에서 튜니는 또다시 승리를 거둔다. 시합이 끝난 후 뎀프시는 튜니의 팔을 들어 올리며 말했다. "정말 잘했어. 영리하게 싸우는 법을 아는 친구네."

테니스 스타덤에 오른 앨리스 마블이 육체적 질병을 극복하고 승리를 거둔 이야기에서 승리를 향한 의지가 성공의 비밀이었음을 보여주는 사례는 얼마든지 찾을 수 있다. 그녀는 이야기 속에서 이 사실을 자세하게 밝히며 강조한다. 당신도 그 이야기를 살펴보면 그녀가 경력의 전환점을 맞이한 순간이 언제였는지 정확하게 알게 된다. 당연히 병원을 나와 스스로 마음의 주인이 되고자 마음속으로 결심했던 그 순간일 것이다.

언급한 두 선수처럼 이기고야 말겠다는 의지를 통해 우승의 왕관을 쓰게 된 챔피언은 각계각층에서 수십만 명에 이른다. 이들은 먼저 자신의 약점을 인지한 다음 이기겠다는 의지의 힘으로 그 약점을 강점으로 변환시킴으로써 챔피언 자리에 올랐다. 자신의 약점을 강점으로 바꾸는 기술을 습득한 사람에게 패배란 없다. 정신적이든 육체적이든 약점을 강점으로 변환할 수 있다는 증거는 차고 넘친다. 이건 자기 절제와 관련된 문제다. 자기 절제를 통해 제어하고 명확한 목적을 향해 방향을 설정한 의지력 앞에서 해결하기에 아주 큰 문제 같은 것은 있을 수 없다.

우리가 스스로의 의지력을 통해 가장 강력한 감정을 통제할 수 있다면 그보다 덜 강력한 감정을 다룰 때는 어떨지 생각해보라. 이렇게 감정을 통제하고 이런 엄청난 원동력을 자기가 선택한 일을 위해 체계적인 노력으로 변환시키는 법을 배우게 된다면, 부정적인 감정 역시 유용하게 사용하는 쪽으로 얼마든지 변환시킬 수 있게 될 것이다.

1부를 읽으면서 과거의 기억 속으로 돌아가 짝사랑의 경험을 떠올리는 사람도 있을 것이다. 그런 경험을 거쳐온 사람들만이 우리가 하는 말이 마음에 와닿을 것이다. 그런 경험이 인간으로 하여금 영혼 깊은 곳에 도달해 일상적인 삶에서는 좀처럼 보기 힘든 '다른 자아'와 대면할 수 있게 해주는 일종의 시험이라는 사실을.

때로는 대단한 의지력으로 아픔의 시험에서 살아남아 더 크고 더 고귀하며 더 강한 사람으로 탄생하기도 하지만, 이렇게 되려면 삶의 여느 환경에서도 발휘할 필요가 없었던 특별한 자기 절제가 요구된다.

사업 실패, 금전 손실, 중요하게 생각했던 지위 상실을 겪으면 의지력을 유지하기가 상당히 부담스럽다. 하지만 하나뿐인 사랑을 상실했을 때는 의지력을 유지하기가 훨씬 더 힘들다. 그 상실은 영적인 힘으로 보상받는다. 영적인 힘을 열어서 사용하면 우리는 자기 절제를 통해 상처받은 감정을 유용한 서비스로 변환시킬 수 있다. 변환은 자제력을 통할 때만 발생한다.

깊이 사랑했던 사람들은 어떤 이유로든 정신적으로 육체적으로 결별할 수 있다. 하지만 함께할 때 느꼈던 영적 일체감은 결코 깨질 수 없다. 창조주가 그렇게 되도록 힘썼으니까! 무슨 목적으로? 우리에게는 창조주의 뜻을 알 방법도 권리도 없다. 하지만 그 일체감의 영적인 힘을 유용한 활동으로 변환시키는 것은 우리의 권리이자 의무이며, 우리는 그 유용한 활동을 통해 더 높은 수준의 이해와 지혜로 자신을 끌어올릴 수 있다.

그러므로 사랑의 실패라는 괴로움에서 그에 상응하는 즐거움을, 사랑의 아픔을 겪지 않았으면 찾지 못했을 장점을 발견할지 모른다. 하지만 그 장점은 자기 절제가 우리에게 장점을 현실로 만들 수 있는 의지력을 줄 때만 숨겼던 모습을 드러낸다. 혼란스러운 또는 만족스럽지 못한 사랑을 안전하게 치료할 수 있는 방법은 단 하나밖에 없으며, 그런 감정을 다른 건설적인 행동으로 옮기는 것만이 유일하게 안전한 치료법이 될 수 있다.

누구나 자신의 통제력으로는 어쩔 수 없는 문제가 있고, 자기가 지닌 문제에 대한 정신적 반응을 통제하기는 어려운 일이다. 그럼에도 사람은 다른 사람이 자기를 향해 하는 행동을 통제할 수 없지만 그러한 행동에 대한 자신의 정신적 반응은 통제할 수 있다. 긍정적인 감정이든 부정적인 감정이든 자신의 감정을 제거할 수는 없지만 이러한 감정을 활용해서 유익함을 얻을 수 있는 어떤 치열한 행동의 형태로 변화시킬 수는 있다. 항상 패배를 피할 수만은 없는 일이며 때로는 일시적인 실패를 겪을 수 있지만 그런 경험에서 자라나는 느낌을 정리해서 패배의 아픔에 상응하는 이점으로 전환시킬 수도 있다.

이 사실을 이해하면 앤드류 카네기의 "모든 역경은 그에 상응하는 혜택의 씨앗을 수반한다"라는 말에 담긴 의미에 대해 실용적인 지식을 갖추게 될 것이다. 카네기는 이 말을 통해 가장 심오한 진리 중 하나를 표현했지만, 의지력의 지휘 아래 자신의 감정을 통제할 수 있을 정도로 철저하게 단련된 사람이 아닌 사람에게는 이 말이 거의 도움이 되지 않는다.

삶은 비극과 실망으로 가득 차 있기 때문에 감정적 에너지의 변환 원리에 대해 실용적 지식을 습득하지 않고는 그 누구도 진정으로 행복할 수 없을 것이다. 그 원리를 깨달아야 위대한 업적으로 향하는 만능열쇠를 얻을 수 있다. 그래야 기회로 향하는 문을 열고 걱정·절망·낙담·두려움을 비롯해 모든 종류의 불쾌함을 차단하는 문을 잠글 수 있다.

이 만능열쇠를 자기 것으로 만들 때까지 1부를 덮을 생각을 하지 마라. 이 열쇠를 소유하고 있으면 당신이 필요로 할 때마다 마음의 여섯 부서가 당신을 위해 봉사할 것이다. 이 변환 원리의 도움을 받으면, 마음에 떠오르는 모든 빗나간 생각을 통제하고 활용할 수 있다. 모든 걱정은 값진 자산으로 변환될 수 있다. 질투·탐욕·분노·미신은 배당 수익으로 바뀔 수 있다. 당신의 적이 당신의 이익을 위해 급여도 받지 않으면서 후원자가 되어 봉사할 수도 있다.

우리도 여러 방법을 사용해보고 알게 되었지만, 일 또는 활동으로 뒷받침되는 목적의 명확성을 끊임없이 인식하고 받아들이는 것이 감정을 변환할 수 있는 가장 좋은 방법이라는 점을 기억하라. 일정한 목적과 계획 아래 일하는 것만큼 좋은 것은 없다. 걱정과 낙담을 해결할 수 있는 가장 좋은 방법이 일하는 것이다. 하지만 활동이 좋은 결과로 나타나려면 긍정적인 마음가짐으로 노력을 기울여야 한다.

일을 대신할 수 있는 것은 단 하나밖에 없으니, 그것은 곧 실패다. 반대로 말하면 실패를 대신할 수 있는 것은 일밖에 없다고도 할 수 있다. 일과 실패는 어울릴 수 없다. 하나가 존재하면 다른 하나는 존재할 수 없다. 대공황에 우리는 일로 내몰리는 상황보다 더 안 좋은 것이 일을 할 수조차 없는 상황이라는 것을 알 수 있었다. 일은 자기 절제의 기초 그 자체가 된다. 진심으로 유용해지고자 하는 바람으로 일을 행한다면 말이다.

일은 모든 물질적 풍요의 시작이다. 무일푼인 사람이 돈을 받는 대가로 제공할 수 있는 유일한 것이 일이다. 우주 전체가 질서 있게 계획되어 있고 그에 따라 유지되기 때문에 모든 생물은 일하거나 아니면 소멸될 수밖에 없다는 사실에는 심오한 의미가 있다. 일은 기대 이상의 특별한 노력 기울이기 원칙을 통해 자신을 향상시킬 수 있는 수단이다. 일은 스스로를 해치지 않으면서 슬픔과 실망감을 씻어낼 수 있는 유일한 수단이다.

일은 기꺼이 일을 수행하는 사람에게 최대한의 복을 수여한다. 최고의 축복은 오직 '기대 이상의 특별한 노력 기울이기' 원칙에 따라 열정적인 정신으로 일을 수행하는 사람에게만 주어진다.

일은 어떤 동기를 지니고 하느냐에 따라 고역이 될 수도 있고 즐거움이 될 수도 있다. 나는 경험이 풍부한 사람들이 "모든 즐거움 중 가장 큰 즐거움은 자기가 좋아하는 일을 하면서 겪은 경험"이라고 하는 말을 들은 적이 있다. 성취의 자부심을 바탕으로 종사하는 일 혹은 친구와 사랑하는 사람을 섬기는 일에서 겪은 경험이 최고라는 것이 그들의 말이었다.

이런 유형의 일에는 모두 보상이 따른다. 보상은 물질적 형태로 나오기도 하고 물질과는 상관없는 개인적 만족감이라는 형태로 나오기도 한다. 그렇지 않으면 더욱 꿋꿋해진 품성, 더 수준 높아진 자기 절제 또는 동료에 대한 더 높은 이해로도 나타날 수 있다.

혹시 내가 일의 중요성을 지나치게 강조하고 있는 것처럼 보인다면, 이는 내가 자발적으로 일하고자 하는 의지의 결여가 당대의 가장 큰 폐해 중 하나라는 점을 인식하기 때문이라는 점을 확실히 알아주기 바란다. 미국 국민은 어디서 이상한 영향을 받았는지 수백만의 남녀가 공짜로 무언가를 요구하는 저주에 갇혀 살고 있다.

이러한 영향력은 패배주의 정신을 확산시키는 효과를 가져왔다. 이 나라를 세계에서 가장 부유하고 자유로운 나라로 만들었던 개인의 진취적 정신을 파괴하고 있다. 그래서 많은 사람이 미국을 대표하던 정신인 자기 결정권을 발휘하기보다 국가 지원금을 기꺼이 받아들이는, 오히려 요구하는 현상이 벌어지고 있다. 이런 현상은 건강하지 못한 징조다.

⊠ **멘탈 트레이닝 어드바이스**

이 분석은 저명한 교육자 데니스 킴브로 박사가 『Think and Grow Rich: A Black

Choice』를 발표하기 전에 지나온 다사다난했던 여정을 떠올리게 한다. 킴브로는 모든 면에서 압박감을 느끼고 있었다. 그는 글쓰기에 필요한 영감을 얻지 못하고 있었다. 경제적인 면에서 가장 역할에도 실패했다고 생각하면서 그런 압박감 속에서도 긍정적인 자세를 유지하기 위해 노력했다.

어느 날, 킴브로는 끝없는 부담을 이기지 못하고 무너졌다. 달리 의지할 곳이 없던 그는 체면 불구하고 금융계의 거물 아서 조지 개스턴을 만나 인터뷰를 하는 도중 고민을 속 시원히 털어놓았다. 킴브로의 말을 듣던 개스턴은 분명한 어조로 어떤 분야에서든 챔피언의 반열에 오를 수 있는 사람이라면 "먼저 역경의 용광로를 통과해야 한다"라고 말했다. 그러고는 킴브로에게 "성공할 준비가 아직 안 되었다면 이미 준비된 다른 사람을 위해 비켜나라"고 신랄한 한마디를 던졌다.

개스턴의 직설적인 충고를 들은 킴브로의 머리에는 번갯불 같은 섬광이 지나갔다. 절망적으로만 보였던 자신의 상황을 다른 시각으로 바라보게 된 이 39살의 청년은 애틀랜타에 있는 집으로 돌아온 후 막혀 있던 원고를 새로운 배출구로 삼아 열정을 쏟아부었다. 킴브로는 완성한 원고를 당시 시카고에 본사가 있던 나폴레온힐재단으로 보냈다. 이번에는 충분한 노력을 기울였다는 확신이 들었지만 기대감이 큰 만큼 긴장감도 숨길 수 없었다. 얼마 지나지 않아 킴브로는 재단 이사회에 참석하기 위해 시카고로 날아갔다. 그는 안으로 들어서면서 탁자 주위에 앉아 있던 사람들이 모두 자기 책을 한 권씩 들고 있는 모습을 볼 수 있었다.

업계의 인정을 받던 보험계의 거물 W. 클레멘트 스톤이 일어서더니 킴브로에게 다가가 물었다. "젊은이, 성공과 성취에 대해 어떤 점을 배웠나요?"

"성공은 흥정할 수 있는 게 아닙니다. 성공을 위한 대가는 미리 지불해야 하고 전액을 지불해야 합니다."

가장 어두운 순간에, 데니스 킴브로 박사는 남은 생애에서 성공을 향한 여정에 함께해줄 빛줄기를 보았다.

공짜를 노골적으로 요구하는 마음은 말할 것도 없고 무언가를 대가 없이 얻을 수 있다는 마음 자체가 자기 절제와는 정반대되는 마음이다. 자기 자신의 마음을 다스리는 사람은 자기가 받는 모든 것에 대해 무언가 가치 있는 것을 기꺼이 되돌려주려 할 뿐 아니라 그렇게 하는 것이 자신의 특권임을 내세우며 받은 것보다 더 많은 것을 내준다.

무언가를 공짜로 받아들이는 사람은 무언가를 주고 이용하려는 사람에게 휘둘릴 수 있다. 개인의 자유와 독립은 타인의 동의가 있든 없든 자신의 노력으로 필요한 것을 얻겠다는 정신을 계발한 사람에게만 해당된다. 개인의 자유는 자신의 의지력으로 획득할 때만 의지하고 신뢰할 수 있다.

만약 내가 여기서 강조하고 있는 생각을 이해할 수 없다면, 자신이 통제할 수 없는 상황 때문에 공공 지원금을 받으며 살아갈 수밖에 없는 사람들을 한번 보라고 제안한다. 그들의 얼굴에 깃든 불행을 보고 열의 부족을 관찰하고 움직임 속에 드러나는 절망감에 주목하다 보면, 내가 왜 자신의 정신력을 자기가 원하는 물질적 가치와 정신적 가치로 변환시킬 수 있는 특권을 지닌 사람이 가장 큰 축복을 받은 사람이라고 하는지 이해할 것이다.

가난하거나 병든 사람에게 지급하는 지원금은 자비의 손길이나 다름없다. 문명 세계라면 그런 제도를 유지할 필요가 있다. 하지만 개인의 주도권 행사를 통해 스스로 획득해서 자신에게 제공하는 자유보다 이런 자비로운 손길의 도움이 더 좋다고 하는 사람을 우리는 본 적이 없다. 설사 지원금을 받아 대저택에서 살 수 있더라도 초라한 통나무 오두막에서 자신만의 삶을 사는 것을 택하는 사람이 훨씬 더 많으리라 생각한다.

자유·독립·경제적 안정은 자기 절제에 기반을 둔 개인적 주도권의 결과물이다. 인류의 이런 보편적인 욕망은 다른 어떤 방법으로도 성취될 수 없다. 자기 절제가 느슨해지면 개인의 자유도 그에 비례해 줄어든다.

내가 삶의 물질적 욕구를 조달하는 수단으로 이 철학을 적용할 수 있다는 점을 지나치게 강조하는 것 아니냐고 불평하는 사람도 있다. 이들은 이 철학의 정신적 가치를 좀 더 강조했어야 한다고 불평한다. 이런 불평에 대해 나는 정신적 가치와 빈곤은 어울리지 않는 관계라는 말을 해줄 수밖에 없다. 정신적 가치는 자기 절제를 통해 개인의 자유를 얻은 사람들에 속하는 것이지 어떤 이유로든 자선을 받아들일 수밖에 없는 사람을 위한 것이 아니다. 만약 당신이 직업을 잃고 소득원이 없는 사람들을 상담하면서 영적 가치에 관심을 가지라고 한다면, 내 생각에 상대방은 즉시 "자신이 독립할 수 있도록 수입원을 구하는 것이 가장 큰 관심사"라고 말할 것이다.

요약하면 자기 절제를 갖출 때 부정적·긍정적 감정 둘 다를 자신이 얻고자 하는 목적으로 변화시킬 수 있는 큰 혜택을 얻을 수 있다는 사실을 기억하자. 모든 정신력은 엄격한 자기 절제하에 두고 명확한 목적을 지향할 때 유용하다는 점을 기억하라. 변환이라는 주제에 관심을 가지고 숙달하라. 그렇게 되면 평소에는 통제하지 못했을 많은 상황을 다스리는 주인이 될 수 있다.

첫 시도부터 완벽하게 해낼 수 있을 거라 기대하지 마라. 감정은 정복한 후에야 관리할 수 있다. 정복은 습관의 문제다. 계속 노력하고 일단 얻어낸 후에는 한 치의 양보도 하지 마라.

적절한 동기의 지원을 받는 목적의 명확성이 출발점이다. 그렇게 하고자 하는 동기가 충분히 강력하면 어떤 감정이든 다스릴 수 있다. 강한 동기에 의해 뒷받침되는 확실한 목적 없이는 감정 통제를 향해서 한 걸음도 나아갈 수 없다.

행동이 없는 목적은 아무 소용이 없다는 사실을 잊지 마라. 감정에 대한 통제력을 얻는 가장 좋은 방법은 자신이 심혈을 기울일 수 있는 일과 관련해서 열성적으로 노력을 다하는 것이다.

자기 절제는 자신의 동기와 목적을 성공으로 전환하는 행동을 취할 수 있는 비결이다.

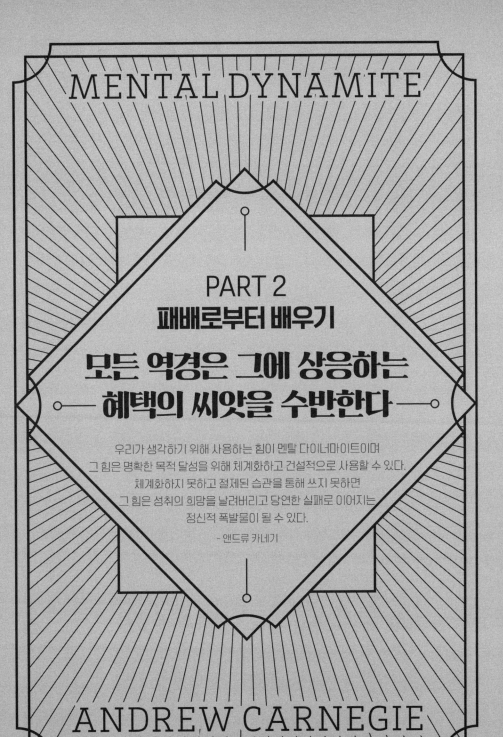

MENTAL DYNAMITE

PART 2
패배로부터 배우기

모든 역경은 그에 상응하는
— 혜택의 씨앗을 수반한다 —

우리가 생각하기 위해 사용하는 힘이 멘탈 다이너마이트이며
그 힘은 명확한 목적 달성을 위해 체계화하고 건설적으로 사용할 수 있다.
체계화하지 못하고 절제된 습관을 통해 쓰지 못하면
그 힘은 성취의 희망을 날려버리고 당연한 실패로 이어지는
정신적 폭발물이 될 수 있다.

- 앤드류 카네기

ANDREW CARNEGIE

패배로부터 배우기

모든 역경은 그에 상응하는 혜택의 씨앗을 수반한다

뚜렷하게 드러나는 중요한 사실 2가지가 있다.

(1) 모든 사람은 때때로, 여러 형태로 불시에 닥치는 역경과 만나는 상황 속
   에 살고 있다.

(2) 모든 역경은 그에 상응하는 혜택의 씨앗을 수반한다!

자신의 사례든 다른 사람의 사례든 언급한 사실에 해당하지 않는
사람이 있는지 찾아보고 싶으면 찾아보라. 단 한 사람도 찾지 못할 것
이다. 따라서 2부에서는 패배로부터 "그에 상응하는 혜택의 씨앗"을
생산해내는 방법, 더욱 큰 성취를 이루기 위해 패배를 디딤돌로 바꾸

는 방법을 설명하고 패배를 준비된 실패의 변명거리로 받아들일 필요가 없다는 점을 주장하려고 한다. 2부는 앤드류 카네기가 스스로 배워서 이해하고 있는 내용으로 시작한다. 위대한 철강왕이 패배를 어떻게 생각하는지 배워보자.

힐

대화 초반에 스스로 마음속에 설정한 한계를 제외하면 정신적 능력에는 한계가 없다고 말씀하셨습니다. 패배는 올바른 마음 자세로 받아들이면 소중한 자산으로 바꿀 수 있다고도 설명해주셨고요. 그렇다면 이제는 올바른 마음 자세란 무엇인지 설명해주시겠어요?

카네기

먼저 올바른 마음 자세란 패배를 일시적인 현상 이상의 것으로 받아들이기를 거부하는 태도라고 하겠습니다. 이런 마음 자세는 패배를 맞이해서 역경을 극복하고 회복할 힘이나 능력을 시험하는 도전으로 받아들일 수 있는 의지력을 기름으로써 유지할 수 있습니다. 그런 시험을 우리의 계획에 수정이 필요하다는 사실을 알려주기 위한 의도적으로 보내는 신호로 받아들여야 합니다.

패배란 육체적 고통이 주는 불쾌한 경험과 다를 바 없다고 생각해야 합니다. 육체적 고통이라는 것은 자연이 우리에게 신체의 어떤 부분에 좀 더 신경을 쓰고 잘못된 부분은 고쳐야 한다고 알려주는 방법이죠. 그러므로 고통은 저주가 아니라 축복이 될 수 있는 겁니다!

우리가 패배에 휩싸여 경험하는 정신적 고통도 마찬가지입니다. 이 역시 불쾌하지만, 이 불쾌한 감정을 잘못된 방향으로 가고 있는 우리에게 멈추라고 보내는 신호로 받아들인다면 유익하다고 할 수 있죠.

힐

그렇게 볼 수도 있군요. 하지만 때로는 패배가 아주 확실하고 심각해서 우리의 계획이나 자신감을 완전히 무너뜨리기도 합니다. 이런 상황에서는 어떻게 해야 할까요?

카네기

여기서 자기 절제 원칙이 우리를 구해줍니다. 자기 절제가 잘 갖춰진 사람은 그 무엇도 자신의 믿음이 파괴되도록 두지 않습니다. 패배를 경험할 때 계획을 재수정하고 다시 앞으로 나아가려는 자신을 그 무엇도 막아서지 못하게 합니다. 자, 계획에 수정이 필요할 때는 계획은 고치지만 목적은 바꾸지 않습니다.

힐

패배라는 것을 우리의 의지력을 자극하는 수단이자 일종의 정신적 강장제로 받아들여야 한다, 이런 말씀인가요?

카네기

정확한 표현입니다. 모든 부정적인 감정은 건설적인 힘으로 변환될 수 있고 바람직한 목적 달성을 위해 사용될 수 있어요. 자기 절제는 우리로 하여금 불쾌한 감정을 앞으로 나아가는 힘으로 바꿀 수 있게 해줍니다. 그렇게 할 때마다 의지력을 키우도록 도와주죠.

무의식적 마음이 '마음의 태도'를 읽고 그에 따라 행동한다는 것을 반드시 기억해야 합니다. 만약 패배를 더욱 훌륭한 행동을 취하게 만드는 일시적인 자극으로 보지 않고 영원한 현상으로 받아들인다면 무의식적 마음 역시 그에 따라 행동하고 실패를 영원한 실패로 만드는 꼴이 됩니다.

이제 모든 패배에 내재된 좋은 점을 찾아내고자 하는 습관 형성이 얼마나 중요한지 아시겠어요? 이 방법이 의지력 훈련의 핵심이 되고 동시에 무의식적 마음이 자신을 대신해서 활동하게 만드는 역할을 하는 겁니다.

아무리 많은 패배를 당한다 해도
당신은 승리하기 위해
태어난 사람이다.
— 랄프 왈도 에머슨

힐

그렇군요! 무의식적 마음이 행동을 불러온 상황의 본질은 고려하지 않은 채 나름의 논리적 결론에 따라 우리 마음이 취하는 태도를 실행에 옮긴다는 뜻이군요?

카네기

그 정도로는 설명이 부족해요. 무의식적 마음은 언제나 마음을 지배하고 있는 생각에 반응합니다. 게다가 자주 반복되는 생각에는 더욱 신속하게 반응하는 습관을 형성하게 되죠. 예를 들어 우리가 잘못해서 패배를 부정적으로 받아들이는 습관을 형성하면 무의식적 마음도 똑같은 실수를 저지르고 그와 유사한 습관을 형성한다는 겁니다. 우리 마음이 패배를 대하는 태도가 결국에는 습관이 되는데, 패배를 부채가 아닌 자산으로 만들고자 한다면 반드시 이 습관을 통제해야 합니다. 사람들의 즉각적인 반응을 보면 다 나타나지만, 자동으로 패배를 수용하는 태도를 보이면서 비관론자가 되는 사람들을 당신도 분명히 보았을 겁니다.

힐

무슨 말씀인지 알겠습니다.

모든 역경에서 찾아야 하는 "그에 상응하는 혜택의 씨앗"이 기회다. 즉, 역경의 경험을 더 훌륭한 행동을 취하는 데 필요한 정신적 자극제로 받아들임으로써 의지력을 키울 수 있도록 활용해야 기회가 된다. 이런 말씀인가요?

카네기

일부 맞는 말이긴 한데, 긍정적인 마음 자세로 패배를 받아들이고 그렇게 함으로써 무의식적 마음도 똑같은 습관을 형성하도록 영향을 끼친다는 설명을 빼먹었었네요. 시간이 지나면서 이 습관은 영원한 습관으로 굳어집니다. 그다음에는 무의식적 마음이 어떤 경험이든 긍정적으로 받아들이게 되는 거죠.

다시 말해 모든 부정적인 경험을 더 많은 노력을 끌어내기 위해 격려하고 용기를 주는 자극으로 바꾸도록 무의식적 마음을 훈련시킬 수 있다는 겁니다. 이게 강조하고 싶은 핵심이에요.

> ### ⊗ 멘탈 트레이닝 어드바이스
>
> 전 미국 네이비실 지휘관 조코 윌링크Jocko Willink는 휘하 장병들의 사고방식을 재구성하기 위해 간단한 대응 방법을 썼다. 누군가 부상이나 힘든 일 또는 어려운 상황에 대해 불평을 털어놓을 때마다 윌링크는 "좋아!"라고 반응했다.
>
> 그는 자신의 팟캐스트에서 이렇게 설명했다. "상황이 좋지 않게 흘러가도 언제나 좋은 일이 그 상황에서 나오게 되어 있습니다." 아주 간단한 이 단어 하나가, 모든 문제는 해결책을 알아낼 기회일 뿐이고 그때 진정한 성장이 일어난다는 온전한 진리를 보여준다. 자기가 편하게 쓸 수 있는 해결책이 많으면 많을수록 해야 할 일을 성공적으로 완수할 확률도 높아진다. 그곳이 전쟁터이든 중역 회의실이든.
>
> "'좋아'라고 말할 수 있다는 건 당신이 아직 살아 있다는 뜻입니다. 그건 당신이 아직 숨 쉬고 있다는 뜻이고, 그렇다면 당신에겐 아직 투지가 남아 있다는 말이죠." 윌링크가 말하는 자신의 관리 스타일이다.
>
> 다음번에 문제에 맞닥뜨리게 되면 좌절감에 굴복하지 마라. 대신 더 많은 노력을 기울이라고 당신에게 용기를 주는 암시라고 받아들여라.

힐

누구나 자기가 형성한 습관에서 벗어나기 힘든 거군요. 제 생각이 옳다면 실패도 습관이 될 수 있는 겁니다.

카네기

실패만 습관이 되는 게 아니라 빈곤, 걱정, 비관적인 생각 모두 마찬가지입니다. 긍정적이든 부정적이든 어떤 마음의 상태가 마음을 지배하기 시작하는 순간, 그게 습관이 되는 거예요.

힐

전 빈곤을 습관이라고 생각해본 적이 없는데요.

카네기

글쎄, 다시 생각해야 해요. 빈곤은 습관이니까요! 빈곤이라는 상황을 받아들이는 사람은 그런 마음 상태가 습관이 되고 계속 가난한 상태를 유지하게 되죠.

힐

"빈곤을 받아들인다"라는 게 무슨 뜻입니까? 미국같이 모든 게 풍부한 나라에서 빈곤처럼 바람직하지 못한 상태를 받아들인다는 걸 어떻게 생각해야 하는 겁니까?

카네기

부를 획득하는 계획 세우기를 소홀히 함으로써 빈곤을 받아들이게 되는 겁니다. 평소에도 그렇듯이 우리가 하는 행동이 명확한 목적이 결여되어 있기 때문에 완전히 부정적일 수 있다는 겁니다. 자신이 빈곤을 받아들이고 있다는 사실을 깨닫지 못할 수도 있지만 그렇다고 결과가 달라지지는 않습니다. 어차피 무의식적 마음은 지배적인 정신 태도에 따라 행동할 테니까요.

실패는 중요하다.
우리는 늘 성공에 관해서 이야기한다.
하지만 위대한 성공은 종종 실패에 저항하는
혹은 실패를 활용하는 능력에 달렸다.
나는 실패가 두려워서 아예
시도조차 하지 않는 사람들도
만나보았다.
— J. K. 롤링

힐

그렇다면 성공도 습관이군요?

카네기

이제 이해하는군요! 당연히 성공도 습관입니다.

명확한 주요 목표를 채택하고 그 목표를 달성하기 위해 계획을 세우고 혼신의 노력을 다해 계획을 실행에 옮기면서 형성하는 습관입니다. 그다음에는 무의식적 마음이 중요한 역할을 하는데, 목표 대상에 도달할 수 있는 아이디어를 떠올려서 우리에게 영감을 주는 방식으로 도움을 주죠.

힐

그러면 가난한 환경에서 태어난 사람, 보고 듣는 게 가난밖에 없고 매일 가난을 받아들인 이웃들과 만나 생활할 수밖에 없는 사람은 애초에 '투 스트라이크'를 당한 상태에서 시작하는 것이나 다름없는 건가요?

카네기

정확하게 맞는 말이긴 해요. 하지만 그런 환경이라고 아무것도 할 수 없는 건 아니죠. 미국에서 큰 성공을 거둔 사람 대부분이 당신이 설명한 그런 환경에서 시작했다는 건 널리 알려진 사실이니까요.

힐

모든 사람이 충분히 누릴 수 있는 풍족함이 있는 미국 같은 나라에서 대부분 아이를 빈곤으로 몰아넣는 상황을 어떻게 해결해야 하는 겁니까? 누군가가 나서서 그런 상황을 바로잡을 책임이 있는 것 아닐까요? 힘들고 희망 없는 아이들을 처음부터 잘못된 환경에서 태어났으니 그대로 사는 게 운명이라고 속수무책 방치해야 하는 건가요?

카네기

이제 내가 당신에게 성취 철학을 정리하고 체계화해달라고 부탁하면서 마음속에 품고 있던 생각의 중심에 가까워지고 있군요. 이 지극히 중요한 주제와 관련해서 당신이 점점 열정에 타오르는 모습을 보니 기쁘네요. 지금 내가 하고 있는 일이기도 한데, 가난을 통제할 수 있도록 돕자고 제안하고 싶습니다.

내가 그동안 모은 돈을 나눠주고 있지만 그게 당신이 언급한 문제에 어떤 해결책이 되지는 않습니다. 사람들은 돈이라는 선물이 아니라 지식이라는 선물이 필요합니다. 이 지식을 갖추면, 돈을 모으는 것뿐 아니라 사람과의 관계에서 행복을 찾아내는 방법을 배우는 것처럼 좀 더 중요한 문제를 포함해서 스스로 결정할 수 있는 사람이 될 수 있습니다.

미국이 문명사에서 가장 바람직한 국가이긴 하지만 이상향으로 가려면 아직 할 일이 많습니다. 최선의 상태를 갖춘 이상적인 사회와 빈곤은 어울리지 않습니다! 뱃속이 빈 상황에서 정신은 성장할 수 없어요. 많은 사람이 빈곤의 두려움에서 자라나는 열등의식에 시달리는 한 인류 진보의 행진은 속도를 낼 수 없습니다.

지금 이 자리에서 다시 한번 주의를 환기시키는 게 좋을 듯한데, 소수만 부를 소유하고 주위 사람 대부분이 기본 수준에도 미치지 못하는 삶을 살고 있다면, 부를 소유한 사람이 느끼는 행복도 지속될 수 없습니다.

자, 내가 사회주의를 표방하면서 자신이 소유한 것을 이웃과 나눠야 하는 어떤 시스템을 옹호하고 있다는 잘못된 결론은 내리지 말기 바랍니다. 그런다고 빈곤 상태가 바뀌지는 않을 겁니다. 빈곤은 마음 상태, 습관이라는 사실을 반드시 기억하세요! 물질적인 선물로는 그 누구도 빈곤에서 구할 수 없습니다. 빈곤을 바꿀 수 있는 출발점은 개인의 마음이고, 각 개인에게 자신의 마음을 사용하도록 장려하는 방법으로 시작하는 겁니다. 창의적이 되도록, 자기가 원하는 것에 대한 대가로 유용한 서비스를 제공하도록 격려하고 용기를 북돋는 것이죠.

그런 식으로 제공하는 선물은 아무에게도 피해를 주지 않는데, 내가 당신을 통해 미국인들에게 선사하고 싶은 선물도 바로 그런 선물입니다.

힐

그렇다면 우리가 스스로 일해서 벌지 않고 얻는 물질적인 부에서는 크게 얻을 게 없다고 믿으시는 겁니까?

카네기

그겁니다. 인간의 가장 높은 목표는 행복이라는 마음 상태를 달성하는 데 있습니다.

나는 다른 사람으로부터 유익한 행동 말고는 지속적인 행복을 찾는 방법이 있다는 말을 들어본 적이 없습니다. 보세요, 부를 축적하는 비즈니스는 올바른 정신으로 실행한다면 생필품과 사치품을 제공할 뿐 아니라 우리 활동에 행복을 불어넣어 줍니다. 개인의 표현을 계발하고 창조하고 자기표현에 탐닉하기를 바라는 마음, 삶에서 기본적으로 필요한 최소한의 필수품 이상의 물질적 부를 얻고 싶은 마음, 자신이 수행하는 서비스에 비례하는 만큼의 행복을 얻고 싶은 바람은 인류가 지닌 본질적 속성의 일부입니다.

힐

점점 심오해지는데, 어떤 생각인지는 알 것 같습니다. 물질을 소유하는 자체만으로는 행복을 줄 수 없고 물질의 사용으로 행복을 줄 수 있다는 거죠?

카네기

개인적인 생각이 아니라 사실입니다. 나는 양쪽을 경험해봐서 알 수 있습니다. 빈곤에서 시작해 노력을 통해 부를 얻었으니까요. 경험상 진정한 부는 물질에 있는 게 아니라 물질을 사용하는 데 있다고 말할 수 있습니다. 그래서 제가 소유한 물질적 부를 처분하고 있는 거고요. 하지만 제가 돈을 개인들에게 나눠주는 건 아니라는 사실을 아셔야 합니다. 개인이 다른 사람의 도움 없이 스스로 설 수 있도록 용기를 줄 수 있는 곳에 제가 소유한 부를 맡기는 거죠.

힐

그러면 미국에 실용적인 철학, 자기 절제를 통해 당신이 부를 얻은 것과 마찬가지로 다른 사람들도 부를 얻도록 도움을 줄 수 있는 철학을 제공하겠다는 생각이군요?

카네기

그것이 누군가가 무언가를 얻을 수 있는 가장 안전한 방법이죠. 미국 사람들에게 성공에 관심을 갖도록 만드는 철학을 제공하는 게 내 목표입니다. 내가 아는 한 이게 당신이 언급했던 빈곤 의식을 통제할 수 있는 유일한 방법이죠. 빈곤 의식은 물질적 선물을 제공하는 시스템으로는 없앨 수 있는 게 아니거든요. 그런 시스템은 사람을 나약하게 만들어서 더욱 의존적으로 만들 뿐입니다. 이 나라에는 이곳에 정착한 개척자들이 지녔던 철학과 유사한 철학이 필요합니다. 다른 사람의 지시가 아닌 자기 결정으로 모든 개인이 부를 쌓을 수 있도록 유인책과 더불어 그 목적을 달성할 수 있는 수단을 제공하고자 하는 철학 말입니다.

힐

자선이나 구호 활동이 좋다는 걸 믿지 않는다는 말인가요?

카네기

물론 좋다고 믿습니다. 하지만 가장 건강한 형태의 자선 활동은 사람들이 스스로를 돕도록 도와주는 거라는 것을 간과하지 마세요. 그런 도움은 사람들이 자신의 마음을 체계화할 수 있도록 돕는 일부터 시작합니다. 모든 정상적인 마음 안에는 성공의 씨앗과 실패의 씨앗, 2개가 다 있습니다. 제가 생각하는 자선 활동은 성공의 성장을 장려하고 실패의 성장을 억제하는 시스템이라 할 수 있습니다.

나는 개인에게 물질적인 선물을 주는 행동은 그 개인이 신체적 또는 정신적 결함 때문에 스스로를 도울 능력이 없을 때만 유효하다고 믿습니다. 그런데 사람들은 종종 신체적 능력만으로 판단하는 실수를 저지르곤 하죠. 신체적 결함이 있는 사람도 마음을 사용하도록 용기를 주고 격려하면 능력을 갖출 수 있다는 가능성을 무시하는 겁니다. 나는 자선 활동의 도움을 받을 자격이 충분할 정도로 육체적 고통을 겪는 사람을 많이 알고 있습니다. 하지만 그 사람들은 자신의 마음을 사용해서 생계를 꾸려가는 방법을 찾았기 때문에 그런 도움을 거절합니다. 그렇게 해서 다른 사람의 도움을 받아들이는 자기 비하에서 벗어나는 거죠.

딱 하루 편했던 날은 어제였다.
— 미국 네이비실

힐

하지만 스스로를 부양할 수 없는 가난한 사람이나 노인을 구호하는 구빈원 같은 시설은 괜찮게 보는 거죠?

카네기

단연코 괜찮다고 보지 않습니다. '구빈원'이라는 단어 자체에 열등감 생성이라는 뜻이 있기 때문이에요. 하지만 노인이나 가난한 사람을 위한 보상 시스템은 좋다고 생각해요. 개인이 선택한 환경에서 자신의 삶을 살 수 있도록 해준다면 말이죠.

주 또는 월 단위로 수당을 지급해서 자신의 가정환경을 유지할 수 있도록 세심하게 관리하는 게 적절하다고 봅니다. 하지만 단지 돈을 기부하는 데서 끝나는 시스템은 아니라고 생각합니다. 그 사람이 정신적으로 건강하다면 어떤 형태로든 정신적 활동을 제공하는 시스템이어야 합니다. 다른 게 정 힘들면 독서 활동만이라도. 가장 나쁜 방식이 개인으로부터 '정신적 양식'을 빼앗고 영원히 나태 속에서 살아가도록 하는 겁니다. 나는 활동적인 생활에서 '은퇴'한다는 사람 얘기를 들으면, 늘 안됐다는 생각이 듭니다. 사람은 생각할 수 있는 마음이 있는 한 나태해지면 안 되도록 태어났거든요. 나태한 사람치고 행복하다는 사람은 없습니다.

힐

그렇다면 사람들에게 마음과 신체를 건설적으로 사용할 기회도 주지 않으면서 자유를 빼앗는 교도소 제도는 안 좋게 생각하겠네요?

카네기

좋지 않죠! 그런 제도는 잔인한 겁니다. 교화를 담당하는 사람 중에도 범죄 성향을 지닌 사람, 믿을 수 없는 사람이 일부 있거든요. 모든 교도소에서는 마음과 신체 둘 다를 위한 활동을 충분히 제공해야합니다. 벌을 준다고 해서 또는 아무것도 못 하게 한다고 해서 수감자가 교화되지는 않습니다. 교화는 적절한 지도 아래, 필요하다면 억지로라도 제공하는 활동을 통해서만 가능합니다. 그래야 올바른 습관으로 발전시키죠.

교도소 제도의 폐해는 회복이 아니라 주로 '징벌'의 형태로 실시되고 있다는 사실이에요! 만약 당신이 누군가를 정상적인 상태로 회복시킨다면, 그 사람의 사고 습관을 바꾸는 방식으로 회복을 꾀하겠죠. 감옥 밖에 있는 사람에게 그런 방식을 사용한다면 감옥 안에 있는 사람에게도 동일한 방식을 적용해야 합니다.

실제로 죄를 지어서 기소당한 것도 아닌데 상상의 감옥에 갇혀 사는 수백만 명이 있습니다. 자기 마음속의 수감자로 살아가는 사람들이죠. 그 사람들은 가난을 수용하고 일시적인 패배를 받아들임으로써 자초한 한계에 의해 감옥에 들어간 마음의 포로입니다. 내가 성취 철학을 통해 그 감옥에서 풀어주고 싶은 사람들이 이런 형태의 수감자들이죠.

힐

일반인을 수감자라고 생각한 적은 없지만, 당신의 분석을 들으니 많은 사람이 그런 것 같군요.

카네기

그래요. 게다가 불행한 수백만 명이 강제적 구속 상태로 태어난다는 사실이 가장 안 좋습니다. 자기가 원해서 세상에 나온 것도 아닌데, 나와 보니 쇠창살과 벽돌 벽만큼 강력하고 치명적인 감옥에 자신이 갇힌 거죠. 어린 수감자들을 구제해야 합니다! 그 아이들에게 자기 마음의 힘을 깨닫도록 일깨워주는 것부터 구제를 시작해야 합니다.

> *어제 있었던 일에 대해 걱정하느니*
> *가서 내일을 창출합시다.*
> — 스티브 잡스

힐

어디서, 어떻게 이런 계몽이 일어나야 할까요?

카네기

집에서 시작해 공립학교 제도의 일부로 이어져야 합니다. 하지만 누군가가 공공의 지원을 받는 실질적인 계획을 내놓기 전까지는 아무 일도 일어나지 않을 겁니다.

힐

학생 개인의 주도적인 계획에 따라 개인 성취의 기본 원칙을 가르치는, 보충적인 형태의 훈련이 전국적으로 필요하다고 생각하십니까?

카네기

미국에서 가장 필요한 부분이죠.

내 말을 잘 기억하세요. 그런 시스템을 도입하지 않으면, 곧 때가 다가올 것입니다. 이 나라는 과거부터 이어진 개척자 정신이 사라질 것이고, 사람들은 스스로 주도해서 행동하기를 멈출 것이고, 아주 작은 패배에도 쉽게 희생당할 것입니다.

힐

당신은 절약 그리고 스스로 결정하고 해결하려는 정신이 공립학교에서 가르쳐야 하는 자질이라고 생각하는군요?

카네기

네. 가정에서도 가르쳐야죠. 그런데 가정에서는 애들 못지않게 부모도 이런 훈련이 필요하다는 문제가 있습니다. 아이들에게 가난을 받아들이도록 영향을 끼치는 가장 나쁜 주체가 부모입니다. 애들은 부모가 받아들이는 상황을 자연스럽게 받아들이니까요.

힐

그렇다면 자기 절제는 가정에서 시작해야 하고, 부모가 절약과 포부와 자립정신의 형태로 자녀에게 시범을 보여야 한다는 거네요?

카네기

그렇습니다. 아이가 삶에 대한 느낌을 처음 갖게 되는 곳이 가정이거든요. 사는 동안 패배의 습관을 받아들이는 곳도 가정일 때가 많고요. 성공한 사람의 과거를 추적해보면, 아마 모두 어린 시절에 성공을 의식하는 가족이나 친척으로부터 영향을 받았다는 걸 알 수 있을 겁니다. 성공을 의식하는 마음을 익힌 사람은 패배에도 억압당하지 않습니다. 성공을 의식하는 마음이 모든 유형의 패배에 저항하는 일종의 면역력을 키워준다고 할 수 있죠.

힐

당신은 폭넓고 다양한 경험을 했으니 실패의 주요 원인이 무엇인지 확실하게 배우셨겠네요?

카네기

그렇습니다. 개인 성취가 실천적 철학이 되려면 성공은 물론 실패의 원인도 담고 있어야 하기에 그 점을 설명하려고 했습니다. 성공 원인보다 실패의 주요 원인이 2배가 넘는다는 사실을 알면 놀랄 수 있어요.

힐

중요도 순으로 나열해주시겠어요?

카네기

중요도를 따지는 건 비현실적이지만 실패의 원인 중에서 가장 흔한 원인 위주로 나열해보겠습니다.

⑴ 명확한 주요 목적 없이 인생을 표류하는 습관. 이 습관은 또 다른 실패의 습관으로 이어진다는 점에서 실패의 주요 원인 중 하나다.

⑵ 출생 시 유전적으로 불리하게 타고난 신체 조건. 그런데 유전적으로 불리한 신체 조건은 제거 대상에 속하지 않는 유일한 실패의 원인이긴 하지만 이마저 마스터마인드 원리를 통해 극복할 수 있다.

⑶ 다른 사람의 일에 관여하느라 시간과 에너지를 낭비하며 오지랖 넓은

호기심을 보이는 습관.

(4) 자기가 종사하는 일에 대한 불충분한 준비, 특히 불충분한 교육.

(5) 일반적으로 지나친 식사·음주·섹스를 통해 드러나는 자기 절제 결여.

(6) 자기 발전 기회에 대한 무관심.

(7) 목표를 향해 평균을 뛰어넘는 수준의 야망 부족.

(8) 종종 잘못된 생각, 부적절한 식습관, 불충분한 운동으로 발생하는 건강
문제.

(9) 유아기에 미치는 나쁜 환경 영향.

(10) 시작부터 끝까지 끌고 가는 데 필요한 끈기 부족. 주로 명확한 목적과
자기 절제의 결여가 원인.

(11) 생활과 관련해서 부정적인 정신 태도를 유지하는 습관.

(12) 목적이 분명하고 유익한 습관을 통해 감정을 통제하는 능력 부족.

(13) 대개 도박과 저속한 부정행위를 통해 표출되는, 무상으로 무엇인가를
얻고자 하는 욕망.

(14) 우유부단하고 끈기 없는 태도.

(15) 빈곤, 비판, 건강 악화, 사랑 상실, 노년, 자유 상실, 죽음 등 7가지 기본
적 두려움 중 하나 또는 그 이상.

(16) 잘못된 결혼 상대 선택.

(17) 사업 및 직업 관계에서 지나친 주의.

(18) 운에 너무 많은 것을 맡기기.

(19) 사업 및 직업 관계에서 잘못된 동료 선택.

(20) 천직을 잘못 선택하거나 아예 선택하지 못함.

(21) 시간과 에너지 낭비를 불러오게 되는, 집중적인 노력 부족.

(22) 소득과 지출에 대한 예산의 통제 없는 무차별적인 지출 습관.

(23) 적절한 시간 배정·활용 실패.

(24) 절제된 열의 부족.

(25) 편협성, 즉 종교·정치·경제 등과 관련해서 주로 무지 또는 편견 때문에 닫힌 마음.

(26) 화합의 정신으로 타인과 협력하지 않는 것.

(27) 자신의 노력이나 자격을 벗어난 권력이나 부의 갈망.

(28) 마땅히 지켜야 할 순간에 의리 또는 충성심 결여.

(29) 통제되지 않는 이기주의와 허영심.

(30) 과장된 이기주의.

(31) 이미 알려진 사실에 근거하지 않은 채 의견을 제시하고 계획을 세우는 습관.

(32) 비전·상상력 부족.

(33) 경험, 교육, 타고난 능력을 갖춘 사람들과 마스터마인드 동맹을 맺어야 할 때 그렇게 하지 못하는 것.

(34) 무한 지성의 힘에 대한 존재, 그 힘에 순응하는 수단을 인식하지 못하는 것.

(35) 깨끗하지 못한 무례한 마음과 부적절한 어휘 사용을 드러내는 불경스러운 말투.

(36) 생각보다 앞서는 말. 너무 많은 말.

(37) 지나친 갈망·복수·탐욕.

(38) 꾸물거리고 미루는 버릇, 순전히 게으름 때문인 경우도 많지만 명확한 주요 목적이 없어 발생한다.

(39) 명분이 있든 없든 다른 사람을 비방하는 말.

(40) 사고력의 본질과 목적에 대한 무지 그리고 정신의 작동 원리에 대한 지식 부족.

(41) 주로 명확한 주요 목적의 결여에 기인한 자기 주도성 결여.

(42) 명확한 주요 목적에 기반을 둔 강박적 동기의 부재로 인해 자기 신뢰의 결여.

(43) 자기 자신·미래·동료·신에 대한 믿음의 결여.

(44) 매력적인 성품의 결여.

(45) 자발적이고 통제된 습관을 통한 의지력 개발 실패.

실패 원인은 열거한 항목 말고도 더 있지만, 주요 원인 위주로 나열해보았습니다. (2)를 제외한 나머지 원인은 모두 주요 목적의 명확성 원칙과 의지력 통제 원칙을 적용함으로써 제거하거나 통제할 수 있습니다. 따라서 (1)과 (45)의 통제 실패가 한 가지를 제외한 다른 모든 원인을 지배한다고 말할 수 있죠.

⊗ 멘탈 트레이닝 어드바이스

나는 간단한 목록 하나로 문제의 핵심을 효율적으로 짚어내는 카네기와 힐에게 거듭 놀랄 수밖에 없다. 목록을 읽어보면, 당신이 아는 사람 중에서 저 원인 중 한 가지 또는 그 이상에 해당하고 그 때문에 실패를 맛본 사람이 분명 떠오를 것이다. 아마 당신도 사생활 또는 사회생활에서 원하는 결과를 얻지 못하던 시절을 떠올리면서 당시 상황에 대해 정확한 진단을 내릴 수 있을 것이다.

그래서 이 목록으로 뭘 어떻게 하라고? 각 약점에 대한 해결책은 대체로 정반대에서 찾으면 된다. 그것이 이 목록이 강력한 힘을 지니는 이유다. 목록을 보면 알 수 있듯이, 성취로 가는 길은 간단해 보이지만 쉽지 않다. 확실한 결과를 목표 삼아 일관된 의지력을 적용하는 행동은 우리에게 언젠가 반드시 역경이 닥칠 때 솟아날 수 있는 정신을 불어넣어 주면서 그 목표에 도달할 수 있게 해준다.

힐

저 목록에 있는 45가지 실패의 원인 중에서 (1)과 (45) 원인만 통제하면 충분히 성공으로 향하는 길에 들어설 수 있다는 말인가요?

카네기

그렇습니다. 누군가 명확한 주요 목적을 달성하기 위해 노력하고 있고 마음의 힘을 지휘할 정도로 의지력이 확실하다면, 저는 그 사람이 성공이 보이는 곳에 있다고 하겠습니다.

힐

하지만 이 2가지 원인만으로 누군가를 패배에서 구하기에는 충분하지 않은 것 아닙니까?

카네기

맞습니다. 하지만 누군가를 다시 회복시켜서 계획대로 밀고 나가도록 하기에는 충분합니다. 자기 절제란 한 개인이 어떤 패배를 경험했을 때 그 패배를 더 많은 노력을 자극하는 경험, 단지 일시적인 경험에 불과하다고 받아들인다는 뜻입니다.

성공할 수 있는 가장 확실한 방법은
늘 딱 한 번만 더 시도하는 것이다.
— 토머스 에디슨

힐

패배가 팔이나 다리 절단 또는 뇌졸중처럼 사람의 신체 사용을 제한하거나 완전히 불가능하게 하는 그런 성격의 것이라고 가정해보세요. 그건 심각한 장애가 되지 않을까요?

카네기

분명히 하자면, 장애는 되겠지만 그렇다고 반드시 영구적인 패배로 받아들여야 한다는 말은 아니죠. 세계적으로 가장 큰 성공을 이룬 사람 중 일부는 육체적인 고통을 겪은 후에 가장 위대한 성공을 거두었습니다. 다시 한번 말하지만 마스터마인드 원리는 인류가 이용할 수 있는 모든 유형의 지식을 제공하기에 충분합니다. 모든 육체적 노력을 대신해서 사용할 수 있습니다.

힐

당연한 말씀이네요! 그렇다면 육체적 장애는 치료할 방법이 없으니, 마스터마인드 원리를 적용하지 못하면 자신의 소홀함 탓에 패배할 수도 있다는 말인가요?

카네기

정확하게 이해하셨네요. 마스터마인드 원리는 두뇌의 사용만 제외하고 모든 것을 대신할 수 있습니다. 사람들이 생각할 수 있는 능력만 있으면 이 원리를 사용할 수 있다는 말입니다. 때때로 사람들은 자신의 신체가 중요한 기능을 발휘하지 못하는 상황에 닥쳐야만 마음의 잠재력을 발견하기도 하죠. 이런 경우엔 신체적 장애가 전화위복이 되었다고 할 수 있습니다.

내가 아는 사람 중에 시각 장애인으로 미국에서 가장 성공적인 음악 교사가 된 사람이 있습니다. 그는 시력 상실이라는 고난을 당하기 전에는, 오케스트라 단원으로서 근근이 생계를 꾸려가고 있었죠. 그가 겪은 고통이 오히려 훨씬 더 많은 재정 수입이라는 기회의 장을 열어주는 효과를 발생시켰습니다. 헬렌 켈러는 미국의 위대한 여성이 되기 위해 자신의 고통을 활용했고요.

힐

장애가 역경으로 가장한 축복이었다?

카네기

그렇게 부정하지 못할 정도로 확실한 사례들이 있죠. 신체적 장애가 사람들에게 더 강력한 의지력으로 무장하게 하는 효과가 있다면 축복이라고 할 수 있겠고, 보통은 그런 효과가 있는 게 사실이고요. 진정으로 자기 절제를 갖춘 사람이라면 신체적 장애를 어떻게든 자산으로 바꿀 겁니다.

⊗ 멘탈 트레이닝 어드바이스

몇 년 전, 역경을 축복으로 바꾼 대단한 능력의 소유자인 베테랑 군인 토드 러브Todd Love를 인터뷰했다. 아프가니스탄에서 근무하던 당시 20살이던 러브는 오른손에 M4 카빈, 왼손에 금속 탐지기를 든 채 동료 해병 대원들을 위협에서 구해내기 위해 안전한 구역으로 안내하고 있었다. 임무를 수행하던 중 러브는 사제 폭탄을 밟았고, 폭발의 충격으로 4미터 이상을 날아가 떨어졌다. 그가 밟은 사제 폭탄은 구리로 만들어서 금속 탐지기에 걸리지 않았다.

그 사건이 발생하고 이틀 뒤 독일의 한 병원에서 깨어난 러브는 무슨 일이 있었는지 기억하지 못했다. 밀려드는 엄청난 고통 속에서, 자신이 사제 폭탄을 밟았다는 사실은 기억할 수 있었다. 하지만 얼마나 심각한 부상을 당했는지 깨닫지 못하고 있었다. 며칠 후 집중 치료를 받기 위해 미국으로 이송되고 나서 러브는 말했다. "갑자기 궁금한 마음이 들어서 다리를 잡아보려고 했는데 잡히질 않는 겁니다. 다리는 없고 침대만 잡히는 걸 느낄 수 있었습니다." 그는 폭발로 두 다리가 날아가 버렸다는 사실을 곧 깨달았다.

붕대로 감아놓은 한 손은 심하게 부서져서 의사들은 러브에게 팔꿈치 절단 수술을 권했다. 러브도 의사의 소견에 동의할 수밖에 없었다. 절단 수술을 받은 후, 성한 팔하나만 빼고 두 다리와 한 팔을 잃은 그의 몸은 말 그대로 갈기갈기 찢긴 상태였다.

토드 러브가 세상을 미워하고 자기 연민에 빠져 남은 인생을 보낸다 해도 과연 누가 그를 욕할 수 있었을까? 충분히 그렇게 살 수 있었을 테지만 러브는 그렇게 되도록 인생을 방치하지 않았다. 자칭 아드레날린 중독자인 러브는 스카이다이빙 광팬이 되었고 심지어 수십 개의 장애물을 통과해 달려야 하는 스파르타 경주를 다섯 차례에 걸쳐 완주했다. 인터넷에 'Todd Love'를 치면 나오는 사진들은 하늘을 찌르는 사기와 용기를 보여준다.

러브는 자신에게 닥쳤던 사건을 '축복'이라고 묘사한다. 그는 내게 이렇게 설명했다. "그 사건이 저로 하여금 다시 한번 삶을 사랑하게 했습니다. 많은 어려움이 앞에 놓여 있었지만, 내가 정말 사랑하고 아끼는 모든 사람이 제대로 눈에 들어오기 시작했습니다. 사는 게 그런 거죠. 모든 사람이 지금 자신의 삶에서 일어나는 어떤 일을 겪고 있잖아요. 제 경우에는 당연히 신체적 장애를 겪고 있지만, 사람은 누구나 각자 자신만의 어려움을 겪으며 살아가는 겁니다. 중요한 것은 긍정적으로 생각하면서 자신이 통제할 수 있는 것에 집중하는 것입니다."

비록 러브의 신체는 손상되었지만, 정신은 환경의 제약 안에 갇히지 않았다. 카네기가 했던 말이 생각난다. "때때로 사람들은 자신의 신체가 중요한 기능을 발휘하지 못하는 상황에 닥쳐야만 마음의 잠재력을 발견하기도 하죠. 이런 경우엔 신체적 장애가 전화위복이 되었다고 할 수 있습니다."

스스로 어떤 설명을 늘어놓든 영원한 패배에 대해서는 변명의 여지가 없다.

힐

그래도 심각한 신체 장애로 고생하는 사람이라면, 그 고통을 부정적으로 받아들이고 스스로 마음의 주인이 되려는 도전보다는 실패로 받아들이는 핑계로 삼으려는 경우가 대부분 아닌가요?

카네기

안타깝지만 그래요. 하지만 그렇게 포기하는 사람은 신체 상태에 상관없이 어차피 실패의 구실을 찾아낼 사람입니다. 제 생각에 포기하는 사람 중에서 신체적 장애로 인한 고통 때문에 포기하는 사람보다 멀쩡한 사람이 포기하는 경우가 더 많을걸요.

미국처럼 모든 분야에서 얼마든지 자기계발과 향상의 기회가 열려 있는 나라에서 마음의 상처로부터 비롯된 실패를 제외하곤 완벽하게 실패하는 경우를 어떤 말로도 변명할 수 없습니다. 헬렌 켈러는 오감 중에서 가장 중요한 시각과 청각을 잃었지만, 그 어떤 것도 실패의 구실로 삼아서는 안 된다는 걸 증명해 보였습니다. 의지력으로 2가지 신체적 장애에서 비롯된 문제를 모두 메웠어요. 마스터마인드 원리의 도움을 통해 신체적으로 크게 손상을 입어도 마음까지 한계에 갇힐 필요가 없다는 가르침을 전 세계에 알려주었단 말입니다. 베토벤 역시 청각을 잃고 난 후에 유사한 모습을 보여주었고요.

때때로 육체적 능력의 상실은 정신적 능력의 강화로 이어지죠. 자신에게 닥친 엄청난 어려움을 단지 일시적인 패배로 받아들이면서 통제해야 하는데 내버려두고 큰 성공을 거두었다는 사람을 여태 본 적이 없습니다. 누군가 패배에서 벗어날 때마다, 그 사람은 정신적으로 영적으로 강해집니다. 따라서 시간이 지나고 때가 되면, 일시적인 패배를 통해서 자신의 진정한 내면을 찾게 될 수도 있죠.

만약 미국 독립혁명에서
영국이 미국 식민지에 패하지 않았더라면
2차 세계대전에서 미국으로부터
우호적인 도움의 혜택을
받지 못했을 수 있다.
― 나폴레온 힐

힐

올바른 정신 자세로 패배를 대한다면 말이죠?

카네기

당연하죠! 패배당하는 순간 바로 포기하는 사람은 그 무엇으로도 도움을 줄 수 없습니다. 반대로 패배를 더 큰 노력을 기울여야 한다는 도전으로 받아들이는 사람은 그 무엇으로도 막을 수 없죠. 패배에도 불구하고 살아남아서 승리하겠다는 의지는 개인에게 시대를 초월해서 과학적으로는 설명할 수 없는 불가사의한 힘을 가져다줍니다.

그런 의지는 온갖 불리한 상황을 뚫고 뻗어 나가서 신비한 지원군을 불러옵니다. 이 지원군은 상황을 걸림돌로 받아들이는 대신 디딤돌로 변환시키는, 이전에는 보지 못했던 동맹이 되어줍니다. 겪어본 사람은 누구나 알지만 어떻게 그렇게 되는지 그 원인을 밝힌 사람은 아직 없습니다.

힐

한 번도 패배를 경험한 적이 없다는 게 사람에게 이로운 건가요 아니면 해로운 건가요?

카네기

추측하기에 실패를 경험해보지 못한 사람은 자만심이 생기고 점점 부풀어 오르기 쉬운데 자만심이 계속 부풀어 오르면 인간의 자아는 견뎌낼 수 없습니다. 나는 종종 패배가 더 많이 줄수록 더 많이 받게 된다는 '보상의 법칙The Law of Compensation'과 밀접한 관계가 있다고 생각하는데요. 에머슨은 보상의 법칙에 대해 이런 글을 남겼습니다. "패배는 인간에게 정신적인 균형을 유지하는 데 도움을 주고 결국 자신이 한낱 인간일 뿐이라는 사실을 깨닫게 해준다!"

반면 패배는 사람들을 시험하기 위해 지혜롭게 의도된 계획일 수 있다는 생각이 들어요. 내가 이런 결론을 내리게 된 이유는 위대한 지도자들은 일반인이 평균적으로 겪는 패배보다 더 많은 패배를 경험해야 했거든요. 산업계에서 사람들이 패배에 어떻게 반응하는지 많이 봐온 사람으로서 말하자면, 패배를 더 큰 노력을 요구하는 도전으로 받아들일 정도의 자기 절제를 갖추지 못한 사람 치고 지도자 위치에 오래 있는 사람을 결코 본 적이 없습니다.

사람들이 패배를 오로지 일시적인 현상으로만 받아들이면, 그때마다 의지력에 대한 통제력도 그만큼 커진다는 것이 내 지론입니다. 따라서 시간이 지나면서 패배라는 자극적인 효과를 통해 불굴의 의지를 실제로 키울 수 있다는 거죠. 그렇다면 역시 패배를 통제하면 믿음의 능력을 더욱 크게 발전시킨다는 사실, 즉 마음에서 모든 한계가 사라진 심리 상태에 도달할 수 있다는 사실을 인정할 수밖에 없죠.

힐

그렇다면 우리가 패배를 영구적인 실패로 받아들이는 습관을 극복하기 전까지는 믿음의 힘을 쓸 수 없다고 믿는 겁니까?

카네기

그렇게 생각합니다. 믿음이란 아직 달성하지 못한 목적이지만 자신 앞에 확실한 모습을 드러낼 정도로 생각의 방향이 분명하게 정해진 마음의 상태입니다. 물론 내 말을 증명할 수 있는 물질적인 증거는 없지만요. 패배를 영원한 것으로 받아들임으로써 마음에 한계를 두는 한 마음이 믿음의 힘을 향한 문을 열지 않는다는 건 분명하죠. 그러니까 패배를 바라보는 우리의 태도와 관련된 자기 절제는 믿음을 적용하기 위해 필요한 준비 과정의 필수 요소라 할 수 있겠죠. 믿음은 우리가 목적을 달성하려고 노력하는 과정에서 일시적인 패배를 당했음에도 여전히 그 목적이 존재하고 있다고 확신하게 해줍니다.

힐

그러면 패배를 우리가 믿음을 응용하기 위해 필요한 일종의 예비 훈련으로 받아들여야 한다, 그런 말인가요?

카네기

그렇게 말할 수도 있겠네요. 하지만 많은 사람이 자신감을 믿음으로 착각하고 혼란스러워합니다. 자신감은 물질적인 증거 또는 사실의 실체와 관련된 타당한 가설이 존재하기 때문에 무언가를 믿는 마음의 상태를 말하죠. 믿음은 실체와 관련해서 어떠한 물질적 증거도 없지만 무언가를 믿는 마음의 상태를 말하는 거고요. 자신감은 이성 능력의 소산입니다. 믿음은 이성 능력보다 우선하고 모든 물질적 증거에 대해 생각하지 않으며 우리로 하여금 아직 이루지 못했고 보지 못했던 것의 존재를 믿게 해주죠.

믿음은 아마도 마음의 잠재의식적인 부분을 통해 작용하는데, 가장 신뢰할 만한 이론에 따르면 믿음은 유한한 마음과 무한 지성을 연결하는 고리입니다. 이 이론이 옳다면 믿음은 의식적인 마음속에서 밝게 빛나는, 무한 지성이 드러내는 빛이라 할 수 있죠.

> *그들은 우리를 묻어버리려 했다.*
> *그들은 우리가 씨앗이라는*
> *사실을 알지 못했다.*
> — 그리스 속담

힐

무슨 말씀인지 알 것 같네요. 에디슨이 최초로 말하는 기계(축음기)를 만들었을 때, 그런 기계의 사용처 또는 사용법에 대해 어떠한 물적 증거도 없는 상태였지요. 당연히 그런 기계를 완성한 사람이 아무도 없었으니까요. 하지만 에디슨은 그런 기계가 이론적으로 제작 가능하다는 믿음, 제작할 수 있다는 자신의 능력에 대한 믿음이 있었기에 나름대로 확실한 생각을 할 수 있었던 겁니다. 맞습니까?

카네기

아니요, 나라면 이렇게 설명하겠어요. "믿음을 적용하고 이용하는 에디슨의 능력을 통해서 말하는 기계에 관한 기존의 이론이 밝혀졌다. 에디슨에게는 그 이론을 실제로 적용하는 데 필요한 물리적인 장치를 완성할 수 있는 자신의 능력에 대한 자신감이 있었다. 따라서 그의 발명은 자신감과 믿음의 결합이다." 에디슨의 자신감은 기계 장치 제작과 관련해서 그의 능력과 경험에 바탕을 두고 있었습니다. 반면 에디슨의 믿음은 자기 능력에 대한 자신감에서, 경험을 기반으로 생겨난 것이 아닙니다. 그 이전에는 자기도 말하는 기계를 만들어본 경험이 전혀 없었으니까요.

사람들이 알려진 사실이나 증명할 수 있는 주요 사실 또는 정해진 사실이라고 보이는 것을 믿을 때는 그 사람이 이성의 지배를 받고 있다는 뜻이고 이런 이성적·논리적 믿음에는 무조건 신뢰하고 신임하는 믿음이 필요하지 않습니다.

하지만 사람들이 미지의 것, 증명되지 않은 것, 적어도 그 당시에는 증명할 수 없었던 것을 믿게 되면 이성적 믿음은 무조건적인 믿음이 됩니다. 자신감과 무조건적인 믿음의 차이를 설명하기는 어렵지만 그래도 그 차이를 이해하는 것이 중요합니다.

에디슨의 백열전등 발명은 자신감과 믿음의 결합으로 탄생했습니다. 그는 전선에 전기 에너지를 가해 열을 발생시킴으로써 빛을 발하게 할 수 있다는 자신의 능력에 자신감이 있었습니다. 자기 이전에 다른 사람들이 거친 경험을 참고삼아 충분히 할 수 있는 일이라는 증거를 가지고 있었으니까요.

자신감만으로는 완벽한 전등을 만들 수 없다는 걸 깨달았죠. 전선이 타지 않고 빛을 발하도록 전선의 열을 조절할 수 있는 무언가가 필요했어요. 그는 그런 것이 존재한다는 실제적인 증거는 없었지만 그래도 어딘가에 존재한다는 무조건적인 믿음을 가지고 있었고, 그 믿음은 그로 하여금 수천 번의 일시적인 패배를 거치며 마침내 그것을 발견할 수 있도록 해주었습니다. 그 많은 패배를 겪으면서도 쓰러지지 않고 견딜 수 있었던 것은 오로지 믿음 덕입니다.

그러니까 백열전등은 에디슨의 확신을 통해 잉태되고 믿음을 통해 완성되었다고 말할 수 있겠네요. 이제 자신감과 믿음의 차이를 확실하게 알겠습니까?

힐

확실히 알겠습니다. 물질적인 증거에 근거한 믿음은 이성의 자식이고요. 믿음은 물적 증거 없이도 작용하는, 무한 지성이 드러내는 빛입니다.

카네기

자, 믿음이 물질적인 증거 없이도 작용하면서 드러나는 빛이라고 해봅시다. 우리는 믿음이란 무한 지성이 투영된 빛이라는 사실을 증명할 수 없어요. 그게 무한 지성이라고 믿을 수 있지만 말이죠. 전기의 힘이 어디서부터 시작하는지 알 수 없듯이 믿음이 지닌 힘의 원천이 어디인지는 알 수 없습니다. 하지만 두 힘 모두 우리가 사용할 수 있죠. 그 원천이 무엇이냐를 놓고 시시콜콜 따질 필요는 없죠. 우리는 생명이 무엇이고 어디서 시작하는지 알지 못합니다. 하지만 자연법칙에 순응함으로써 생명을 활용할 수는 있지요. 생명을 창조하는 무한한 힘에 대한 믿음을 가질 수 있는 겁니다.

힐

패배에 대한 분석을 들어보니 당신은 모든 유형의 패배 속에는 혜택이 들어 있다고 믿는군요?

카네기

내가 그렇게 믿는 것도 있지만 그게 사실이거든요. 그 혜택이란 패배를 향해 취하는 정신 자세입니다. 부정적인 태도는 패배를 영구적인 실패로 바꾸고, 손해를 입힐 수도 있어요. 긍정적인 마음가짐은 패배를 자신의 의지력을 통제하는 데 필요한 더 큰 힘을 얻는 유익한 자기 절제 수단으로 바꿔주죠. 그러므로 패배가 어떤 경우에 도움이 되고 어떤 경우에 장애가 된다는 사실을 쉽게 이해할 수 있습니다. 선택은 전적으로 개인의 선호도에 달렸습니다. 선택은 개인이 통제하는 거니까요. 항상 패배의 근원까지 통제할 수는 없는 노릇이지만 패배가 내 발목을 붙잡을 때 내가 그 패배를 향해 취하는 태도는 통제할 수 있습니다. 확실하게 아시겠습니까?

힐

충분히 알겠습니다! 패배를 다시 시도해야 하는 도전 그 이상도 이하도 아닌 것으로 받아들이는 습관을 자발적으로 길러야 한다는 말이지요.

카네기

그렇습니다.

그런데 '습관'이라는 단어를 더 강조했어야 했어요. 그게 아주 중요한 부분이거든요. 많은 사람을 저주에 걸리게 하는 패배주의는 패배를 전혀 바꿀 수 없는 것으로 받아들이는 습관의 결과물입니다. 이 습관을 반대로 되돌려야 합니다. 한 번의 패배 경험을 받아들이는 태도가 중요한 게 아니라 반복적으로 받아들이는 태도가 중요한 겁니다. 반복하면 습관이 되니까요.

⊗ 멘탈 트레이닝 어드바이스

"반복이 습관을 만든다."

난 아주 간결한 이 구절을 사랑한다. 잠시 시간을 내서 하루를 어떻게 보냈는지 생각해보라.

혹시 아침에 이 글을 읽고 있다면 어제를 되돌아보라. 당신을 목표에 더 가까이 데려다준 3가지 행동, 목표에서 멀리 밀어낸 3가지 행동을 적어보라. 요가 수업 참가, 이런 종류의 책 읽기 등은 긍정적인 행동인 반면 정크푸드 먹기, 2시간 TV 보기는 부정적인 행동이라 할 수 있다. 이제 습관과 연관된 명언들을 살펴보자. 수천 년간 살아남은 구절도 있다.

- 천 리 길도 한 걸음부터.(한국 속담)
- 하나를 어떻게 대하는지 알면 모든 걸 어떻게 대하는지 알 수 있다.(불교 속담)
- 탁월함은 하나의 행동이 아니라 습관이다.(아리스토텔레스)
- 로마는 하루아침에 이뤄지지 않았다.(프랑스 속담)
- 푼돈을 아끼면 큰돈은 저절로 모이는 법이다.(체스터필드 경)
- 1온스의 예방이 1파운드의 치료만큼 가치 있다.(벤저민 프랭클린)
- 성공한 사람은 성공을 타고나는 게 아니다. 그들은 성공하지 못하는 사람이 하기 싫어하는 것을 하는 습관으로 형성함으로써 성공을 이룬다.(윌리엄 새커리)

○ 진보 중에서도 가장 좋은 진보는 속도가 비교적 느리다. 위대한 성과는 단번에 이 룰 수 없다. 우리는 삶에서 한 걸음 한 걸음 앞으로 나아가는 것에 만족해야 한 다.(새뮤얼 스마일스)

○ 자발적으로 자신의 노력을 기울이는 방법 외에 천재가 되는 다른 방법은 없다.(나 폴레온 힐)

○ 한 개인의 삶의 질은 어떤 분야를 선택하느냐에 관계없이 일류가 되기 위해 바친 시간과 에너지에 정비례한다.(빈스 롬바디)

○ 바쁘게 살아가든가 아니면 바쁘게 죽어가든가.(앤디 듀프레인, 〈쇼생크 탈출〉)

○ 교향곡은 하나의 음으로 시작한다. 화재는 하나의 불꽃으로, 정원은 한 송이의 꽃으로, 걸작은 한 번의 붓놀림으로 시작한다.(마츠호나 델리웨이오)

이외에 좋은 말이 많다. 이 명언들은 성공이란 작은 승리가 모인 것일 뿐이며 실패란 신경 쓰이지도 않을 정도로 사소한 패배가 모인 것일 뿐이라는 사실을 확실하게 말해준다. 목적을 지니고 살면 자기가 반드시 해야 하는 일을 명확하게 알 수 있을 뿐 아니라 하루를 정리하기 전에 그 일을 완수했는지 돌아보며 정신적인 자극을 받게 된다. 반복이 습관을 만들고, 세심하게 일상을 계획하면 반복이 쉬워진다.

만약 에디슨이 모든 패배는 일시적이며 그 이상의 의미를 부여할 필요가 없다는 점을 이해하지 못했다면, 실용적으로 쓸 수 있는 백열전등을 성공시키는 데 필요했던 미지의 원리를 발견하기 전까지 수천 번의 패배를 겪으면서 앞으로 나아가지 못했을 겁니다.

그러니까 패배를 받아들이는 그의 태도가 성공과 실패의 차이를 그대로 보여주는 겁니다. 에디슨은 패배를 한 번씩 겪을 때마다 각 패배를 믿음의 벽을 쌓는 벽돌로 사용했을 뿐입니다. 그렇게 벽이 자기를 가로막는 지식의 한계보다 높이 쌓였을 때, 그는 벽 너머를 바라보

왔고 문제에 대한 답을 보았으며 그 답을 목적에 맞게 사용했고 결과를 내놓았습니다!

세상은 패배가 엄습했다고 해서 우리가 멈출 필요가 없다는 사실을 매우 설득력 있게 증명하고 있어요. 우리는 이것을 뛰어난 지략이라고 하죠. 어려운 상황에서 해결법을 찾아내는 재주가 좋은 사람에게 영원한 패배란 있을 수 없습니다.

나도 철강 업계에서 중요한 일을 시작할 때마다 어떤 형태로든 패배를 경험했던 게 기억이 납니다. 철강 업계에서 경력을 쌓기 시작하던 시절, 철강값은 톤당 130달러 정도였어요. 업계에서 가장 유능하다는 사람들조차 가격을 더는 낮출 수 없다고 했죠.

나는 그 사람들의 믿음을 받아들이지 않았어요. 나는 톤당 20달러가 가능하다고 무조건 믿었습니다. 당시 내 마음 상태를 무조건적인 믿음이라고 표현하는 이유는 예전에 값싸게 철강을 생산한 증거가 없었기 때문입니다.

그 믿음에 이끌린 나는 철강값을 낮추기 위해 일을 시작했어요. 내가 목적을 달성하기까지 여러 차례 실패를 경험했다는 사실은 굳이 설명하지 않아도 알 겁니다. 만약 그때 내가 패배를 영구적인 것으로 받아들였다면, 철강값은 아마 여전히 톤당 130달러 정도에 머물러 있었을 겁니다.

힐

패배를 통해 얻을 수 있는 가장 큰 혜택은 무엇이라고 생각합니까?

카네기

글쎄요, 실패를 통해 얻을 수 있는 교훈이 워낙 많아서 뭐가 가장 중요하다고 말하기는 어렵네요. 그 질문에 대해 답을 살짝 바꿔서 실패의 경험으로부터 우리가 얻을 수 있는 가장 큰 잠재적인 이익은 의지력 강화에 도움을 준다는 사실에 있다고 말하겠습니다. 패배의 경험은 우리의 지략을 풍부하게 만들어줍니다.

내가 잠재적 이익이라고 한 이유는 대부분 사람이 의지력을 강화시키기보다 약화시키는 쪽으로 패배를 받아들이기 때문입니다. 패배는 경험을 새로운 도전과 더 큰 노력으로 나아가기 위한 도전으로 바꿀 수 있을 만큼 충분한 자기 절제를 통해서만 이익이 될 수 있습니다.

힐

패배를 받아들이는 우리의 태도와 관련된 문제가 성공과 실패를 결정하는 주요 요인이라고 믿는 겁니까?

카네기

글쎄요, 주요 요인이라고 하기는 힘들지만 가장 흔한 실패 원인 중 하나인 것은 분명해요.

패배를 바꿀 수 없는 것으로 받아들일 때마다 우리는 스스로 의지 능력을 약화시키면서 패배가 우리에게 이바지하도록 만들 기회를 단념하게 되는 겁니다. 그런 태도가 굳어지도록 두면 결국 의지를 사용할 기회 자체가 완전히 파괴되고 말겠죠.

힐

그렇다면 완전히 회복할 수 없을 정도의 패배까지 포함해서 모든 패배를 겪을 때마다 매번 적절한 조치를 해야 한다고 믿는 겁니까, 그런 건가요?

카네기

그렇고말고요! 혜택을 이끌어내지 못하는 패배란 없습니다. 비록 그 혜택이 패배를 영구적인 실패로 인정하지 않으려는 의지력을 증명하는 기회에 그친다 해도 말이죠. 패배를 경험할 때마다 취하는 적절한 조치는 우리의 의지력을 강화시킬 뿐 아니라 자기 신뢰도를 발전시킵니다. 패배를 고분고분 받아들이는 습관을 형성한다면 자신감이 사라지는 것은 시간문제일 뿐 아니라 그런 약한 태도는 개인 성취에 치명적입니다.

힐

패배를 대하는 태도가 나이와 관계있지 않습니까? 연이은 패배에도 지치지 않은 젊은 사람보다 노년층이 패배를 영구적으로 받아들이기 쉽지 않을까요?

카네기

경우에 따라 사실일 수 있죠. 하지만 그럴 필요도 없고 그래서도 안 되는 겁니다. 나이는 지혜와 함께 오니까요. 경제적으로 성공한 사람들을 보면 40세가 훌쩍 넘어서야 본격적으로 물질적 부를 쌓는 경우가 보통입니다. "지혜가 나이와 함께 온다"는 내 말은 자기 마음의 본질을 의식하게 되는 사람, 패배를 영구적으로 받아들이기 거부하는 습관을 형성하는 사람에게 온다는 뜻입니다.

주름살은 미소가 머물던
흔적일 뿐이다.
— 마크 트웨인

힐

패배를 대하는 태도와 관련해서 나이가 결정적인 요인이라 할 수는 없겠군요. 그렇다면 마음을 단련하는 습관 아니면 그런 습관의 부재가 결정적 요인인가요?

카네기

이제 이해하는군요. 하지만 어떠한 정신적 태도 또는 사고 습관도 오랜 기간에 걸쳐 성숙함을 갖추고 실제 경험을 통해 지혜를 습득한다는 사실을 바꿀 수 없습니다. 젊은이들은 나이와 경험에서 오는 이성과 판단력의 균형을 갖추지 못하는 경우가 대부분입니다. 내가 마스터마인드그룹에 2가지 타입의 사람을 두는 이유가 그 때문이죠.

(1) 계획자: 믿을 만한 판단력과 노련함을 지닌 사람들.

(2) 행동대: 경험이 풍부한 사람들이 만든 계획을 실행하는 사람들. 물론 계획이 계획자와 행동대 양쪽 모두의 마음에서 나오기도 하지만, 의견 차이가 있을 때는 더 경험이 풍부한 사람의 결정이 우위를 차지한다.

힐

그러면 당신은 "사람이 나이 들기 시작하면 쓸모없어진다"는 말을 믿지 않는 거군요?

카네기

그건 전적으로 그 사람에게 달렸습니다. 어떤 사람들은 자기가 지닌 정신 태도와 습관 때문에 '폐품' 취급을 받을 수밖에 없습니다. 난 누군가가 젊은 사람에 비해 육체적 활동을 수행하는 능력이 떨어지는 나이에 도달하면, 조건이 허락하는 한 그 사람을 관리직에 앉힌다는 게 기본 방침입니다. 그러면 나이 든 사람의 경험을 보존하면서 아직 그만큼 충분한 경험을 쌓지 못한 사람들에게 도움을 줄 수 있죠.

힐

순전히 자선적인 동기만으로는 고용할 수 없다는 게 당신의 방침이라고 이해해도 되겠습니까?

카네기

현대 비즈니스는 자선적인 동기만으로 돌아갈 수 없어요! 일자리가 필요한 사람만 고용한다는 마음으로 또는 친절을 베풀겠다는 동기로 사업을 운영하려는 사람은 곧 경제적 어려움에 처하고 말죠. 현대 비즈니스에는 경쟁이 치열합니다. 사업이 성공하려면 감성이 아니라 이성을 통해 경영해야 해요. 자선은 베푸는 게 좋지만 그렇다고 자선을 베풀기 위해 사업을 망칠 필요는 없죠.

힐

그렇다면 나이 든 사람의 경험에서 얻을 수 있는 혜택을 관리하고 유지하는 방법과 수단을 찾도록 하는 것이 사업상 올바른 판단이라고 생각하는 거군요?

카네기

그겁니다! 경험의 영향력을 무시하고는 어떤 사업도 성공적으로 운영할 수 없습니다. 경험을 습득하기까지는 비용이 꽤 들고 시간도 필요해요. 현대 비즈니스는 사람들이 경험을 쌓는 데 필요한 시간을 기다릴 수 없지만 경험 부족의 결과로 인한 손실 또한 견딜 수 없습니다. 그러니까 성공적인 비즈니스를 위해서는 경험이 부족한 사람을 감독할 수 있는 경험자의 지도가 필요한 거죠. 그래야 초심자가 실수를 저지르지 않도록 막거나 실수를 해도 충격을 흡수할 수 있습니다.

힐

비즈니스 관리 면에서 활기찬 신체 활동만큼이나 유익하고 건전한 조언이 중요하다고 믿는 거군요?

카네기

둘 다 필요해요.

건전하고 유익한 조언은 실수와 값비싼 실패를 방지해주죠. "1온스의 예방이 1파운드의 치료만큼 가치 있다"라는 말은 듣기 좋으라고 있는 것이 아닙니다. 아주 건전한 사업 철학이죠. 이 말은 비즈니스 경영뿐 아니라 개인에게도 적용할 수 있습니다. 만약 사람들이 행동하기 전에 시간을 두고 좀 더 알아보고 이해의 폭을 넓힌다면 패배의 경험은 줄어들 겁니다. 패배의 밑바닥에는 성급한 판단, 조급증, 사실에 대한 무관심이 깔려 있어요.

모든 관리가 잘 이뤄지는 비즈니스라면 경험이 풍부한 사람들로 구성된 진상 조사단이 있어야 합니다. 우리 연구팀에도 그런 사람들이 있고요. 그 사람들은 개인 의견을 제시하지 않고 감정을 표현하지 않습니다. 오로지 철강 제조와 판매에 필요한 사실을 정리하는 일만 할 뿐입니다. 그 사람들의 도움이 없었으면 이익을 내는 사업 운영도 하지 못했을 겁니다.

우리 조직에는 정리한 사실들을 조합해서 운영 계획안을 만드는 사람들도 있습니다. 이들은 풍부한 감정, 창조적인 비전·열정·상상력을 비롯해 정리한 사실에 생기와 활력을 불어넣는 데 필요한 모든 자질을 갖추고 있어야 합니다. 우리 공장에서 하는 작업을 계획하는 사람들이 이들이죠.

이외에 그룹이 하나 더 있습니다. 운영 요원이라고 하는데, 계획을 행동으로 옮기는 사람들이죠. 그 사람들의 행동은 하나하나가 치밀한 계획에 따라서 이뤄집니다. 그래야 시간과 노력을 절약하고 큰 손실을 불러올 수 있는 실수를 방지하니까요.

이들 세 그룹 간의 조율을 통해 철강 비즈니스를 수익성 있게 운영하고 그 결과로 우리 모두의 안정적인 고용을 보장하는 거죠. 우리가 기울이는 노력을 얼마나 잘 조율하느냐에 따라 실수를 피하는 확률도 달라집니다. 각 개인이 자기가 맡은 일을 제대로 처리하면 실수는 줄어들어요. 실수가 발생한다 해도 주로 예상할 수 없는 사고 때문이죠.

힐

그렇다면 이익을 남기는 비즈니스 경영을 계획하는 게 가능한가요?

카네기

가능하긴 한데 일반적으로 비즈니스는 내가 설명한 방식과 달리 과학적으로 운영되지 않습니다. 대부분 인간 감정이 개입하는 부분이 상당히 커요. 계획성이 부족하고, 사업을 운영하는 사람들 사이에 조율하려는 노력도 부족합니다.

이 자리에서 알려주는 것도 괜찮을 것 같은데, 사업뿐 아니라 개인들의 실패도 추적해보면 동일한 원인이 발견될 때가 많습니다. 개인 생활도 세심하게 계획하는 것만이 성공 확률을 높이는 방법이죠. 내가 미국 국민에게 개인 성취와 관련해서 믿을 만한 철학을 전해주는 일에 관심이 있는 것도 그런 이유 때문이고요. 성공한 비즈니스가 하듯 개인도 사생활을 경제적으로 관리할 수 있기를 바라는 마음입니다. 개인도 그렇게 할 수 있어요!

힐

패배의 주요 원인과 성공적인 성취의 원리를 제대로 이해하면 개인의 패배도 줄일 수 있다는 뜻인가요?

카네기

그래요, 그뿐만 아니고 패배를 대하는 올바른 정신적 태도를 통해서 패배 자체가 개인에게 귀중한 가치를 지닌 자산으로 바뀔 수 있다는 뜻이기도 하죠. 피할 수 없는 패배도 있습니다만, 자기 절제와 관련된 값진 혜택의 씨앗을 품고 있지 않은 패배는 없습니다.

자기 절제를 통해서만 자신의 마음을 완전히 소유할 수 있어요. 패배는 강력한 자기 절제를 구축하는 수단이 될 수 있습니다. 자기 절제를 관리하는 의지력 성장을 위해 공급하는 음식의 역할을 하도록 만들 수 있다는 겁니다.

힐

이해가 됩니다. 패배를 대하는 정신 자세에 따라서 패배는 의지력이라는 불길을 키우는 연료가 될 수도 있고 꺼버리는 물이 될 수도 있다….

카네기

비유가 아주 좋군요. 그 말을, '패배를 받아들이는 정신 자세의 습관에 따라서 패배는 의지력이라는 불길을 키우는 연료가 될 수도 있고 꺼버리는 물이 될 수도 있다'라고 했더라면 더 좋았을 것 같습니다만. 습관이 중요하거든요. 자기 절제는 사고와 행동의 습관을 키우고 통제하는 행위라고 할 수 있으니까요.

힐

무슨 뜻인지 알겠습니다. 자기 절제는 의지력의 도구인데, 이는 오직 의지력의 행사를 통해서만 습관이 자발적으로 형성되고 통제되기 때문이다?

카네기

그게 내가 생각하는 원리에요. 사고와 행동의 습관을 형성하고 통제하는 데 자기 절제는 방법이고 목적을 위한 수단이라는 것, 자기 절제는 전적으로 의지력의 지배를 받는다는 것을 당신이 확실히 이해했으면 합니다. 간단히 말하면 자기 절제는 행동하는 의지력이라고 할 수 있겠네요.

힐

질병이나 육체적 고통 때문에 겪는 일시적인 패배가 때로는 사람의 영적인 힘을 더 강화시키는 효과가 있다는 게 사실 아닙니까?

카네기

그런 경우도 있죠.

나는 항상 토머스 에디슨이 청력 상실을 경험하면서 자기 절제를 통해 정신적 힘을 얻었고 그 힘에서 비롯된, 패배를 극복하는 엄청난 능력을 지니고 있다고 믿습니다. 신체의 한 부분에서 감각의 상실 또는 손상이 발생하면 다른 하나 또는 그 이상의 부분에서 감각이 강화된다는 것은 잘 알려진 사실이죠. 자연은 이런 방식으로 불가피한 손실을 보상합니다.

어떤 육체적인 질병을 정복하려는 의지를 강화할 때, 우리는 그렇게 함으로써 자신의 의지에 영구적인 힘을 더하게 됩니다. 그러니까 자연은 우리에게 신체적인 장애를 스스로 보상할 수 있는 수단을 제공해왔던 겁니다. 하지만 의지력은 어떤 형태로든 용도에 따라 써야 강화될 수 있습니다. 중요한 것은 행동이지 행동의 이면에 무엇이 있느냐가 아닙니다.

힐

제가 지금 당신의 이론을 정확히 이해하고 있는 거라면, 당신은 사람들이 정신 발달을 위해서 정신적 행동과 육체적 행동에 참여해야 한다고 믿는 겁니다.

카네기

그게 사실입니다. 내가 그런 믿음을 지니게 된 이유는 어려움을 통해 성장한 사람들, 경제적 여유를 갖춘 덕분에 힘들게 살 필요가 없는 사람들을 봐왔기 때문입니다. 필요한 게 있으면 주도적이 될 수밖에 없습니다. 마음을 전혀 사용할 필요가 없는 상태가 되는 것도 위험합니다. 육체와 마찬가지로 정신도 사용해야 건강해지고 맑은 상태를 유지할 수 있거든요.

살면서 무슨 일을 하든,
그 일을 잘하기 위해 정성을 기울였다.
무슨 일에 정성을 기울이든, 온
정신을 다 기울여 열중했다.
— 찰스 디킨스

힐

당신은 사람들에게 선천적으로 가장 쉽고 편한 길을 택하는 경향이 있으며, 이와 반대되는 습관을 키우지 않으면 미루는 습관으로 이어진다고 생각하나요?

카네기

그렇습니다. 인간의 모든 노력은 동기에 바탕을 두고 있습니다! 동기는 부정적일 때도 있고 긍정적일 때도 있지만, 동기 자체가 없으면 어떤 힘도 발휘할 수 없죠.

자, 동기는 자신이 스스로 부여할 때 훨씬 더 유익합니다. 자기가 하고 싶은 일을 할 때 최선을 다할 테니까요.

힐

그렇다면 성취의 자부심에 부응해서 자신을 표현하고자 하는 욕구 때문에 동기 부여된 사람이 생계유지의 필요 때문에 동기 부여된 사람보다 더 잘 해낼 것이라고 믿습니까?

카네기

의심할 여지 없이 그럴 겁니다. 바로 이런 이유로 모든 사람은 자신이 가장 좋아하는 활동을 하기 위해 필요하다면 큰 희생을 기꺼이 감수해야 하는 겁니다.

⊗ 멘탈 트레이닝 어드바이스

애플의 공동 창업자이자 전 CEO인 스티브 잡스는 현대 정보기술의 혁신자 중 한 명이었다. 1970년대와 1980년대에 그는 개인용 컴퓨터 개발과 정보기술 산업의 발전에 중요한 역할을 했다. 1985년에는 회사의 내부 사정상 애플을 떠나야 했다.

하지만 카네기가 말했듯이 "패배를 더 큰 노력을 기울이려는 도전으로 받아들이는 사람을 막을 수 있는 것은 아무것도 없다."

스티브 잡스는 자신의 불행에 연연하기보다 패배에서 교훈을 얻었다. 그는 새로운 벤처사업에 뛰어들어 넥스트를 설립했으며, 1997년 넥스트는 그 가치를 인정받아 4억 2,900만 달러에 더해 100만 주가 넘는 주식을 받고 애플에 인수되었다. 몇 달 후, 잡스는 애플 CEO로 다시 한번 임명되었다.

그때부터 2011년 슬픈 죽음을 맞이할 때까지 스티브 잡스는 무수한 방법으로 세계에 혁명적 변화를 불러왔다. 그는 사람들에게 찬사를 받는 자신의 창의적인 결과에 대해 이렇게 말했다. "위대한 일을 할 수 있는 유일한 방법은 자신이 하는 일을 사랑하는 것이다. 아직 찾지 못했으면 계속 찾아라. 현실에 안주하지 마라."

힐

'천부적인 재능'은 어떻습니까? 천성적으로 특정한 종류의 일에만 적합한 사람도 있지 않은가요?

카네기

그 말도 어느 정도 사실이긴 하지만, 그 주제와 관련해서는 근거 없는 주장도 적지 않습니다. 경험한 바로는 자기가 하고 싶은 일을 할 때 잘하는 사람이 대부분이었어요. 자기가 하는 일을 대하는 정신적 태도가 유전적 자질보다 훨씬 중요합니다. 정신적 태도는 자신이 통제할 수 있기도 하고요.

힐

"판매원은 태어나는 것이지 만들어지는 것이 아니다"라는 옛말이 있습니다. 그런 견해에 동의합니까?

카네기

판매에 도움이 되는 특정한 자질을 타고나는 사람이 있다는 사실은 의심의 여지가 없죠. 유연성, 열정, 예리한 상상력, 추진력, 자립성, 끈기 같은 자질 말입니다. 하지만 이런 자질은 모두 후천적인 특성입니다. 나는 아주 소심해서 가능하면 낯선 사람 만나는 일을 회피하는 사람들을 알고 있어요. 그렇지만 그 사람들도 고무적인 동기를 부여받은 다음에는 유능한 영업 사원이 되었거든요.

그래서 그 옛말이 사실이 아니라는 뜻에서 반대로 말하고 싶습니다. "판매인은 태어나는 것이 아니라 만들어지는 것이다"라고.

누구나 자신이 팔고 싶은 제품이나 서비스에 대해 모든 것을 배우고 강박적인 판매 욕구를 갖게 되면 효과적인 영업 사원이 될 수 있습니다. 그리고 이 원칙은 다른 직업에도 대부분 동일하게 적용된다고 할 수 있고요.

힐

그러면 모든 사람은 평등하게 태어났다고까지 말하는 건가요?

카네기

아니죠!

그 말을 퍼뜨린 사람은 "미국에서는 모든 사람이 동등한 권리를 지니고 태어난다"는 말을 하려 했던 겁니다. "모두가 육체적으로나 정신적으로 평등하게 태어난다"는 말을 하려던 게 아니었어요. 그건 분명히 사실이 아니니까요.

같은 이유로 동일한 일을 할 때도 모든 사람이 동일한 능력을 발휘하지 못합니다. 타고난 신체적·정신적 특성 때문에 수학이나 언어 또는 다른 과목에서 배움이 더디고 한계를 느끼는 사람들이 있을 수 있죠. 이런 사람들은 어떤 동기를 부여받든 어떤 일을 선호하든 잘할 수 있는 일의 종류가 제한적일 수밖에 없습니다.

내가 학교 다닐 때 나보다 나이가 2배나 많은 사람이 있었는데, 그 사람은 더 멀리 가야 한다는 정신력이 부족해 5학년에 학업을 중단했습니다. 그런 유형의 사람은 정신을 바짝 차리고 해야 하는 일은 뛰어나게 할 수 없어요.

내가 "대부분 사람은 자기가 하고 싶은 일을 할 때 잘한다"라는 말을 할 때는 정상적인 정신 능력을 지닌 사람을 뜻하는 겁니다. 천성적으로 아둔하고 어리석은 사람들은 어떤 자극을 가해도 변하지 않습니다. 천성적으로 이룰 수 있는 게 제한적인 사람들이죠.

힐

그러면 아무것도 할 수 없는 패배, 자산으로 변환할 수 없는 패배의 유형이 하나 있는데 그것은 열등한 유전적 특성 때문에 겪는 패배다. 맞습니까?

카네기

일부는 맞지만 모든 부분에 동의하지 않습니다. 제한된 정신적 능력이나 신체적 고통을 지닌 사람이라도 다른 사람의 교육, 경험, 타고난 능력을 차용하는 방법을 사용해서 마스터마인드 원칙을 통해 언제든지 그런 결함을 메울 수 있습니다.

물론 장애가 있는 사람 모두가 마스터마인드를 이용할 의지력이나 결단력 또는 비전이 있다고는 할 수 없지만, 가능성은 모두에게 열려 있으니까요. 자연은 인간의 박탈당한 모든 부분에 대해 보상 수단을 제공해왔습니다.

힐

일반적으로 우리가 패배를 영구적인 것으로 받아들이면서 다시 첫걸음을 내딛지 못하는 구실로 사용할 때만 패배는 해로운 것이라고 믿는 거죠?

카네기

올바른 정신적 태도를 통해서 자산으로 전환할 수 없는 패배가 어떤 상황에서 가능한지 떠오르지를 않네요. 그런 상황이 존재한다면 토머스 에디슨만큼 실패를 정당화할 수 있는 변명거리를 찾을 수 있는 사례가 있을까요.

그는 학교를 다니지 않았습니다. 소리도 잘 들을 수 없었어요. 돈도 없었고 힘 있는 친구도 없었습니다. 그러니까 백열전등 실험을 처음 시작해서 15번의 실패를 겪었을 때 아이디어를 통째로 포기하고 그만두었다면 일반적인 삶을 살았겠죠.

자, 에디슨이 수천 번의 일시적 패배(일부 사람들은 그것을 실패라고 했겠지만)를 겪으면서도 포기하지 않고 실험을 계속했다는 사실은 동네 무명 발명가 수준에 머무른 수천 명과 에디슨 사이에 존재하는 큰 차이를 보여주는 것입니다. 모든 분야에서 발생하는 성공과 실패의 주요한 차이를 대표적으로 보여주는 것이기도 하고요.

일시적인 패배에 직면해도 계속 해나간다는 생각이 다른 점이죠. 사람들은 그것을 끈기 또는 지략이라고 부르지만, 그 힘은 의지력에서 나오는 겁니다.

힐

아무리 노력해도 헛수고라고 자신의 이성이 말한다면 계속 일을 해나가기가 힘들지 않을까요?

카네기

대부분은 이성 능력 안에 매우 편리한 도구를 지니고 있지만, 그 도구를 성취를 돕기 위해서가 아니라 음모를 꾸미기 위해 쓰죠. 패배를 영구적인 것으로 받아들이는 습관을 들이도록 이성을 훈련하는 겁니다. 사람들은 자신의 의지력을 제거함으로써 중도에 포기하고 그만두게 됩니다. 아무리 외부의 적이 해롭다 해도 정신적 습관이 입히는 피해에 비하면 극히 미미한 수준에 불과하죠.

자신이 바라는 바를 얻기 위해서 의지력을 사용해야 하는데, 어떤 이유에서든 그렇게 못함으로써 자신의 마음속에 생겨난 적이 그 어떤 외부의 적보다 강한 적이 되는 겁니다.

내부의 적은 아무리 지식이 풍부하고 능력이 뛰어난 사람도 패배시킬 수 있죠.

힐

개개인의 노력이 성공과 실패의 원인이라는 점을 아주 명확하게 밝혀서 실패한 사람들을 위한 변명의 여지가 없네요.

카네기

글쎄요, 그렇게 얘기하면 대부분이 궁지에 빠지겠지요. 당신 말을 약간 수정하면, 신체적으로나 정신적으로 결함이 있는 사람들을 제외하면 미국 같은 나라에서는 실패한 사람을 위한 변명의 여지가 거의 없다고 할 수 있겠네요.

다른 모든 변명은 받아들일 수 없습니다.

힐

"보통 사람은 자기 고유 능력의 50% 이상을 사용하지 않는다"는 말을 들은 적이 있습니다. 그 말에 동의합니까?

카네기

동의합니다, 50%도 높게 잡은 거라는 점만 제외하면요. 내가 보기에 보통 사람들은 자기가 타고난 능력의 작은 일부밖에 쓰지 않습니다. 심지어 이 규칙의 예외가 되는 사람들, 즉 지도자의 위치에 오르고 세상이 말하는 '성공'을 거둔 사람도 극소수를 제외하고는 타고난 능력을 50%까지 쓰지 못하는 사람이 대부분일 겁니다.

힐

"나도 시간이 있으면 이것도 하고 저것도 할 수 있겠다"라고 말하는 사람도 있잖습니까. 어떻게 성공하지 못한 사람은 시간이 부족하다고 죽는소리를 하는 데 반해 성공한 사람은 엄청난 노력을 기울일 수 있을 정도로 모든 시간을 다 가지고 있는 걸까요?

카네기

내가 아주 좋아하는 주제를 언급하는군요. 성공한 사람이라고 해서 성공하지 못한 사람보다 단 1초라도 더 많은 시간이 주어지는 것은 아닙니다.

하지만 이런 차이가 있죠. 성공한 사람은 효율적으로 시간을 배정하고 사용하는 법을 배웠다는 겁니다. 반면 성공하지 못한 사람은 자신의 실패를 설명하고 실행하는 데 시간을 낭비하죠.

자신이 들이는 노력과 하는 일을 확실한 시간 스케줄에 따라 체계적으로 정리하지 않는 한, 늘 시간에 쫓기듯 보일 겁니다. 하지만 실제로 시간이 없는 게 아니라, 이런 변명을 하는 사람은 본인의 잘못 탓이라는 걸 다른 사람은 다 아는데 혼자만 모르는 거예요.

"시간이 없다"라고 말하는 사람을 보면, 저 사람이 체계적인 노력 원칙을 통해서 사는 사람이 아니라는 걸 바로 알 수 있습니다. 나는 내가 해야 하는 일을 하면서 하루에 한순간도 내 노력을 엉뚱한 곳으로 흘려보내지 않으려 합니다.

어디서든 성공한 사람들을 보면 자기가 선택하는 대로 얼마든지 시간을 활용한다는 사실에 놀랄 겁니다.

마스터마인드 원칙은 큰 성공을 거둔 사람들이 자기 시간을 '연장하기' 위해 사용하는 수단입니다. 이 원칙을 통해, 세세한 사항은 다른 사람에게 넘겨주고 자신은 자유롭게 중요한 일을 계속할 수 있죠. 자신의 이익을 증진시키기 위해 필요한 일을 해야 하는데 시간이 없다는 사람은 시간을 최대한 활용하지 못하는 사람입니다.

자신이 선택한 일을 위해 사용할 수 있는 시간이 얼마든지 충분할 정도로 체계성과 효율성을 갖추지 않는 한 그 누구도 진정으로 자유로워질 수 없어요. 체계적이지 않으면 누구라도 마음의 포로가 될 수 있습니다.

성공이란
당신의 노력·육체·정신·영혼의 100%를
힘든 싸움에 바치는 것이다.
— 존 우든

힐

시간이라는 주제에 대해 완전히 새로운 시각에서 바라보게 되는군요. 제가 생각하던 변명을 미리 알고 있는 듯합니다. 성취 철학을 정리하려면 500명 이상의 도움을 받아야 하는데 그 많은 사람을 만나 인터뷰할 시간을 어떻게 낼 수 있을까 궁금해하고 있었거든요. 그런데 당신의 시간 분석에 관한 이야기를 들으니 할 말이 없습니다.

카네기

그럴 것 같네요. 만약 어떤 사람이 연구나 조사 과정 없이 개인 성취라는 실천 철학을 앉은 자리에서 단숨에 완성할 수 있다면, 그런 철학은 오래전에 쓰여서 나왔겠죠. 성취 철학을 정리하는 데 필요한 정보 수집을 위해 수많은 시간을 들여야 한다는 사실과 관련해서 당신에게는 보상이 될 만한 큰 이점이 있습니다. 당신에게 경쟁자가 없을 거라는 사실이죠.

일반인에게 필요한 개인 성취 철학이 지금까지 한 번도 세상에 나오지 못한 큰 이유는 철학을 정리하기까지 적어도 20년간의 지속적인 노력과 수천 명을 대상으로 한 분석이 필요하기 때문이라고 생각해요. 분석하려면 성공한 사람과 실패한 사람 양쪽을 다 만나야 하는 데다, 그 많은 시간을 들여 일하는 동안 돈을 주는 사람도 없으니까요.

힐

무슨 말인지 알겠고 그 의견을 높이 평가합니다. 하지만 그 말 속엔 제가 희망을 품을 수 있는 이유와 낙담할 만한 충분한 이유도 있네요.

카네기

제가 보기에는 희망을 품을 이유는 충분해도 낙담할 이유는 없습니다. 이제 당신은 필생의 작업에 착수했는데, 그 일은 엄청난 인내심이 필요하다는 사실을 감안할 때 경쟁자가 나타나기 힘든 작업이거든요. 반면 당신이 작업하면서 예상하는 큰 어려움만큼이나 확실한 약속이 기다리고 있으니까요. 당신은 모든 것을 걸어야겠지만 그 대가로 인간이 바랄 수 있는 모든 것을 얻게 되는 보상을 약속받았습니다.

당신의 경우엔 패배에 대한 모든 것뿐 아니라 패배를 자산으로 전환하는 방법도 배울 책임이 있으니 당신이 겪는 일시적인 패배는 2배의 이익이 되어서 돌아올 것입니다. 그래서 오랜 시간을 들여야 하는 거겠죠. 미리 당부할 게 있는데 당신이 패배에 대응하는 태도가, 개인 성취 철학이 얼마나 견실한지 얼마나 실용적인지 좌우할 거라는 사실을 잊지 말아야 합니다.

당신이 먼저 패배를 이용해 이익을 얻는 방법을 스스로 터득한 후에야 다른 사람도 가르칠 수 있는 겁니다. 이 점을 마음에 새기고 있으면 패배가 당신의 발목을 잡을 때 견뎌낼 수 있을 겁니다.

힐

패배를 우아하게 받아들이는 법을 가장 먼저 배워야겠다는 생각이 드네요!

카네기

누구라도 패배와 관련해서 가장 먼저 배워야 하는 게 그런 자세죠. 그렇다고 해서 패배를 온순하게 받아들여야 한다는 뜻은 아닙니다. 승리하겠다는 의지에 영향을 주지 않도록 충만한 자신감으로 무장하고 싸우겠다는 굳센 마음 자세로 패배를 받아들여야지 두려움이나 억울함을 느끼는 마음으로 패배를 받아들여서는 안 됩니다.

힐

패배를 초래하는 적에 대해 우리는 어떤 태도를 취해야 합니까? 도전적인 태도인가요? 정면으로 맞서 싸워야 하는 건가요?

카네기

이제 당신에게 큰 이익이 될 수 있는 적에 대해 알려줄 테니 잘 듣기 바랍니다. 우리에게 대항하고 때로는 패배를 안겨주는 적들이 여러 방식으로 우리에게 도움이 될 수 있습니다. (1) 적은 우리로 하여금 방심하지 못하게 해줍니다. (2) 우리가 다른 사람에게 비난받을 거리를 만들지 않기 위해 자신을 엄중하게 단련하도록 해줍니다.

힐

하지만 어떤 적들은 잔인하고 파괴적입니다. 그런 사람들이 우리에게 해를 가하기 위해 하는 행동에 대해서 혼자 화만 내기보다는 훨씬 더 과격한 방법으로 대응해야 합니다. 정정당당하고 공정하게 나를 반대하는 사람에게는 수동적으로 저항해도 충분하지만, 아예 나를 파괴하려고 달려드는 사람은 어떻게 합니까? 내 인격을 말살하려는 사람! 숙덕공론을 일삼고 헛소문을 퍼뜨리는 사람! 이런 사람이 싸움을 걸어와도 웃음으로 넘겨야 하는 건가요?

카네기

아니요, 이런 유형의 적을 물리치기 위해 할 수 있는 무언가가 있는

데, 그게 뭔지 알면 놀랄 수 있습니다. 그건 적과는 전혀 관계가 없어요. 자기 자신과 관련 있는 겁니다.

만약 적들이 우리에 관해 아무리 나쁜 말을 해도 소용이 없도록 우리가 자신을 향상시키는 데 시간을 쓴다면, 대부분 적을 공격하는 데 소비하는 시간을 1,000배나 더 유익하게 사용할 수 있습니다. 당신은 소극적 저항의 힘을 완전히 이해하지 못하고 있어요. 그러한 저항은 인격의 강인함, 의지력, 적을 공격하기 위해 우리가 할 수 있는 모든 노력을 증가시키기 때문입니다.

간단히 말해 이렇게 하라고 권하고 싶네요. 적에게 무대응으로 대응하라! 당신의 적은 오히려 당신이 스스로 향상을 꾀하도록 의욕을 주는 자극제다. 이렇게 대응하면 당신은 적이 가하는 해의 영향권에서 벗어나게 됩니다. 적은 오히려 당신에게 도움이 되는 존재라는 점만 명심하고 적에 대해서 나머지 모든 건 무시하세요.

이런 방식을 사용하면 당신은 어떤 적도 침투할 수 없는 영적 보호의 담요를 두를 수 있습니다! 내 말을 잘 기억하세요.

원한을 품는다는 것은
당신이 경멸하는 누군가가
당신의 머릿속에서 집세도 내지 않고
살도록 내버려두는 것이다.
— 앤 랜더스

힐

그 말은 받아들이기 어렵네요. 제가 자란 곳에서는 남자는 어릴 때부터 물리력을 통한 자기방어의 기술을 가장 먼저 배웁니다. 제가 보기에는, 물리력을 통해 방어하지 않으면 자신의 권리를 짓밟고자 하는 누군가에 의해서 약해지고 패배할 것 같은데요.

카네기

무슨 말인지 압니다. 나도 당신과 같은 생각이 통용되는 그런 곳에서 자란 사람을 알고 있으니까요. 실제로 우리 회사에서 가장 중요한 공장에서 일하는 운영 요원 중에 당신과 비슷한 사람이 한 명 있었어요. 우리 회사에서 일하고 싶다고 처음 찾아왔을 때 그 사람 머릿속은 물리력을 통한 자기방어라는 생각으로 가득했죠. 총을 소지하지 않고는 외출을 하지 않을 정도였으니까요.

하지만 그 사람은 이제 권총을 들고 다니지 않아요! 몇 년 전에 총기 소지 때문에 자유를 박탈당할 뻔했던 일이 있었는데, 내가 구하러 가지 않았다면 정말 그렇게 됐을 겁니다. 정신 자세로 이겨낼 수 있었음에도 그는 자신의 입장을 관철시키기 위해 총을 쓰려 했습니다. 그래서 내가 다른 방법으로 그 사람을 유도했습니다. 권총을 들고 다니지 않는다면 내가 논쟁을 해결하는 더 좋은 방법을 가르쳐줄 테니 총을 내게 달라고 말이죠. 그는 그 일로 경력의 전환점을 맞이했고 마침내 우리 조직에서 가장 중요한 사람 중 한 명이 되었습니다.

보세요, 이 남자는 정신력으로 훨씬 더 쉽게 성취할 수 있는 것을 물리력으로 성취하려고 했어요. 그랬던 사람이 자기 마음의 주인이 되는 법을 배웠고 그렇게 하나에서 승리를 거두면서 다른 많은 일에서도 승리를 거둘 수 있게 되었습니다. 이제 그에게 적은 거의 없지만, 혹시 적을 상대해야 하는 상황에서도 물리력이 아니라 마음을 사용합니다. 그렇게 자신을 향상시킨 덕분에 지금은 연간 1만 2,000달러(요즘으로 치면 연간 30만 달러)를 법니다. 권총 사건이 있었을 때만 해도 시간당 3달러를 받던 사람이 말입니다.

권총으론 할 수 없는 일을 마음으로 할 수 있다는 사실을 알게 되었을 때 그 사람이 정말 중요한 사실을 발견했다고 생각하지 않나요?

힐

물론입니다! 하지만 살다 보면 물리력을 사용해야 처리할 수 있는 상황도 많지 않은가요?

카네기

물리력보다 더 큰 힘을 사용할 수 있다는 사실을 배우지 못한 사람들도 있겠죠. 하지만 나는 오해를 풀기 위해 물리적인 힘에 의지한 적이 없어서 물리력을 사용할 수밖에 없는 상황에 대해 할 말이 없네요.

힐

음, 완전히 새로운 이야기네요. 이제 우리 자신을 보호하기 위해 사용할 수도 있는, 당신이 말하는 '영적 보호의 담요'에 대해 말해주세요. 그것은 무엇이며 어떻게 사용하는 겁니까?

카네기

그게 뭐냐고 묻는다면 잘못된 질문입니다. 하지만 어떻게 사용하는지 알려줄 수 있습니다. 자기 절제를 통해 자신의 마음을 온전히 소유함으로써 영적 보호의 담요를 이용합니다. 이렇게 하면 예전에는 물리력을 사용해 해결하려 했던 오해를 이제는 말로, 달라진 마음 자세로 해결할 수 있다는 사실을 알게 될 겁니다.

힐

아! 우리가 적에게 수동적인 태도를 취할 수 있을 정도로 자신의 마음을 통제할 수 있게 되면, 적도 우리의 우월한 정신력을 인식하고 존중하기 시작한다는 말이죠?

카네기

이제 이해하는군요! 나도 비즈니스를 하면서, 그럴 만한 이유로 또는 오해 때문에 내게 불만을 품고 분노한 사람들이 물리력으로 일을 해결하고자 했던 경험이 있습니다. 하지만 난 그런 식으로 다툼을 해결하려는 사람들의 도전을 아직 받아들인 적이 없습니다.

만약 내가 결투를 해야 한다면 나만의 무기를 선택하는 쪽을 선호할 것이고 항상 그렇게 해왔습니다. 옛날에 남자들은 결투용 권총으로 개인적인 차이를 해결했지만, 총을 사용하는 방식의 결투는 내게 승산이 없었을 겁니다. 내가 권총에 대해 아는 게 없으니까요. 하지만 마음의 힘에 대해서는 좀 알죠. 그러니까 다른 사람의 도전을 받을 때면 항상 내가 익숙한 방어 무기를 사용할 수 있는 방법으로, 내가 선택한 영역에서 싸우도록 하는 겁니다.

일반적으로 물리력만 사용할 줄 아는 사람은 정신력을 이해하는 사람에게 상대가 되지 않으니 그런 조건에서 싸움을 시작하는 순간 상대방은 한 방 얻어맞는 거죠.

힐

하지만 눈앞에 총을 들이밀면서 돈을 내놓으라는 노상강도에게 붙들린 상황에서는 정신적인 힘이 물리적인 힘에 상대가 되지 않잖아요, 그렇지 않습니까?

카네기

당신의 질문을 들으니 수년 전에 우리 공장에서 일어났던 일이 생각나네요. 어느 날 오후에 근로자들이 월급봉투를 받으려고 줄을 서 있는데 갑자기 한 남자가 창가로 다가와 권총을 들이밀고는 급여 담당자를 겨누더니 월급봉투들을 건네라고 요구했습니다. 급여 담당자는 그 요구에 응하지 않고 제자리에 가만히 앉아서 총 든 남자를 똑바로 바라봤어요.

한 경비원이 상황을 파악하고는 권총을 뽑을 생각은 하지 않은 채 무장 강도에게로 천천히 걸어갔습니다. 두 사람 다 아무 말이 없었어요. 그런데 강도가 돌아서서 경비원을 향해 정면으로 총을 겨눈 겁니다. 그런데도 경비원은 주춤거리거나 망설이지 않고 꿋꿋하게 강도를 향해 걸어갔고 서로 팔을 뻗으면 닿을 거리까지 가까워졌죠. 그때 그 자리에 있던 사람 모두 깜짝 놀랄 만한 상황이 벌어졌습니다. 강도가 권총을 떨어뜨리더니 손을 위로 번쩍 들면서 소리치는 겁니다. "제발 쏘지 마세요. 제가 졌습니다."

그 강도는 맞을까 봐 두려웠던 겁니다. 물론 총은 아니에요, 총은 눈에 보이지 않았으니까. 그게 뭔지 몰라도 그 강도는 권총보다 더 강한 것이라는 걸 깨달았던 겁니다. 그것은 담담하게 총도 두렵지 않다는 태도를 보여준 경비원의 용기였습니다.

내가 정신력에 의존하는 사람은 주위에 '보호의 담요'를 두르고 있다고 했죠. 그 영적인 힘이 언제, 어디서, 어떻게 작용해 물리력을 통제하는지는 아무도 모릅니다.

힐

혹시 경비원이 왜 그렇게 경솔하게 행동했는지 알아봤나요?

카네기

경솔하게요? 아니죠, 나는 경비원의 행동이 경솔했다고 생각지 않아요. 오히려 그 경비원은 현명한 판단을 내린 겁니다. 강도가 자신에게 정면으로 총을 겨누는 상황에서 싸워봐야 승산이 없다는 상식적인 판단에 따라 강도가 익숙지 않은 다른 힘을 통해서 강도를 상대하려 했던 것이죠. 한 남자가 망설이지 않고, 아무 말도 하지 않으면서, 권총을 뽑으려는 시도도 없이 자신을 겨누는 총구를 향해 곧장 걸어가는 심리적인 행위는 그 강도를 당황케 하고 기를 죽이기에 충분했던 겁니다.

힐

그렇다면 경비원을 구한 것은 '영적 보호의 담요'가 아니라 강도의 담력 상실이었단 말인가요?

카네기

그 점에 대해서는 당신이나 나나 사실을 확실하게 판단할 수 없죠. 영적인 힘은 조용하게 작용하니까요. 그것은 무형의 힘입니다. 어떻게 작동하는지, 왜 작동하는지 아무도 몰라요. 강도 사례에서 우리는 총이 없는 사람이 자신에게 총구를 똑바로 겨누고 있는 사람을 제압했다는 사실을 확실히 알 수 있습니다. 두 사람의 마음속에 무슨 일이 일어났는지는 짐작만 할 뿐이고요. 어쩌면 그 두 사람도 정작 자기 마음속에 무슨 일이 일어났는지 확실히 모를 수 있어요.

나중에 사건이 다 정리되고 이야기를 나누는 과정에서, 그 경비원은 내게 강도가 떨어뜨린 권총을 집어 드는 순간까지 아무런 두려움도 느끼지 않았다고 했어요.

나중에야 자기가 아주 어리석은 짓을 했다는 생각이 들었다면서도 이렇게 말했습니다. "내면에 있는 무언가가 내가 권총을 뽑으면 누군가는 죽게 될 것이라고 말하더군요." 그 말을 듣는 순간, 경비원이 왜 총 대신 용기를 꺼내 들고 강도에게 접근하는 방법을 선택했는지 그나마 이해가 가더군요.

힐

그러면 사람이 자신에 대한 통제력을 얻음으로써 영적인 힘을 기를 수 있다고 생각하는 겁니까?

카네기

영적인 힘뿐 아니라 정신적인 힘과 육체적인 힘도요. 자신을 통제하는 사람은 두려움의 희생자가 아닙니다. 그들은 감정의 희생자가 아닐 뿐 아니라 자신의 감정적 힘을 자기가 원하는 목적에 맞게 변환시킵니다. 새로운 노력과 의지력 증대를 통해 패배를 승리로 바꿀 수 있기에 그런 사람은 패배 때문에 괴로워하지 않죠.

두려움을 느껴라.
그래도 어떻게든 해라.
— 수잔 제퍼스

힐

이런 힘을 손에 넣고 난 후에, 자신이 통제할 수 없는 어떤 패배를 겪으면서 그 힘을 잃을 위험도 있습니까?

카네기

자신의 마음을 책임지고 쓰는 법을 배운 사람이라면 자신이 통제할 수 없는 패배와 맞닥뜨릴 것 같진 않은데요. 혹시라도 그런 패배를 만나게 된다면 용기를 잃지 않은 상태에서 패배에 대한 자신의 반응을 조절할 겁니다. 그게 말이죠, 자기 한계에서 해방된 사람은 패배의 원인에 대해 면책권을 주는 자신의 영적인 존재와 관계를 맺게 됩니다.

힐

통제를 벗어난 원인에서 비롯된 큰 슬픔도 자신에 대한 통제력을 얻은 사람의 영혼은 무너뜨릴 수 없다는 말인가요?

카네기

그렇습니다. 자신을 통제하는 사람은 모든 형태의 슬픔으로 통하는 문을 닫는 방법을 알고 있습니다. 가장 먼저 배우는 것 중 하나가 그거니까요.

힐

이건 처음 듣는 이상한 힘이군요. 그러니까 제가 초보적인 질문을 하더라도 이해해주기 바랍니다.

카네기

사람은 어떤 힘을 통해 자신에 대한 지배력을 얻는데 대부분은 그

힘을 낯설어합니다. 그런 힘에 익숙하다면, 이 세상에는 있는 힘을 다
해 싸워보지도 않은 채 순순히 패배를 받아들이는 사람들이 이렇게
많지는 않겠죠. 사람들이 필요한 것이든 사용할 수 있는 것이든 풍요
로운 미국 같은 나라에서 빈곤이라는 현실이 존재하지도 않겠죠.

힐

정상적인 사람이라면 자신의 모든 문제를 해결하고 필요한 모든 것
을 조달할 수 있는 마음의 힘을 충분히 지니고 있다는 말인가요?

카네기

그게 내 생각이고 나도 실생활에서 그렇게 실천해왔습니다. 문제는
어떻게 미국 사람들을 환기시켜서 자기가 소유하고 있으면서도 사용
하지 않는 힘이 존재한다는 사실을 깨우치게 해주느냐, 그 방법을 찾
아야 한다는 거죠. 그게 성취 철학에 주어진 책임이자 의무이기도 하
고요. 이 철학을 자기 것으로 만들어 실생활에서 쓰는 사람은 아주
적은 노력으로 필요한 모든 것을 얻을 수 있습니다. 하지만 성취 철학
은 아무 대가 없이 무언가를 얻을 수 있다고는 약속하지 않습니다. 세
상에 그런 건 없으니까.

힐

그렇다면 에머슨의 수상록 『보상론Compensation』이 단순한 문학 작
품 이상의 의미를 담고 있다고 믿으십니까?

카네기

그럼요, 단순한 문학 작품을 훨씬 뛰어넘죠! 에머슨은 우리 주제와 직접 관련된, 위대한 보편적 법칙을 묘사했습니다. 그 보편 법칙에서는 모든 것이 다른 것과 가치가 동등합니다. 그 법칙이 사실이 아니라면 패배를 자산으로 전환할 방법이 없었겠죠. 하지만 보상의 법칙에도 불구하고 개인의 노력 없이는 패배가 자산이 될 수 없어요. 우리가 패배에 대응하는 자세를 통해 패배를 유효 적절히 사용해야 혜택을 볼 수 있습니다. 패배에 대응하기 위해 우리가 쏟는 노력이 패배에서 이끌어낼 수 있는 혜택을 얻기 위해 지불하는 대가인 셈이죠. 그러니까 패배는 공짜로 무언가를 주겠다는 약속을 하지 않는다는 겁니다.

힐

우리가 패배에 발목이 붙잡혔을 때 행동하지 않으면 패배의 경험에서 얻을 수 있는 혜택도 사라진다는 뜻인 거죠?

카네기

내 말이 그 말이에요. 대부분이 패배가 주는 혜택을 그런 식으로 날려버립니다. 그저 부정적인 태도로 패배를 받아들이죠. 패배가 의지력을 강화시키도록 해야 하는데 오히려 의지력을 갉아먹도록 내버려둘 때가 많아요.

패배를 앞에 두고 우물쭈물할 여유가 없습니다. 패배는 건설적인 행동으로 변환시키지 않으면 파괴적인 힘이 되고 한 번씩 경험할 때마다 우리 마음에 대한 통제에서 한 걸음 한 걸음 멀어져갈 테니까요.

힐

그렇다면 대응 방식에 따라 패배는 언제나 자산 아니면 부채, 축복 아니면 저주라고 말하는 것이 정확하겠네요?

카네기

그렇죠, 패배의 경험에서 '빈칸'은 없습니다. 패배의 경험은 디딤돌이 될 수도 걸림돌이 될 수도 있지만, 중립적이 될 수는 없어요.

힐

다시 말해 패배를 경험하고 나서 전진하느냐 후퇴하느냐, 무조건 둘 중의 하나라는 거군요?

카네기

그겁니다! 다행히 선택은 개인에게 달렸죠. 우리가 알 수 없는 자연 법칙에 따르면, 원인이 무엇이든 자기가 하는 모든 생각과 행동이 성격에 더해져 영향을 줍니다. 우리의 생각과 행동 대부분이 부정적이라면 우리의 성격이 어떻게 변할지 알 수 있다는 겁니다.

힐

자기 생각을 표출할 때마다 그게 성격에 영향을 준다는 말입니까?

카네기

그렇습니다.

자신이 원하는 방식으로 성격을 형성하고자 한다면 통제된 사고 습관을 형성해야 한다는 말이 왜 중요한지 이유를 알 수 있겠죠. 사고 습관을 통제하지 않으면 내가 말한 이 법칙에 따라 성격이 자기 마음대로 형성됩니다. 우리 마음에 끼치는 아무 영향이나 받아들이면서 성격이 쌓이는 거죠.

힐

우리가 생각을 표출할 때마다 성격에 영향을 준다면 오늘의 성격과 어제의 성격은 같을 수 없겠네요?

카네기

1분 전과도 같을 수 없죠. 생각을 표출할 때마다 우리 성격은 강해지든지 아니면 약해집니다. 생각이 그렇게 만듭니다.

힐

그렇다면 시간은 우리가 사용하는 방식에 따라서 인류의 자산이 될 수도 부채가 될 수도 있는 거군요.

카네기

맞아요. 이해가 가능한 나이에 도달한 사람은 모두 자신이 습득하는 사고 습관을 통해, 삶의 매 초마다 말 그대로 자산 아니면 부채를 쌓아가고 있죠. 만약 우리가 생각을 적절하고 건설적인 행동으로 표현하는 방식으로 통제한다면, 시간은 우리의 친구가 됩니다. 이런 식으로 마음 다스리기를 게을리하면 시간은 우리의 적이 되고요. 그 누구도 예외는 있을 수 없습니다.

힐

그래서 사람들이 보통 40살이 되기 전까지는 성공하기 힘들구나 하는 생각을 하게 되네요. 당신이 앞에서 언급한 것처럼.

카네기

논리적인 결론이군요.

어떤 일이든 성공하기 전에, 반드시 '성공 의식적'이 되어야 합니다. 자, 이게 무슨 뜻일까요? 마음에서 실패에 대한 생각을 치워버리고 성공에 대한 생각을 끊임없이 공급함으로써 성공을 의식하게 된다는 말입니다. 이런 식으로 우리는 자신에게 성공에 대한 생각을 납득시키고 자기가 성공을 달성할 수 있는 능력을 지니고 있다고 믿는 법을 배우게 됩니다. 그러면 우리의 믿음이 자연스럽게 우리를 성공할 수 있는 기회로 이끌어줍니다.

모든 생각은 우리 성격의 한 부분이 됩니다. 따라서 때가 되면 우리가 자초한 모든 한계를 없애고 그다음은 앞길에 아무 방해물도 없는 고속도로 위에 서 있는 자신을 발견하게 되는 거죠.

힐

하지만 가난과 실패에 대한 생각도 같은 방식으로 자신에게 납득시킬 수 있습니까?

카네기

우리의 마음은 활용할 수 있는 자연적이고 논리적인 수단을 동원해서 자기가 마음에 투영하고 처리하는 지배적인 생각에 따라 행동하고 결론을 맺을 때까지 철저하게 실행합니다. 이는 우리를 빠르고 확실하게 성공의 기회로 이끌기도 하지만 그만큼 확실하고 빠르게 실패의 기회로 이끌기도 하겠죠. 지배적인 생각이 습관이 된 후에는, 우리 마음의 잠재의식 부분이 지배적인 생각을 따라서 그 생각이 좋은지 나쁜지는 신경 쓰지 않고 계속 행동으로 옮기게 됩니다. 사람은 무의식적 마음이 하는 행동을 통제할 수 없습니다. 지배적인 생각을 조절할 수 있는 특별한 권리는 있죠. 따라서 지배적인 생각의 조절을 통해서 잠재의식적 정신이 유익한 행동을 하도록 이용할 수 있습니다.

힐

잠재의식의 존재를 의심하는 사람들이 있습니다. 잠재의식이 존재한다는 확실한 증거가 있습니까?

카네기

어떤 사람들은 무한 지성의 존재를 의심합니다. 두려움, 의심, 우유부단함 같은 생각들이 우리 성격에 고착되고 이런 부정적인 생각들을 통해 스스로 마음을 제한하게 되면, 그때는 믿음의 능력을 통해 유리하게 쓸 수 있었을 많은 것에 대해 당연히 의문을 제기하게 되겠죠.

잠재의식의 존재 여부를 따지는 것은 전기의 존재 여부를 따지는 것과 다를 바 없어요!

자, 나는 전기가 무엇인지, 전기가 어디서 발생하는지 알아내기 위해 애쓰지는 않겠지만 도움이 된다면 언제 어디서든 전기를 계속 쓸 겁니다. 잠재의식 역시 마찬가지입니다.

나는 잠재의식이 뇌의 어느 부분에 속해 있는지 또는 무엇이 잠재의식의 작용을 초래하는지 알지 못하지만, 예전부터 그래왔듯이 내 계획과 욕구를 그만큼의 물질적인 것으로 변환하는 수단으로 잠재의식을 계속 사용할 것이라는 건 압니다.

사람들이 잠재의식적 정신의 존재를 스스로에게 납득시킬 수 있는 방법은 오직 하나밖에 없습니다. 내가 성취 철학을 통해 내내 언급했던 지침을 직접 적용하고 실험해보면 됩니다.

마음의 잠재의식 부분을 통해 이용 가능한 힘은 무형의 힘이에요. 콕 집어서 정의할 수 없을 뿐 아니라 그 힘이 어디서 시작되는지 아무도 설명할 수 없습니다. 하지만 잠재의식이 인간이면 누구나 사용 가능한 위대한 힘의 원천이라는 사실에는 변함이 없습니다. 회의론이나 무관심 때문에 이 힘의 사용을 도외시하는 사람은 넓은 의미에서 결코 성공을 거두지 못할 겁니다.

힐

믿지 않는 사람들이 그런 벌칙을 받는다는 말은 이해가 됩니다만, 우리가 성취 철학에 관해 이야기를 나누고 준비하려는 이유는 믿지 않는 사람들을 도와주기 위해서 아닙니까. 자기 마음이 지닌 가능성에 대해 충분히 들어보지 못했고 알지 못하는 사람들을 돕고자 하는 거죠. 제가 여러 각도에서 질문을 던진 이유는 믿지 못해서가 아니라 사람들을 자신의 사고력이 지닌 힘을 스스로 이해할 기회로 이끌 수 있는 방법을 혹시라도 놓치지 않기 위해서였습니다.

이해하지 못하는데 믿는다는 건 아주 힘든 일입니다. 그래서 제가 일부러 무의식적 마음에 관한 견해를 여러 번 서술하도록 했습니다. 당신이 한 번 설명할 때마다 중요한 아이디어가 새로이 드러날 수도 있고, 성취 철학을 배우는 학생들이 이 엄청난 힘의 원천에 대한 당신의 강한 믿음을 받아들이는 데 도움을 얻을 수 있기 바라는 마음에서요.

카네기

물론입니다. 당신이 질문을 반복하는 이유를 나도 이해하고 좋게 생각합니다. "이해하지 못하는 것은 믿기가 힘들다"는 말에도 동의합니다. 그래서 이 철학을 배우는 학생들에게 내가 제안하는 대로 따르라고 하는 이유가 그 때문입니다. 내가 개인적인 경험을 통해서 잠재의식적 마음의 힘에 대한 믿음을 얻었듯이 학생들도 스스로 경험을 통해 믿음을 얻으라는 거죠. 개인적인 경험을 통해 얻은 믿음은 영구적인 믿음이 될 가능성이 더 크니까요.

힐

제가 제대로 이해하는 거라면, 믿음과 불신 모두 개인의 사고 습관에서 자연스럽게 나타나는 성향이군요?

카네기

잘 봤어요. 냉소주의자들은 정말로 설득력 있는 증거가 없으면 어떤 것도 믿지 않으려 합니다. 가시적인 증거를 요구하죠. 냉소주의는 닫힌 마음의 또 다른 이름일 뿐이기 때문에 냉소주의자들은 결코 거대 기업의 설립자, 산업의 지도자 또는 어떤 일에서든 큰 성공을 거둘 수 없습니다.

냉소적인 사람들은 마음의 문을 잠그고 열쇠를 던져버리죠. 냉소주의가 타고난 성격적 특성은 아닙니다. 냉소주의는 부정적인 생각이 쌓이면서 생겨나는데, 부정적인 생각 하나하나가 성격에 더해지면서 결국에는 믿음의 능력이 흔들리고 무너지게 되죠.

힐

냉소적인 사람은 어떻게 스스로 초래한 한계로부터 해방될 수 있을까요?

카네기

일반적으로 냉소주의를 통해 자기 주위에 쌓아온 부정적인 생각의 벽을 허물어뜨릴 만한 어떤 재앙이 발생해야 합니다. 한동안 병을 앓거나 자기가 아주 소중하게 생각했던 무언가를 상실하면 냉소주의자도 무형의 힘에 대해 이해하게 되는 경우가 때로 있습니다.

나는 한때 불신 속에 꽁꽁 묶여 살던 냉소주의자였다가 무신론자가 된 사람을 알고 있는데요. 그 사람은 자기 아내 외에는 아무도 믿지 않았습니다. 그런데 아내가 병에 걸려 죽었고 그 남자도 같은 병으로 쓰러졌어요. 그 남자는 거의 1년간 생사의 경계를 넘나들다가 마침내 회복하게 되었죠. 아내를 잃은 충격, 아파하며 지낸 세월을 통해 그 사람은 '다시 태어났습니다.' 조물주에 대한 불신에서 자기를 벗어나게 하려고 아내를 데려갔다고 확신하게 되었죠.

건강을 회복한 후 그 사람은 성직자가 되었고, 이제는 그쪽 종교계에서 가장 영향력 있는 인물 중 한 명이 되었습니다. 불신이 강했던 만큼이나 믿음도 강해진 겁니다.

힐

불행이 전화위복이 되었군요!

카네기

그걸 불행이라고 본다면 그럴 수 있겠죠. 개인적으로 그 사람이 한 경험이 전화위복이 아니라 처음부터 축복이었다고 생각합니다. 그를 아는 사람들뿐 아니라 그 자신도 분명히 알고 있거든요. 그 사람이 절망과 슬픔이라는 경험을 통해 스스로를, 긍정적인 '다른 자아'를 발견했다는 사실을 말이죠.

힐

그렇다면 슬픔이 좋은 영향을 끼친다고 믿는군요?

카네기

그렇습니다. 무언가가 자신의 감정을 깊이 파고들어서 이미 굳어져 있던 사고 습관을 깨뜨리는 경험을 직접 겪어봐야 자기 마음의 무형적 힘을 발견하는 사람들이 있거든요.

당신에게 강해지는 것 외에
다른 선택이 없을 때
그때 당신은 자신이 얼마나
강한지 알게 된다.
— 밥 말리

힐

사고 습관이 영구적으로 굳어진다는 자연법칙에 대해 말씀하셨는데요. 혹시 자연법칙이 그 굳어진 사고 습관을 깰 수 있는 수단도 제공하나요?

카네기

당연히 그런 준비도 되어 있습니다. 보상의 법칙이 주는 혜택을 모두에게 제공하려면 그래야겠죠. 어쩌면 보상의 법칙 자체가 스스로 초래한 한계로부터 해방될 수 있는 수단을 제공하는지 모르겠어요.

하지만 실패·패배·실망에서 자라나는 큰 슬픔이 종종 사람들에게 절대적인 믿음을 회복시키는 효과를 발휘하고, 따라서 사람들에게 새로운 출발을 선사하고 믿음을 통해 얻을 수 있는 축복을 드러낸다는 사실에는 의심의 여지가 없습니다.

사람의 영혼이 구원받을 수 있는지 여부가 그 사람의 믿음에 달린 게 사실이라면, 창조주가 인간이 불신을 통해 자신에게 스스로 가한 피해를 바로잡을 수 있는 수단을 제공한다는 것 역시 사실이겠죠. 아마도 사람은 자기 주위에 스스로 쌓아놓은 불신의 벽을 허무는 어떤 재앙을 통해서 그러한 수단을 이용할 수밖에 없을지 모릅니다.

⊗ 멘탈 트레이닝 어드바이스

보상의 법칙은 우리가 살면서 기여한 만큼 긍정적이든 부정적이든 보상을 받는다고 한다. 많은 사람이 이 위대한 자연법칙을 등한시하는 이유는 이 법칙이 지닌 가치를 당장의 효과로 판단하는 실수를 저지르기 때문이다.

보상의 법칙이 있다는 건 알겠는데 자기가 바라는 즉각적인 결과가 나타나지 않으면 포기한다. 하지만 모든 자연법칙이 그렇듯 시간이 지날수록 자신이 평균으로 퇴보하고 있다는 사실을 잊는다. 결국 시간이 흐른 후에는 그에 대한 대가를 받게 된다. 종종 자기가 원하지 않는 결과를.

"항상 도박장만 돈을 딴다"라는 말을 들어본 적이 있을 것이다. 도박으로 돈을 날리지 못하도록 누군가를 만류할 때 사용하는 말이다. 카지노의 눈부신 조명, 화려한 분수, 사치스러운 장식품은 도박꾼들이 잃은 돈으로 차려놓은 것이다. 이렇게 멋진 시설로 또 다른 사람들을 끌어들인다. 도박꾼은 종종 무의식적으로 보상의 법칙을 어기려고 하지만 카지노는 노름의 전문가들이 모인 곳이다. 당신이 요행으로 잠깐 돈을 딸 수는 있지만, 카지노는 당신을 오래 붙잡아두고 있으면 있을수록 자기들이 당신 돈을 가져갈 확률이 높다는 걸 안다.

신용 카드 사용도 마찬가지다. 돈을 적절하게 관리하지 못하는 사람은 복리의 힘을 맛보게 된다. 많은 사람이 은행 잔고가 부족하면 현금서비스나 카드 대출에 의지한다. 은행에서 받은 카드 사용 내역서에는 당신이 받을 '보상'이 턱없이 높은 이자로 표시되어 있다. 하지만 요령 있는 투자자는 똑같은 복리의 힘을 경제적 자유를 얻는 데 쓴다. 매달 급여의 일정 부분을 투자한다. 자신의 기술이 늘고 급여가 늘수록 투자 부분도 증가하면서 다양한 포트폴리오를 짜고 자산을 형성해간다. 이런 사람은 자기 절제 덕분에 받는 보상이 점점 커진다.

동일한 법칙이 적용되지만, 결과는 완전히 다르게 나타난다. 아인슈타인은 이렇게 말했다. "복리는 세계 8대 불가사의다. 아는 사람은 돈을 벌고, 모르는 사람은 돈을 지불한다." 보상의 법칙을 떠올리게 하는 말이다. 잠깐 속일 수 있을지 몰라도 시간이 지나면 늘 보상의 법칙이 이기게 되어 있고, 그것은 삶의 어떤 부분에서도 마찬가지다. 우리가 풀어놓는 생각 또는 탐닉하는 행동 하나하나가 우리의 성격에 영향을 주고, 어떤 생각 또는 행동이냐에 따라 우리를 강화시키기도 약화시키기도 한다.

힐

충분히 말이 되네요. 실패·슬픔·마음을 아프게 하는 경험에 대해 다시 생각하게 됐습니다. 가끔은 이런 게 자기의 '다른 자아'와 친숙해질 수 있는 유일한 수단이 되죠. 창조주가 인간에게 무지의 어리석음을 만회할 수 있는 수단을 제공했다는 걸 알게 되니 힘이 납니다!

카네기

이제 내가 전하고 싶었던 생각을 이해하는군요. 실패·질병·재앙에 발목을 잡혔을 때 냉소적이 되어서는 안 됩니다. 가장 높은 시험대에 오른 순간에 가장 강력한 힘을 발견할 수 있기 때문이죠. 세상이 "위대하다"라고 부르는 사람들도 그런 경험을 한 사람이 많습니다. 어쩌면 위대한 사람 모두가 그런 경험을 했다고 할 수 있겠죠. 패배와 육체적 고통은 2가지의 큰 혜택입니다. 패배와 육체적 고통은 우리에게 어떤 부분이 교정이 필요하다고 경고해줍니다. 만약 우리가 올바른 정신적 태도로 그 경고에 응답한다면, 보통은 어디에 주의를 기울여야 하는지 찾아내게 되죠.

힐

실패·패배·슬픔이 한 사람을 경제적 고통으로 이어질 수 있는 습관으로부터 멀어지게 할 수도 있지만, 그러한 경험이 영혼의 구원으로 가는 길을 드러낼 수도 있다는 사실이 더 중요합니다. 제게는 큰 계시처럼 느껴지는 말입니다.

카네기

당신이 이 교훈을 통해 얻은 지식을 실행에 옮기는 게 중요하다는 사실을 확실하게 말해주고 싶네요. "단지 아는 것에 만족하지 마라! 그 대신 당신의 사고 습관을 통해 이 지식을 적극 활용하라. 당신이 최대한 활용한다는 조건 아래에서만 그 지식은 영구히 당신의 것이 될 수 있다."

나폴레온 힐이 말하는
패배로부터 배우기

그 어떤 성공 철학도 개인 성취에 관해 이보다 더 큰 희망을 제공하지 못한다. "모든 역경은 그에 상응하는 혜택의 씨앗을 수반한다"라는 말이 옳다는 설득력 있는 증거를 여기서 찾게 된다.

간단명료한 말이다. 이 말에는 '만약'도, '하지만'도, '어쩌면'도 들어 있지 않다. 게다가 이 말은 인간의 경험은 사라지지 않으며, 패배는 크나큰 혜택이 될 수 있고, 실패는 일시적인 패배 그 이상도 이하도 아니며 그에 상응하는 성공으로 변환시킬 수 있다는 사실을 증명해온 사람이 하는 말이다.

오늘날에도 이 말을 적용할 기회는 충분하다. 지난 10년간 수백만 명이 경제적 패배에 직면했다. 그들에게는 재기를 위한 실질적인 수단이 필요하다. 수백만 이상이 2차 세계대전 때문에 자유를 잃음으로써 패배에 직면했다. 전 세계적으로 사람들은 패배를 손실을 만회할 수 있는 실용적인 수단으로 바꿀 방법을 더 잘 이해할 필요가 있다.

> 실패와 고통은 무언가가
> 잘못되고 있을 때 주의를 기울이라고
> 자연이 모든 생물에게 말을
> 전하는 방법이다.
> — 앤드류 카네기

패배로부터 배우기 철학에 대한 카네기의 분석에 손을 대고 싶은 마음은 전혀 없다. 다만 카네기의 논지에 동의하고 지지하는 마음에서 내 의견을 덧붙이고자 한다.

나는 개인 성취 철학 전체에서 2부가 가장 고무적인 약속을 제시하고 있다고 본다. 2부에서 지금까지 세계가 알고 있는 가장 실천적인 사람 중 한 사람에 대해 확신을 갖게 된다. 그는 우리가 걸림돌로 받아들이고 있던 패배의 경험이 실제로는 선택한 목표를 향해 올라가는 데 도움을 주는 디딤돌로 바뀔 수 있다고 설명한다.

패배로부터 배우기 철학은 우리로 하여금 삶을 향해 이렇게 말할 수 있게 해준다. "삶이 어떤 불쾌한 경험을 통해서 레몬을 건네준다면, 나는 그 신맛을 불쾌해하기보다 레모네이드로 바꾸겠다."

실패를 자연이 모든 사람에게 무언가를 전하는 공통의 언어, 모든 사람이 지혜와 이해를 얻을 수 있도록 겸손의 정신으로 이끌어주는 공통의 언어로 받아들인다는 생각은 고무적이다. 사람들이 이러한 태도로 실패와 패배를 인정할 때, 한때 부정적으로 여겼던 일은 매우 귀중한 자산이 된다. 그런 경험을 통해 사람은 누구나 소유하고 있는 숨겨진 힘을 발견하기 때문이다.

조금 전, 1929년 미국을 강타한 대공황 때 큰 재산을 잃은 어떤 남자와 이야기를 나누는 소중한 기회가 있었다. 그는 내게 금전적 손실로부터 얻은 혜택에 대해 모든 걸 말해주었다. 그 남자의 말을 그대로 빌리면 다음과 같다.

나는 물질적 재산의 손실을 통해 물질적으로는 추정할 수 없을 정도로 엄청나게 큰 무형의 재산을 발견했다. 대공황은 내게 가장 큰 패배를 안겨준 원인인 동시에 가장 고귀한 승리를 맛보게 해준 원인이었다. 대공황이 내게 미래에 겪을 모든 패배의 아픔을 완화시킬 수 있는 삶의 철학을 소개해주었기 때문이다. 대공황은 내게서 돈을 앗아갔지만, 교훈을 주었다. 완전한 개인의 독립은 이론일 뿐이며 모든 사람은 어떤 방식으로든 다른 사람과 서로 의존하며 살아간다는 것을 가르쳐주었다. 이런 것들도 가르쳐주었다.

- ○ 자기가 통제하지 못 하는 일은 걱정해봐야 소용없다.
- ○ 두려움이라는 마음 상태에 존재하는 모든 원인은 일반적으로 치료할 수 있다.
- ○ "뿌린 대로 거둔다"라는 『성경』 구절은 시적 표현 이상의 의미를 지닌다.

그 구절에는 견실한 철학 원칙이 있다.

○ 목적의 명확성을 지니고 주도력을 사용하도록 영감을 주는 것 또는 사용할 수밖에 없도록 하는 것은 무엇이든 유익하다.

○ 돈·부동산·국채를 비롯해 물질적인 것은 일반적으로 대중의 두려움과 부정적인 정신 태도를 통해 그 가치가 없어질 수 있다.

○ 마음을 지배하는 생각은, 그 생각이 긍정적이든 부정적이든 현실의 옷을 걸치고 나타나게 마련이다.

○ 자연법칙에서든 인간관계에서든 공짜는 없다.

○ 모든 인간에게 동등한 대가를 돌려주는 보상의 법칙이 있다.

○ 일하도록 강요받는 것보다 훨씬 더 나쁜 게 있으니, 이는 일을 하지 못하게 강요받는 것이다!

○ 재산의 물리적·법적 소유는 그 영속성도 가치도 보장받지 못한다.

○ 황금률 원칙에 따라 진행되는 사업은 그렇지 않은 사업보다 불황에서 더 잘 살아남는다.

○ 낮이 지나면 밤이 오듯이 풍요 뒤에는 빈곤이 따른다. 그리고 빈곤 뒤에는 풍요가 따른다.

○ 옷은 내년에도 입을 수 있고 자동차는 매년 새로 살 필요가 없다.

○ 전염병처럼 공포는 대중의 생각과 입을 통해 확산될 수 있다.

○ 보조금을 통해 무상으로 무언가를 요구하는 것보다 유용한 서비스를 제공하는 것이 더 축복받고 더 이익이 되는 행동이다.

○ 일시적 패배를 영구적 실패로 인정할 필요가 없다.

○ 성공과 실패 모두 마음속에서 비롯되는 지배적인 생각의 결과다.

○ 정신적 풍요 없는 물질적 풍요는 축복이라기보다 저주에 가까울 수 있다.

○ 사람의 가장 큰 축복은 자신의 가장 큰 슬픔에 있을 수 있다.

○ 역경의 축복, 고독의 동반자, 침묵의 소리 등 위대한 역설에는 진실이 있다.

○ 마음의 겸손함 없이 두툼한 지갑은 위험할 수 있다.

○ 어려운 상황에서 변함없이 믿고 의지할 수 있는 사람이 한 명 있으니, 바로 자기 자신이다.

○ 해는 떴다가 지고, 물은 낮은 곳으로 흐르며, 계절은 규칙적으로 오가고, 별은 밤마다 하늘에서 같은 자리를 지키며, 자연은 불경기에도 여느 때와 다름없이 질서에 따라 움직인다. 암울하다고 바뀌는 것은 사람의 마음 말고는 아무것도 없다!

○ 사람은 다른 사람의 말을 듣지 않으려 할 때 패배의 목소리에 반응하기 마련이다.

○ 공동의 재앙을 당하면 모든 사람의 생각과 행동이 매우 유사해진다.

○ 많은 재물을 소유하면 마음에도 없는 우정을 내세우는 자들을 끌어들이고 재물을 잃으면 친구라고 자청했던 자들의 실체가 드러난다.

간단히 말하면 대공황은 내게 '다른 자신'을 드러내 보여주었다. 내가 소홀히 했던 긍정적인 자아, 모든 패배를 더 큰 노력을 기울이기 위한 도전으로 받아들이면서 영구적인 패배나 손실은 존재하지 않는다고 믿는 자아 말이다.

정말 놀라운 이야기다! 카네기와 힐이 하는 말을, 또 힐과 대화를 나눴다는 사람의 이야기에서 나오는 말을 들어보라. 이 이야기가 80여 년 전에 출판되었음에도 오늘날 문제의 근원을 정확히 짚어내고 있다는 사실이 마음에 든다. 이 남자의 롤러코스터 같은 여정이 수십 년이 지나서 되풀이되는 모습을 우리는 똑똑히 보았다. 서브프라임모기지 사태로 주택 시장과 주식 시장이 모두 붕괴되면서 전 세계적으로 전례 없는 변동성을 초래한 후 2007년에 닥친 경제 위기가 주는 교훈 역시 분명했다.

하지만 모든 것이 암울했던 것만은 아니었다. 일부 현명한 투자자들은 시장이 공포와 탐욕이라는 2가지에 의해 움직인다는 점을 인식했다. 공포와 탐욕은 장부상 손실을 실제 손실처럼 둔갑시키면서, 어떤 사람들에게는 파멸을 초래했지만 다른 사람들에게는 전례 없는 기회를 만들어주었다. 일시적인 가치 하락으로 다른 사람의 손에 넘어간 기업 중에는 이름만 대면 누구나 알 만한, 단기적인 그리고 대중의 혼란에도 불구하고 엄청난 성장 전망을 지닌 회사들도 많았다.

전설적인 투자가 워런 버핏은 수십 년간 이 일을 해왔다. 경기 후퇴나 침체 또는 금융 위기가 닥칠 때마다 버핏은 절망에 빠지거나 책상 밑으로 움츠러드는 행동을 택하지 않는다. 오히려 그는 이 상황을 자신의 부를 공고히 하는 기회로 바라본다. 저평가된 기업들을 매수하고 운영의 효율성과 종합적인 상승효과를 끌어올리고 시간이 지난 후에 엄청난 수익을 거두는 것이다. 이런 전략에 대해 그는 이렇게 말한다. "남들이 욕심을 부릴 때 두려움을 느끼고, 남들이 두려워할 때 욕심을 부려라."

분명히 버핏도 손해 보는 경험을 했겠지만, 그러한 손실을 통해 얻은 경험 덕분에 엄청난 이익을 돌려받을 수 있는 행동을 취할 수 있다. 우리도 단기적으로는 상당한 손실을 경험할 수 있다. 하지만 그 경험은 올바르게 전환하면 우리가 잃은 것보다 훨씬 더 많은 것을 벌 수 있게 해준다. 이와 대조적으로 대중의 히스테리를 먹이로 삼는 언론이 떠들어대는 종말과 관련된 뉴스들이 유발하는 공포감에 초점을 맞추는 사람들은 자신의 행동과 이후의 재무 상태가 버핏 같은 경험 많은 투자자들의 그것과 반대되는 결과를 낳는다는 사실을 알게 된다.

이 남자가 묘사하는 그런 정신으로 역경을 받아들이는 사람들에게 영원한 패배란 있을 수 없다. 그는 물질적으로 상당한 손실을 입었다. 일반인이 평생 만져보기 힘들 정도로 많은 액수의 돈이었다. 하지만 이 남자는 금전적 손실을 통해 이 세상의 모든 돈보다 훨씬 더 위대한 무언가를 발견했다. 잃은 돈보다 더 많은 돈을 벌 수 있는 마음이 자기에게 있다는 사실을 발견했다. 나는 그가 그보다 더욱 중요한 무언가를 발견했다고 생각한다. 돈만 많은 사람에게는 행복을 구성하는 요소가 부족하다는 사실을.

이 사람은 돈을 잃었지만, 그 경험을 영혼을 시험하는 계기로 받아들여서 혜택을 보았다. 그 실험을 통해 그는 인간의 마음속에는 모든 위급한 상황에 대처할 수 있는 숨겨진 힘이 있다는 사실을 발견했다. 이제 그는 자기 자신, 비즈니스 동료, 자기가 일을 통해 봉사하는 대중과 예전보다 더 좋은 관계를 맺고 있다.

이 남자와 함께 비즈니스를 했던 파트너는 물질적 재산의 손실을 다르게 받아들였다. 그는 그 손실이 돌이킬 수 없는 것이라고 받아들이고 싸워보지도 않은 채 포기했다. 건물 위에서 스스로 몸을 던져 사태를 종결했다. 나중에 자세히 알고 보니, 그 파트너는 일상생활에서도 패배에 굴복하는 경향을 보였다고 한다. 그랬기 때문에 위기 상황이 엄습했을 때 더욱 강력한 기질을 발휘해야 했음에도 그런 정신이 부족했다.

카네기가 곧잘 말했듯이 우리에게 강력한 '보호의 담요'를 제공하는 것도, 패배를 불러오는 부정적인 삶의 무게에 굴복하게 만드는 것도 일상적인 사고 습관이다. 그렇다면 실패를 초래하는 이러한 부정적인 사고 습관은 무엇일까?

○ 빈곤을 피할 수 없는 것으로 받아들이기

○ 외적 상황과 외적 환경은 자신이 그렇게 받아들이지 않는 한 내적 사고에 영향을 미치지 않는다는 점을 인식하지 못하고 무시하기

○ 목적의 명확성을 통해 자신이 원하는 것을 얻어야겠다는 확고한 결심 없이 그저 가만히 앉아서 결과가 나타나기를 바라거나 희망하기

○ 공포와 열등감 받아들이기

○ 명확한 주요 목적의 부족 때문에 발생하는 현상인 해야 할 일을 뒤로 미루기

○ 과제를 시작도 하기 전에 패배 예상하기

○ 계획이 시작된 후에도 계획대로 실행하지 않기

○ 감정이 의지력을 완전히 지배하도록 내버려두기

○ 패배를 피할 수 없는 것으로 받아들이는 사람들과 어울리기

○ 부정적인 기사를 읽고 그 내용을 자신과 연관된 이야기로 받아들이기

○ 통제된 습관을 전혀 기르지 않기

○ 내가 해야 할 생각을 다른 사람이 하도록 허용하기

○ 생계유지에 필요한 필수품 말고는 아무것도 바라지 않기

○ 공짜로 무언가를 원하기

○ 일시적 패배를 영구적 실패로 인정하기

○ 언제 어디서든 자신이 주도력을 발휘해야 할 때면 저항이 가장 적은 길 택해서 가기

○ 원인을 찾아 제거하기보다 주변 환경에 미치는 영향 걱정하기

○ 효과적인 계획을 찾고 자신이 습득할 수 있는 것에 집중하기보다 실행

되지도 않을 계획과 가질 수 없는 것에 대해 생각하기

○ 도넛을 보지 않고 도넛에 뚫린 구멍을 보듯이 모든 상황의 어두운 면을 보기

○ 일상 대화에서 실패, 패배, 삶의 부정적인 면만 언급하기

○ 성공을 의식하는 것이 아니라 빈곤을 의식하기

○ 가까이 있는 기회를 받아들이거나 더 좋게는 기회를 창출할 생각은 하지 않고 기회가 없다며 불평하기

○ 거울 속은 보지 않고 다른 곳에서 실패 원인 찾기

○ 성공한 사람의 사례에서 배우지 않고 성공한 사람 부러워하기

○ 성급한 판단 내리기, 사실을 알아내는 대신 추측하기

○ 자신의 성질을 활용해 동력원으로 만들지 못하고 성질부리기

이런 일상 습관을 지닌 사람은 자기 습관의 힘에 이끌려서 스스로 실패 선고를 내린다. 이는 패배를 영구적으로 받아들이는 마음을 만들어가는 습관이다. 이는 잠재의식적인 마음에 후진 기어로 작용해서 성공 대신 실패로 향하는 습관인 것이다. 이러한 습관들은 의지력을 약화시키고 사람들로 하여금 온갖 형태로 패배의 영향을 받아들이도록 만든다.

"진실로 어떤 일에 대한 준비가 되어 있을 때, 그 결과가 모습을 드러낼 것이다"라는 말이 있다. 우리가 언급했던 습관들은 이 말이 사실임을 증명해준다. 이러한 습관들은 누군가에게 실패할 준비를 하게 만들고, 우리는 그 결과가 어떨지 아주 잘 알고 있다.

"만지는 것마다 황금으로 변한다"라는 말은 하는 일마다 성공을 거두다는 뜻으로, 그런 사람이라면 성공을 바라는 마음을 조성하면서 행운이 올 것을 미리 준비하고 있었다고 인정할 수 있을 것이다.

앤드류 카네기가 위대한 철강 회사를 설립할 수 있었던 것은 스스로 한계를 설정했기 때문이 아니다. 언급했던 그런 습관을 만들었기 때문도 아니다.

그는 일찍이 스스로 마음의 주인이 되고 자신이 무엇을 원하는지 결정했으며 그것을 얻고자 단단히 결심함으로써 위대한 철강 회사를 만들어냈다. 일이 종종 틀어진 적도 있지만, 그는 패배를 겪을 때마다 자신이 대응하는 자세를 이용해서 자기에게 유리하게 작용하도록 했다. 그가 2부에서 추천하는 방식으로 말이다.

헨리 포드가 위대한 포드 제국의 수장이 된 것은 우연이 아니다. 우수한 교육이나 영향력 있는 후원 또는 돈을 통해 그런 지위를 획득한 것도 아니다. 그는 자기 절제를 통해 스스로 제국을 건설할 것이라는 기대와 요구를 할 정도로 자신의 마음을 가다듬었다. 그 생각은 전적으로 그 자신의 것이었다. 그 역시 앞으로 나아가는 거의 모든 단계마다 이런저런 패배에 맞닥뜨렸지만, 긍정적인 생각을 유지하면서 자신의 왕국을 만들어냈다.

패배에 직면해서 긍정적인 자세를 유지할 때마다 우리는 부정적인 반응을 거부하면서 더 큰 정신력을 습득한다. 마침내 이런 습관은 우리 힘의 근간이 된다. 우리가 생각하고 이야기하는 것이 무엇이든 그것은 현실로 드러난다. 카네기가 얘기했듯이 "모든 생각은 현실의 옷을 걸치고 모습을 드러낸다"라는 말은 사실이기 때문이다. 그렇다면 패배로부터 배우기에서 전하는 교훈의 핵심은 바로 이것이다. 패배의 경험은 자기가 패배를 무엇이라고 믿느냐에 따라 자산이 될 수도 있고 부채가 될 수도 있다.

조지 워싱턴은 우수한 무기나 잘 훈련된 병사 또는 수적으로 우수한 군대 덕분에 미국 독립혁명을 승리로 이끈 게 아니었다. 사실은 이 모든 면에서 열세였다. 하지만 그에게는 한 가지 뛰어난 분야가 있었다. 그는 패배의 가능성을 인정하지 않았다. 워싱턴은 자신이 이길 것이라고 믿었고 그 믿음을 병사들에게 전했으며 병사들도 그의 믿음을 받아들였다. 미국 독립혁명을 승리로 이끈 것은 다른 어떤 것도 아닌 그 믿음이었다. 개인적으로도 패배를 마주했을 때 이런 태도를 유지하면 패배를 자산으로 바꿀 수 있다는 사실이 중요하다.

어떤 집단의 구성원들이 공동의 대의를 위해 뭉쳐서 마스터마인드 원칙을 통해 결합력을 표현할 때, 같은 원칙을 적용하는 더 강한 집단을 제외하고는 그 무엇도 이들을 패배시킬 수 없다. 마스터마인드 동맹을 맺은 사람이 단 2명밖에 되지 않는다 해도, 이들은 이 동맹을 통해 일반적인 패배의 원인에서 대부분 충분히 벗어날 힘의 형태를 갖추게 된다. 단, 그 동맹은 영구적인 실패를 받아들이지 않고 이길 수 있다는 결연한 의지를 기반으로 맺어져야 한다.

예전에 패배를 실용적이고 쓸 만한 자산으로 전환하는 독특한 시스템에 대해서 들은 적이 있다. 이 시스템은 매우 간단해 누구나 채택하고 다음의 단계에 따라 사용할 수 있다.

○ 당신이 경험했던 모든 패배에 대해 아무리 하찮은 경험일지라도 최대한 빠짐없이 내용을 기록하는 일지를 작성하라.

○ 혹시 자신의 태만이나 소홀 때문에 패배가 발생했다는 내용이 들어가는 한이 있어도 발생한 사실 그대로 기록하라.

○ 매달 일지를 다시 읽어보라. 기록한 각 패배의 아래쪽에 그 패배에서 얻어낸 또는 얻을 것으로 예상되는 이익에 대해 적어라.

내게 이 시스템을 처음 알려준 사람은 몇 년째 이 방식을 따르고 있다. 이 방식을 채택한 이후 그는 패배를 경험할 때마다 일시적으로 입었던 손실에 상응하는 또는 손실보다 더 큰 혜택을 매번 돌려받았다. 한 번은 자기가 겪은 어떤 패배 덕분에 사업을 이어나갈 수 있었다고 내게 말한 적도 있다. 그 패배를 겪지 않았으면 사업을 망치고 재정적으로 큰 손실을 입었을 것이라고 설명하면서.

자, 이 사람은 강력한 면역력을 갖춘 사람이다. 그는 긍정적인 태도로 대응하는 법을 배웠고, 시스템이 워낙 잘 작동하는 탓에 나이가 들면서 패배의 경험 자체가 줄어든다는 사실을 인정한다. 이는 물론 그가 성공을 바라는 사람이라는 사실 덕분이며, 성공을 의식하는 마음 때문에 그는 여러 패배의 원인을 예측하고 패배가 발생하기 전에 피해 간다.

그가 따르는 시스템에는 또 다른 큰 이점이 있다. "역경은 그에 상응하는 혜택의 씨앗을 수반한다"라는 말이 사실임을 보여주는 가시적인 증거를 제공한다는 것이다. 이제 그는 누구의 말도 들을 필요가 없다. 직접 경험을 통해 그 말이 사실임을 증명했다. 아무리 냉소적인 사람도 부정할 수 없는 증거를 제시한 것이다. 이 사람은 성공을 의식하는 또 다른 시스템을 고안해냈는데, 내가 강력하게 추천하는 시스템이기도 하다. 이 시스템을 사용하려면 다음 단계를 수행해야 한다.

○ 대형 판지를 준비하고, 실패의 주요 원인(→P.234–235)을 적어라. 또는 인쇄하라.

○ 각 원인 옆에 한 달을 의미하는 31개의 정사각형을 추가하라.

○ 그다음 매일 각 실패의 원인에 대해 자신이 어떻게 대응했는지 측정해서 표시한다. 실패의 원인마다 소홀하게 보아 넘겼는지 제대로 통제했는지 × 또는 √로 간단하게 표시하라.

이 남자는 이렇게 작성한 차트를 언급한 일지와 비교한다. 매월 말, 두 시스템은 그가 패배의 원인 중 어떤 요인을 완전히 통제하지 못했는지 정확하게 보여준다. 물론 이런 시스템 활용은 마음속으로 패배의 원인을 경계하는 태도를 취함으로써 스스로 성공을 의식하게 하는 데 그 목적이 있다.

이 남자가 따르는 시스템이 얼마나 재미있는지 이제는 가족 모두가 그 남자가 정확하게 자신의 행동을 평가하는지 지켜볼 정도가 되었다. 한 번은 패배의 경험을 정확하게 기록하지 않았다면서 어린 자녀가 한소리 했다고 한다. 이 남자는 성공을 의식하기 위해 자신의 마음을 조절할 뿐 아니라 자신의 시스템으로 가족 구성원 모두에게 혜택을 주고 있다.

우리 모두에게 자신을 정확하게 평가할 수 있는 실용적인 시스템이 필요하다. 평가가 정확하면 자신의 주요 약점이 드러나면서 그동안 방치했던 숨은 힘도 드러난다. 이러한 시스템은 매일 자신에게 하는 일종의 고해성사 역할을 한다.

⊠ 멘탈 트레이닝 어드바이스

성공으로 가는 길에는 솔직한 자기 성찰의 기회가 꼭 필요하다. 일지를 작성하면 그날그날의 목적과 더불어 명확한 주요 목적을 알 기회가 열리게 된다. 자신이 어떤 결과를 달성해야 하는지 분명하게 알면 가장 중요한 부분에 노력을 집중할 수 있게 된다. 성공의 결과가 어떤 상태인지 모르는 상태에서 성공했다고 할 수는 없는 노릇이니까.

자신의 시간·에너지·결과를 감독하고 검사할 수 있는 능력 또한 중요한 요소다. 이런 자기 성찰적 검토는 자기가 그다음 주에 성공할 수 있도록 도움을 제공하는 동시에 자신의 행동이 얼마나 효율적이었는지 분명하게 보여준다.

일지를 작성하는 데 몇 시간씩 투자할 필요는 없다. 몇 분의 자기 절제가 필요할 뿐이며, 열심히 따르는 사람에게는 풍성한 보상이 따른다. 일지 작성은 당신이 상상력을 발휘하고 집중력을 회복하며 생산성을 최상으로 끌어올리고 균형을 유지하며 당신의 삶에서 가장 중요한 것이 무엇인지 깨닫는 데 도움을 줄 것이다. 일지 작성에 숙달하고자 전념한다는 것은 당신이 매일 더욱 효율적인 사람으로 태어나게 된다는 뜻이다. 당신 삶의 모든 관계가, 행복이 더욱 향상될 것이라는 뜻이다.

셀 수도 없이 많은 CEO, 기업가, 운동선수들이 자기 성찰과 목적이 선사하는 혜택에 관해 피력하고 있다. 이제는 당신이 할 차례다!

미국에서 가장 뛰어난 생명보험 영업 사원 중 한 명은 패배에서 스스로를 지키기 위해 자신만의 시스템을 활용한다. 이 남성은 이 시스템을 발견하고 실행에 옮기기 전까지는 매년 평균 25만 달러 상당의 보험을 판매하고 있었다. 그는 현재 밀리언달러클럽 회원이다. 밀리언 달러클럽 회원이 되려면 매년 최소 100만 달러의 보험을 판매해야 한다. 이 남성은 9년 연속으로 회원 자격을 유지하고 있으며 현재는 과거 같은 기간과 비교해 10배가 넘는 상품을 판매한다.

그의 시스템은 자기가 기록한 명확한 주요 목적을 선택해서 그 목적을 거울(매일 아침 면도를 하는 동안 볼 수 있는 곳)에 붙인 다음 기억에 확실하게 입력될 수 있을 만큼 자주 소리 내어 읽는 것이다. 이제 식사 후에 1번씩 매일 3번 목적 읽기를 반복한다.

생명보험 영업 사원의 명확한 주요 목적

(1) 내 인생의 주요 목적은 연간 최소 100만 달러 상당의 생명보험 증서를 작성하는 것이다.

(2) 목적을 달성하기 위해 나는 보험 가입자로서 적절한 자격을 갖춘 예비 가입자 100명의 이름이 기록된 목록을 항상 소지하고 일할 것이며, 목록의 예비 가입자가 실제 보험 가입자가 될 때마다 새로운 이름을 추가해서 목록에는 항상 100명을 유지할 것이다.

(3) 그러기 위해 밤늦게까지 일하는 한이 있더라도 매일 최소 10통의 전화를 할 것이다.

(4) 나는 예비 가입자들을 면담할 때마다 상대방이 적어도 1명의 친구를 내게 소개하도록 유도함으로써 내가 보험 판매에 성공하든 못하든 유익한 면담이 될 수 있도록 할 것이다.

(5) 나는 회사를 대표하는 입장이 아니라 예비 가입자에게 상담을 제공하고 보험자와 피보험자를 보호하는 입장에서 다가갈 것이다.

(6) 예비 가입자를 면담할 때 그들의 거절이 최종적인 거절이 아니라 지연된 거절일 뿐이라고 생각할 것이다. 나는 예비 가입자가 아직 결정을 내리지 못했을 뿐이라는 점을 어떻게든 알리고, 밤을 새우는 한이 있어도 최종 결정을 내릴 때까지 자리를 지킬 것이다.

(7) 내가 보험을 판매한 모든 사람의 이름은 '지지자' 목록에 올라가고, 정기적으로(한 달에 한 번 이상) 그 목록에 있는 사람에게 연락함으로써 그들이 자기의 영향력을 활용해 지인에게 보험을 판매하도록 할 것이다.

(8) 나는 "아니오"가 "예"를 의미할 수 있다는 사실을 항상 기억할 것이며, 그 생각을 기반으로 모든 예비 구매자들과 협상할 것이다.

(9) 나는 패배와 같은 현실은 용납하지 않을 것이다. 내가 활용하는 시스템은 모든 면담을 반드시 판매로, 내가 면담하는 사람이 아니라면 그 사람의 지인에게에게라도 전환시킬 것이기 때문이다.

(10) 내 시스템은 관계있는 모든 사람에게 혜택을 주고자 하는 진심을 담아 설계되었기에 나는 내 시스템을 믿으며 그러기에 발휘할 수 있는 모든 힘을 다해 시스템을 작동시킬 것이다.

서명 _____

이 서약을 주의 깊게 읽어보면 이 사람이 현실적으로 패배를 허용하지 않는다는 것을 알 수 있다. 이 서약의 효과는 그 영업 사원의 매출이 1,000% 이상 증가했다는 사실에서 그대로 드러난다. 그렇다고 그 사람이 평소보다 일을 훨씬 더 열심히 하는 것도 아니다. 물론 더 비장한 각오로 체계적인 노력을 통해 더 지능적으로 일한다.

그의 '체계적인 노력'에서 가장 중요한 부분은 긍정적인 정신 태도다. 그는 예전보다 더 많이 판매할 거라 기대하고, 더 많이 판매하기 위한 계획을 지니고 있으며, 패배를 용납하지 않는 정신으로 자신의 계획을 실행하고 있다.

패배란 없다,
내면에서 패하지 않는 한.
내면에서 패하지 않는 한
분명히 승리한다.
— 헨리 오스틴

생명보험 영업 사원 6,000여 명에게 이 철학을 직업에 활용하도록 교육했고, 내가 아는 한 교육받은 사원 모두 판매 능력이 증대되었다. 이 영업 사원들을 훈련하는 과정은 성격을 완벽하게 분석하는 것부터 시작한다. 각 영업 사원의 정신적 자산과 부채를 평가한 후 목록을 만들어 공개했다. 영업 사원들은 2부에서 설명한 주요 실패 원인에 대해 하나하나 점검받았다. 처음에는 자신의 약점을 통보받고 격렬하게 항의하는 이들이 적지 않았다. 이들의 항의는 진심이었다. 대다수와 마찬가지로 이들도 자신에게 성공을 가로막는 성격적 특성이 있다는 사실을 깨닫지 못하고 스스로 속고 있었던 것이다.

실패의 주요 원인을 하나하나 확인하는 과정을 기반으로 하는 솔직하고 정직한 자기 분석이 중요하다는 사실을 다시 한번 강조하고 싶다. 자신이 어떻게 해로운 습관을 형성하게 되었는지 스스로 알아갈 수 있도록 세심한 자기 분석이 필요하다.

패배로 이어지는 기본적인 실수가 또 하나 있다. 많은 사람이 저지르는 실수이기도 하다. 이 실수는 산악 지대에 살았던 두 형제의 경험을 예로 들어 설명해보겠다. 형은 18살, 동생은 겨우 12살인 형제가 있었다. 어느 날, 형제의 아버지가 각자에게 새 윈체스터 라이플을 선물했다. 들뜬 기분에 형제는 농장 근처에서 보았던 곰 사냥에 나섰다. 얼마 후 곰과 마주친 형제는 누가 먼저 곰을 발견했고 누가 먼저 방아쇠를 당겨야 하는지를 두고 다투기 시작했다. 결국 둘이 동시에 곰을 봤을 거라는 데 동의한 형제는 공평하게 동시에 조준하고 발사하기로 의견의 일치를 보았다.

형제는 곰을 쏘았고, 곰은 풀 속으로 굴러떨어졌다. 형제는 서로 자기가 곰을 죽였다고 주장하려고 달려갔다. 먼저 도착한 형이 숲을 내려다보니 곰은 아직도 몸을 버둥거리고 있었다. 동생은 형이 모든 공을 차지할지 모른다는 생각에 예민해졌고 그래서 소리쳤다. "형, 우리가 곰을 죽인 거지, 그렇지?" 형은 역정 나는 표정으로 몸을 돌리더니 동생을 향해 소리쳤다. "우리가, 아니 우리가 아니야! '네가 아버지 송아지를 쐈어!'"

이것이 인간의 본성 중 하나다. 대부분은 일이 잘 풀리면 공을 자신에게 돌리려 하는 반면 일이 잘못되면 자연스럽게 책임을 회피하려고 한다. 이런 성격적 특성이 하나씩 쌓일 때마다 리더십의 가능성은 하나씩 사라져간다. 카네기도 말했지만 "이미 모습을 드러낸 적은 우리가 거의 통제하고 있는 적이다." 모든 사람은 자신의 성격적 특성·습관·개성 안에 숨겨진 적을 두고 있다. 하지만 그 적을 찾아내기 전까지는 통제할 수 없다.

카네기는 이 주요 적 중 45가지를 열거했다. 그 목록의 첫 번째에 오른 적이 명확한 주요 목적 없이 인생을 표류하는 습관이었다. 만약 당신에게 목적이 부족하다면 이 습관이야말로 당신이 분석을 통해 밝혀내야 할 첫 번째 적이 되어야 한다. 이 적을 정복하지 않는 한 다른 적은 건드리지 않는 편이 낫다. 이 적이 다른 적을 해결할 수 있는 열쇠를 쥐고 있다. 각계각층을 대표하는 2만 5,000명 이상의 사람들을 분석한 결과, 98%가 삶에서 확고하고 명확한 목표가 부족해 실패한다는 사실이 드러났다. 정말 놀라운 사실이다! 뚜렷한 주요 목적의 결여는 누구나 쉽게 고칠 수 있는 문제이니 더더욱 놀라울 따름이다.

개인 성취 원칙에서 가장 높은 우선순위를 차지하는 항목이 명확한 주요 목적을 설정하는 것이다. 그 목적은 다른 사소한 목적의 명확한 습관 형성에도 영향을 미치기 때문이다. 이 점은 매우 신중하게 분석하는 것이 현명하다. 표류하는 습관, 뚜렷한 주요 목적이 결여되어 있는 습관은 일상생활과 관련된 다른 중요한 일에서도 유사한 습관을 수반한다. 명확한 주요 목적에 집중하면 좋은 영향을 끼치고 목적 없이 이리저리 헤매면 나쁜 영향을 끼친다. 좋은 습관과 나쁜 습관은 서로 영향을 주고받을 수밖에 없으므로 단독으로 존재할 수 없다.

2부의 45가지 실패의 주요 원인 목록(→P.161-164)을 잘 살펴보고, 명확한 주요 목표를 세운 다음 어떻게 하면 다음에 나오는 항목을 포함해 다른 실패 원인 항목도 없앨 수 있을지 알아보라.

(5) 자기 절제 결여

(7) 평범한 수준을 뛰어넘는 목표를 향한 야망 부족

(10) 끈기 부족

(11) 부정적인 정신 태도를 유지하는 습관

(14) 우유부단한 태도

(15) 두려워하는 습관

(21) 집중적인 노력 부족

(23) 적절한 시간 배정 및 활용 실패

(24) 절제된 열의 부족

(25) 편협성

(31) 사실에 근거하지 않은 채 의견을 내는 습관

(32) 비전 및 상상력 부족

(33) 마스터마인드 동맹 맺기 실패

(38) 꾸물거리고 미루는 버릇

(41) 자기 주도적 행동 결여

(42) 자립정신의 결여

(44) 매력적인 성품의 결여

(45) 의지력 개발 실패

명확한 주요 목적을 설정해서 실행하기 시작하면, 45가지 실패의 주요 원인 중 18가지가 마법처럼 단 한 번의 행동으로 사라진다. 게다가 이 18가지는 그중에서도 가장 중요한 원인이므로 금상첨화라 할 수 있다. 이 원인이 가장 중요하다는 이유는 실패를 부르는 가장 흔한 원인이기 때문이다. 하나만 바꿔도 이 '적'들을 정복할 수 있다!

비틀거리고 넘어질 때마다
다시 일어나면 지혜를 배우게 된다.
지혜는 성공보다는 실패에 훨씬
더 많이 담겨 있다.
— 앤드류 카네기

그러므로 당신이 성공을 의식하게 만드는 차트(→P.239)를 만든다면, 명확한 주요 목적을 실행하면서 세심한 주의를 기울일 수 있도록 이 18가지 원인을 빨간색으로 적어두도록 권한다. 이 원인들을 위험 신호로 생각하라. 이 습관들은 실제로 위험하다. 이 원인들이 자동으로 사라지기를 기다리지 말고, 각 습관과 반대되는 습관을 미리미리 형성함으로써 압박을 가해야 한다.

이 18가지의 적을 통제하면, 목록에 있는 다른 원인들도 자연적으로 사라지는 것을 보게 될 것이다. 이미 형성된 습관은 서로 관계된 다른 습관을 유발하는 역할을 한다. 실패의 주요 원인은 명확한 주요 목적 없이 인생을 표류하는 습관이다. 이 습관을 없애라. 그러면 이와 관련된 습관들도 힘들지 않게 통제할 수 있을 것이다.

인간의 삶에는 다양한 문제가 존재한다. 한 번의 변화로 모든 문제를 해결할 수 있을 만큼 강하거나 똑똑하거나 현명한 사람은 없다. 따라서 이러한 문제들은 한 번에 하나씩 다뤄야 하며 중요한 문제부터 다루는 게 좋다. 심각한 문제가 사소한 문제들을 다스리기 때문이다.

한 남자가 불량배 패거리와 맞닥뜨렸다고 하자. 이때 패거리 전체와 싸움을 벌이기보다는 패거리의 우두머리를 골라 먼저 상대하는 게 현명한 행동이다. 자기 우두머리가 패한다면 다른 불량배들은 전의를 상실하거나 싸워도 힘을 발휘하지 못한다. 실패 원인도 마찬가지다. 이 18가지 실패 원인도 우두머리를 제거하면 힘을 쓰지 못하는 불량배 패거리와 같으며 명확한 주요 목적 없이 표류하는 버릇이 이들의 우두머리다.

카네기가 말했듯이 45가지 실패의 주요 원인 중 (1)과 (45)는 하나만 빼고 다른 모든 원인을 통제한다. 그러므로 강한 의지력을 키우고 그 의지력을 명확한 주요 목적 뒤에 든든하게 배치함으로써 이 2가지 원인에 가장 먼저 관심을 기울여라. 지금 당신이 서 있는 그곳에서, 목적을 실행에 옮기는 행동을 시작하라. 생각과 말만으로는 충분하지 않다. 행동하라. 목표를 달성할 때까지 계속 행동하라. 당신의 힘은 행동에서 나올 것이다. 그러면 행동은 다음과 같은 것을 선사할 것이다.

◌ 자립심을 제공한다.

◌ 열정을 선사한다.

○ 더욱 풍부한 상상력을 제공한다.

○ 자기 주도성을 발휘하게 해준다.

○ 마음속에 설정한 한계를 없애준다.

○ 끈기를 선사한다.

○ 모든 문제에서 결정의 명확성을 제공한다.

○ 강력한 의지력을 부여한다.

이러한 자질을 완전히 다스리게 되면, 전혀 힘들이지 않고도 패배를 건설적인 힘으로 바꿔 더 많은 노력을 기울이기 위한 디딤돌로 삼을 수 있다.

인 메모리엄

천국에서 하프의 아름다운 선율에 맞춰

노래하고 있는 친구와 더불어

나는 믿습니다.

사람은 자신의 죽음을 디딤돌 삼아

더 높은 곳으로 오른다는 것을.

— 알프레드 테니슨 경

나는 당신에게 기대 이상의 특별한 노력 기울이기 행동 습관을 기르라고 권한다! 이 행동 습관은 어떤 준비나 의식을 행하지 않고도 지금 바로 시작할 수 있다. 당신의 가족 구성원부터 시작해 함께 일하는 사람들에게도 실행하도록 하라.

근무 여건상 시간이 제한적일 수 있지만 그렇다고 당신의 업무 수행의 질까지 제한적이지는 않다. 제한적이어서는 안 된다. 자기에게 주어진 일보다 좀 더 많이, 좀 더 잘하다 보면 스스로 흡족한 마음이 들고 이때 당신이 서비스를 제공하는 사람이 당신에게 얼마나 호의적인 관심을 보이는지 보라. 당신은 결코 그 습관을 끊지 못할 것이다. 따라서 당신에게 가장 도움이 되는 행동은 당신이 몸에 익혀서 규칙적으로 행해야 하는 4가지 습관으로 좁힐 수 있다.

⑴ 주요 목적의 명확화 습관

⑵ 기대 이상의 특별한 노력 기울이기 습관

⑶ 자신의 의지력으로 움직이는 습관

⑷ 패배를 더 큰 노력을 위한 인센티브로 받아들이는 습관

이 4가지 습관은 패배에 따르는 결과를 피하고자 하는 사람들이라면 모두가 반드시 지켜야 하는 '우선' 사항이다. 이 4가지만으로 포괄적인 혜택을 제공하기에는 충분하지 않지만 일단 시작하기엔 충분하다. 일단 이렇게 출발하고 나면 다음 행보는 더욱 수월해질 것이다.

2부 전체에 걸쳐 유달리 자주 나오는 단어가 2개 있는데 바로 '행동'과 '습관'이다. 모든 성공은 행동 습관에 기초한다! 패배는 행동 습관을 통해 자산으로 전환된다. 카네기가 남긴 인상 깊은 말처럼 "지식

그 자체는 실질적인 가치가 없다." 지식은 적절한 행동으로 표현할 때만 가치를 지니게 된다. 사람은 걸어 다니는 백과사전이 될 수 있지만 그럼에도 여전히 굶어 죽을 수 있다. 반면 한정적인 지식을 갖춘 사람이라도 그 지식을 습관적으로 표현함으로써 자신이 필요한 물질적인 것을 모두 습득할 수 있다.

⊠ 멘탈 트레이닝 어드바이스

나는 나폴레온 힐이 남긴 말 중에서 일관성을 통해 강화된 "행동은 지성의 진정한 척도"라는 말을 매우 좋아한다. 안타깝게도 사람들은 역대 베스트셀러로 손꼽히는 자기계발서 『Think and Grow Rich』의 제목에서 그 책이 오로지 생각이라는 단어에 모든 초점을 맞추고 있을 거라고 오해한다. 하지만 힐은 책 전체에 걸쳐 목적의식 있는 행동의 중요성을 강조한다. 카네기가 이 책에서 반복해 강조하는 것 역시 행동이다. 생각만으로는 위대함의 영역으로 날아오르기에 충분한 힘을 줄 수 없다.

우리는 행동 습관에 따라 보상을 받거나 벌을 받는다. 콘텐츠 제작자를 예로 들어 이 말이 실생활에서 어떻게 작용하는지 알아보자. 오늘날 스마트폰은 엄청나게 많은 사람에게 자신의 목소리를 세상과 공유하고 열정으로 수익을 창출할 기회를 주었다. 이 말은 스마트폰을 소유한 사람은 자기가 원하기만 하면 얼마든지 콘텐츠 제작자가 될 수 있다는 뜻이다. 하지만 처음에는 새로운 취미에 흥분했던 콘텐츠 크리에이터 지망생의 대부분이 다음과 같이 말한다.

○ 자기 실력이 부족하다고 생각해서 아예 콘텐츠를 게시조차 못 하거나
○ 이 일을 훨씬 더 오래전부터 해왔던 사람들과 자신의 실력을 비교하느라 엄청난 에너지를 소비한다. 이런 비교를 하는 사람은 주로 유튜브 구독자 수, 인스타그램 팔로워 수, 페이스북 좋아요 숫자 등 다양한 헛된 지표에 매달린다.

이런 사람들은 30~40대에 들어서면서 비록 원대한 포부를 지니고 여러 분야에서 일을 시작했을지라도 노력에 대한 가시적인 결과를 전혀 또는 거의 거두지 못한다. 이와 대조적으로 성장 마인드를 지니고 사는 그리고 나폴레온 힐과 앤드류 카네기

가 전하는 교훈을 적용하는 사람들은 자기가 가장 좋아하는 기업가들이 모두 밑바닥부터 시작했다는 사실을 깨닫는다. 자신의 우상이 누렸던 영향력과 보상을 똑같이 누리려면 시간의 흐름에 따라 자신만의 방식으로 목적의식이 충만한 행동을 따라 해야 한다. 지그 지글러가 말했듯이 "시작부터 훌륭할 필요는 없지만 훌륭해지기 위해선 시작해야 한다."

사람들은 신체적인 행동을 많이 하지만, 대부분이 하는 활동의 큰 약점은 계획된 행동이 아니라는 점이다. 행동이 명확한 목적을 향하고 있지 않다는 애기다. 그런 행동은 바람직한 결과를 얻지 못한 채 물리적 에너지만 소모할 뿐이다.

일반인이 무계획적인 행동을 통해 낭비하는 시간은, 잘 정리해서 명확한 목적을 향해 쓰인다면 한 사람에게 필요한 만큼 이상의 물질적 성공을 충분히 제공할 수 있다.

실패와 패배의 잠재적 이익

자기 삶의 상황 분석을 소홀히 하는, 경험들을 원인부터 결과까지 충분히 생각하지 않는 사람은 실패와 패배의 잠재적인 이익을 간과하기 쉽다. 결과적으로 이런 사람은 "모든 역경은 그에 상응하는 혜택의 씨앗을 수반한다"라는 사실이 전해주는 이익(혜택)을 얻을 기회를 놓치고 만다. 이해를 돕기 위해 실패와 패배의 잠재적 이익 중 몇 가지를 생각해보자.

○ 패배는 자신이 형성한 부정적인 습관을 깨뜨릴 수 있으며, 그렇게 되면 에너지를 다른 바람직한 습관 형성을 위해 쓸 수 있도록 방출한다. 예를 들어 육체적인 질병은 자연이 신체의 굳어진 습관을 해체하고 대신에 신체가 건강에 더욱 생산적인, 더 나은 습관을 형성할 수 있도록 도와주는 방법이다. 많은 사람이 육체적 건강을 다시 끌어올리는 과정에서 자기 마음의 힘을 발견하게 되었다. 그러므로 병은 축복이었다.

○ 패배는 오만과 허영심을 겸허한 마음으로 바꾸는 효과가 있다. 따라서 더 나은 인간관계를 형성할 수 있는 길을 열어준다.

○ 패배는 그 패배를 초래한 약점이 무엇이었는지 알아내고자 하는 마음에서 자신을 평가하는 습관을 형성하게 해준다. 모든 사람이 패배하지 않고도 자기 평가를 해야 하지만 하지 않는 사람이 대부분이다.

○ 만약 패배를 포기하라는 신호가 아니라 더 큰 노력을 기울이라는 도전으로 받아들인다면, 패배는 의지력 강화로 이어질 수 있다. 어쩌면 패배가 수반하는 가장 중요한 잠재적 이익일 수 있다. "그에 상응하는 이익의 씨앗"은 전적으로 패배를 대하는 자신의 정신 자세나 대응에 달렸기 때문이다. 예를 들어 물질적 손실 또는 자신이나 타인에게 가해지는 피해처럼 어떤 경험의 발생 자체를 통제할 수 없을 수도 있지만, 그 경험에 대한 자신의 반응은 통제할 수 있다.

○ 패배는 타인과의 바람직하지 않은 관계를 끊어주고 보다 유익한 관계를 형성할 수 있는 길을 열어준다. 수년간 아무 의미도 없이 습관적으로 유지하는 관계는 오직 패배의 경험에 의해서만 해체될 수 있다.

○ 패배는 사랑하는 사람을 잃거나 사랑의 동맹이 깨지는 또는 깊었던 우

정이 훼손되는 경험을 통해 사람을 더 깊은 슬픔의 우물 속으로 이끌 수 있다. 이런 경험은 우리로 하여금 자신의 영혼 속에서 위로를 구할 수밖에 없도록 만들고, 그 과정에서 때로는 패배를 경험하지 않았다면 결코 발견하지 못했을 엄청난 힘이 숨겨진 곳으로 이어지는 문을 찾게 된다.

마지막에 언급한 유형의 패배는 종종 우리의 관심과 활동을 물질에서 삶의 정신적 가치로 전환시키려는 목적을 위해 쓰인다. 따라서 창조주가 인류에게 확실한 목적을 위해 깊은 슬픔에 대한 능력을 주었다고 충분히 가정할 수 있다.

흔히 "깊은 슬픔을 겪은 사람만이 위대한 예술가가 된다"라고 한다. 이는 슬픔이 마음의 겸손함을 가져다주고 슬픔의 상처를 치유하는 데 필요한 창조적 힘을 내부에서 찾도록 하기 때문이라는 것이다. 이 힘을 발견하는 사람은 마음의 상처를 치유하는 힘 외에도 여러 형태의 창조적 노력으로 전환될 힘 역시 찾아낼 수 있을지 모른다. 이 힘은 사람으로 하여금 겸손함 속에서 아주 높은 수준의 창조적 노력을 이끌어내게 해주는데, 이것만으로도 진정으로 위대한 사람이 될 수 있다!

겸손한 마음이 없는 성공은 일시적이고 만족감을 주지 못한다. 고난·투쟁·패배를 경험하지 않고 갑작스럽게 성공을 거둔 사람을 보면 이 말이 사실임을 알 수 있다. 간단하고 쉬운 방법으로 얻은 성공은 일시적이기 쉽다.

삶에서 두려워할 것은
아무것도 없다. 깨달아서 알아야
하는 것만 있을 뿐이다.
— 마리 퀴리

섬세한 감정을 짓누르는 패배의 경험이 자신의 감정을 억누르는 상황을 용납하지 않으면서 패배를 견뎌낼 수 있는 사람은, 슬픔과 실망을 창조적 행동을 위한 욕구로 전환한다면 자신이 선택한 분야에서 대가가 될 수 있다. 이런 방식을 통해 전 세계의 위대한 음악가·시인·예술가·제국 설립자·기술 혁신가·문학적 천재들이 탄생했다.

역사를 살펴보면 모든 분야에서 가장 존경받는 사람들이 자신에게 숨겨진 영적 힘을 접하게 해준 비극을 통해 위대함을 얻었다는 증거가 가득하다.

하지만 패배가 큰 가치를 지닌 자산이 될 수 있다는 사실을 증명하기 위해 굳이 과거로 눈을 돌릴 필요는 없다. 어떤 분야에서든 성공을 거둔 사람을 살펴보면 그 사람들이 패배를 더 위대한 행동, 더 잘 계획된 행동을 취하기 위한 자극제로 받아들이는 습관을 형성했다는 사실을 믿을 수밖에 없게 될 것이다. 모든 사실을 주의 깊게 분석해보면, 패배에 대한 반응을 어느 정도 통제하느냐에 따라 그 사람이 거둔 성공의 크기와 정확히 비례한다는 점 또한 발견할 수 있을 것이다.

일반적으로 실패해도 포기하지 않고 계속 싸우는 사람은 실패를 영원한 성공으로 바꿀 수 있는 창의적 비전의 원천을 발견하게 된다. 월터 말론도 시 「기회」를 통해 이렇게 말한다.

내가 오지 않는다며 나를 홀대하지만

내가 문을 두드릴 때마다 당신은 안에 없었다.

매일 나는 당신의 문밖에서 서성이며

당신에게 일어나 싸워서 승리를 거머쥐라고 명하노라.

소중한 기회가 사라졌다고 안타까워하지 말라!

황금시대가 저물어간다고 슬퍼하지 말라!

매일 밤 나는 하루의 기록을 불살라버리므로

해가 뜨면 모든 영혼은 다시 소생하노라!

[…]

빠르게 사라진 영광에도 어린아이처럼 웃어라.

사라진 즐거움은 보지도, 듣지도, 말하지도 말라.

지나간 과거는 이미 사라진 것이되

오지 않은 미래는 한정하지 말라.

이 시는 패배를 극복하고 다시 시도하고자 하는 희망과 용기와 의지를 불어넣는다. 패배의 날개 위에 올라타 명성·권력·부를 이룬 사람들의 이야기와 일치한다. 월터 말론은 이 잠재적 힘에 대해 명확한 비전을 지니고 있었기에 "해가 뜨면 모든 영혼은 다시 소생하노라!"라고 썼다.

카네기는 "모든 역경은 그에 상응하거나 그보다 더 큰 혜택의 씨앗을 수반한다"라는 말로 이 생각을 정확히 표현했다. 이 말은 패배로부터 이익을 얻기 위해서 반드시 해야 할 일이 있다는 것을 명확히 보여준다. 우리는 "그에 상응하는 혜택의 씨앗"을 패배 속에서 찾아내 체계화된 노력을 통해 그 씨앗이 발아하고 자라날 수 있게 해야 한다.

카네기는 역경이 그에 상응하는 혜택의 만발한 꽃을 지니고 있다고 하지 않고 씨앗만 수반한다고 했다. 패배에 의해 혜택을 받으려는 사람은, 패배가 수반하는 잠재적 혜택의 씨앗을 찾아내고 싹틔우는 데 노력을 기울여야 한다. 그것이 자연이 정한 원칙이다. 자연의 여느 곳과 마찬가지로 여기서도 공짜로 무언가를 얻을 수 없다.

2부가 얼마나 중요한지 이해한다면(이는 명상과 사고를 통해서만 가능하다), 2부 자체만으로도 당신으로 하여금 패배란 더욱 유용하고 더욱 확고한 행동을 취하게 하는 자극에 불과하다는 점을 깨달은 '다른 자아'와 익숙해지는 전환점이 될 수 있다.

MENTAL DYNAMITE

PART 3
황금률의 이행

다른 사람에게 하는 것이
곧 자신에게 하는 것이다

건실한 성품은
그 무엇보다 귀중한 자산이며
자신을 위해서 사고와 행동을 통해 꼭
발전시켜야 하는 것이다. 성품은
명확하고 실질적인 가치다.

- 앤드류 카네기

ANDREW CARNEGIE

황금률의 이행

다른 사람에게 하는 것이 곧 자신에게 하는 것이다

3부는 카네기가 개인 서재에서 대화를 주도하면서 이뤄진다.

카네기

이제 황금률의 이행 원칙까지 왔네요. 누구나 이 원칙을 믿는다고 말은 하지만 실제로 행하는 사람은 거의 없습니다. 내가 보기엔 이 원칙의 밑바탕이 되는 심리학을 이해하는 사람이 거의 없어서 이런 일이 발생하는 것 같아요. 아주 많은 사람이 황금률을 '남에게 대접받고자 하는 대로 남을 대접하라'가 아니라 '기회가 된다면 얼마든지 남을 이용하라'는 뜻으로 잘못 해석하고 있습니다. 당연히 이 인간 행위의 위대한 원칙을 이렇게 잘못 해석하면 부정적인 결과가 나타날 수밖에 없죠.

황금률 이행의 진정한 혜택은 도움을 받은 사람이 돌려주는 혜택에서 오는 게 아니라 도움을 제공한 자신에게서 발생하는 겁니다. 대접을 베푼 사람에게 강화된 양심과 마음의 평화 등 건실한 성품의 여러 자질을 발전시키는 혜택을 받게 되는 거죠. 이런 자질을 갖추게 되면 지속적인 우호 관계·부·행복 등을 포함해서 더 나은 삶을 끌어들이게 됩니다.

황금률을 최대한 이용하려면 기대 이상의 특별한 노력 기울이기 원칙과 결합해서 써야 합니다. 기대 이상의 특별한 노력 기울이기 원칙이 황금률의 실질적인 이행 부분을 담당하고 있습니다. 황금률이 올바른 정신 자세를 공급한다면, 기대 이상의 특별한 노력 기울이기 원칙은 행동을 책임지는 부분이에요. 이 2가지를 결합하는 사람은 개인적으로 부를 축적할 뿐 아니라 다른 사람들의 친절한 협조를 유발하는 매력 또는 끌어당기는 힘을 지니게 됩니다.

힐

황금률을 그저 믿는 것만으로는 얻을 수 있는 혜택이 거의 없군요?

카네기

거의 없죠. 이 규칙을 수동적으로 믿는다고 해서 성취할 수 있는 건 아무것도 없습니다. 규칙을 실행해야 혜택을 얻을 수 있어요. 황금률을 이행해서 얻는 혜택은 무궁무진해 삶의 거의 모든 인간관계에 영향을 끼친다고 보면 됩니다. 황금률은 이렇습니다.

- 무조건적인 믿음을 통해 무한 지성의 지침을 받아들이기 위한 마음의 문을 열어준다.
- 개인의 양심과 더 좋은 관계를 형성하게 함으로써 자기 신뢰를 키워준다.
- 비상시 자신을 지탱할 수 있을 정도로 충분한 건실한 성품을 형성한다.
- 더욱 매력적인 성격을 계발한다.
- 모든 인간관계에서 다른 사람의 우호적인 협력을 유도한다.
- 타인으로부터 비우호적인 반대 의견의 제기를 막아준다.
- 마음의 평화 그리고 스스로 설정한 한계로부터의 자유를 선사한다.
- 공포가 끼치는 해로운 영향에 대한 면역력을 심어준다. 이는 마음이 떳떳한 사람은 어떤 것 또는 어떤 사람도 두려워하지 않기 때문이다.
- 진실함과 맑은 마음으로 기도할 수 있도록 해준다.
- 자기가 하는 일에서 더 높이 올라갈 유리한 기회를 끌어들인다.
- 공짜로 무언가를 얻고자 하는 마음을 없애준다.
- 유용한 서비스를 베푸는 일을 다른 어떤 방법으로는 누릴 수 없는 즐거움으로 만들어준다.
- 정직하고 공정하다는 평판을 제공하는데, 이는 모든 신뢰의 기초가 된다.
- 중상모략하는 사람을 낙담하게 하고 도둑을 문책하는 역할을 한다.
- 정직하고 속이지 않는다는 평판을 얻게 해주고, 이는 다른 사람들이 나를 그리고 내가 하는 일을 신뢰하는 토대가 된다.
- 중상모략하는 사람을 좌절시키고 도둑질하는 사람을 질책한다.

○ 개인에게 선의 한 축을 담당할 힘을 주어서 만나는 사람 모두에게 선을 퍼뜨리도록 한다.

○ 욕심·시기심·복수 같은 저차원적 본능을 모두 불식시키고 사랑과 유대감 같은 고차원적 본능에 날개를 달아준다.

○ 모든 사람이 당연히 '형제의 수호자'가 되어야 한다는 진실을 받아들이는 즐거움을 느끼게 해준다.

○ 개인의 영성을 더욱 깊이 확립시킨다.

이건 단순히 내 개인적인 의견이 아닙니다. 자명한 진리이고, 황금률을 일상 습관으로 따르며 살아가는 모든 사람이 언제나 확인하는 사실입니다.

힐

당신의 분석을 들으니 황금률이 훨씬 더 나은 인간성의 자질을 갖추기 위한 기초가 된다는 점이 명백합니다. 황금률의 적용은 모든 파괴적인 힘에 대항하는 강력한 면역력을 제공하는군요.

카네기

좋은 설명이군요. 황금률의 적용은 인류를 괴롭히는 많은 문제에 대항하는 저항력을 제공합니다만 면역력이나 저항력은 소극적인 표현이고요. 그 외에도 삶의 평화와 영적 이해부터 물질적 욕구까지 우리가 원하는 모든 것을 얻을 수 있는 긍정적인 유인력을 제공합니다.

힐

자기는 황금률에 따라 살고 싶지만, 이 규칙을 따르지 않고 사는 사람들에게 이용당할까 봐 그렇게 살 수 없다는 사람들도 있습니다. 이 점에 대해서도 경험을 해보셨나요?

카네기

"내가 황금률을 따르며 살면 남들이 내게 피해나 손해를 끼칠 수밖에 없다"라고 말한다면 그건 이 원칙에 대한 이해가 부족하다는 뜻입니다. 열거한 혜택을 주의 깊게 살펴보세요. 아무도 빼앗아갈 수 없는 혜택이라는 사실을 알 수 있을 테니까요.

사람들이 일반적으로 황금률의 작동 원리에 대해 오해하는 이유가, 황금률 적용의 혜택이 대접을 받는 사람에게 돌아간다는 믿음 때문이라고 생각해요. 사실은 그렇지 않을 수 있는데 말입니다. 혜택이 물질적인 이득으로만 이뤄진다는 잘못된 믿음에서 오해가 생겨나기도 하고요!

황금률의 적용을 통해 얻는 모든 혜택 중 가장 큰 혜택은 황금률을 적용하는 사람에게 발생하는 것입니다. 황금률을 적용해서 남에게 대접을 받고자 하는 대로 남을 대접하는 사람은 마음의 평안 또는 진정한 기쁨을 맛보고 이는 다시 건실한 성품의 발달로 이어집니다. 건실한 성품보다 더 중요한 자산은 없습니다. 건실한 성품은 개인이 사고와 행동을 통해서 스스로 구축해야 하는 것이죠. 성품은 확실하고 실용적인 가치입니다.

힐

하지만 황금률을 따르는 습관을 보상받아야 하는 미덕이 아니라 착취당할 수 있는 약점으로 보면서, 황금률에 따라 사는 사람을 이용하는 사람들이 있다는 건 사실이 아닙니까?

카네기

그런 사람들이 있죠. 하지만 실제로 그런 사람은 극소수이므로 중요한 문제는 아니라고 봅니다. 따라서 남에게 먼저 대접한다고 해서 언제나 피해를 본다고 할 수는 없고, 누군가가 입힐 피해에 대해서는 큰 의미를 두지 않아도 괜찮다는 걸 알 수 있을 겁니다.

게다가 보상의 법칙이 작용하기 때문에, 우리가 이해하지 못하는 자연의 어떤 계획에 따라서, 근시안적인 사고를 지닌 1명에게서 받은 피해는 자기가 받은 대접을 친절로 되돌려주는 99명에 의해 상쇄된다고 할 수 있어요. 에머슨은 에세이 『보상론』에서 이 점을 아주 명확하게 설명하고 있습니다.

힐

에머슨의 에세이나 보상의 법칙에 대해 아는 사람은 거의 없습니다. 설사 안다 해도 도덕주의자의 설교나 담아놓은 책이겠거니 생각하는 사람이 대부분입니다. 현재 실생활에 과연 무슨 도움이 될까 하면서요. 그러니까 보상의 법칙이 현대 비즈니스적인 면에서 실제로 어떻게 적용되는지, 당신의 경험을 통해서 설명해줄 수 있을까요?

카네기

비즈니스를 비롯한 모든 관계에서, 내가 경험했던 일 전체가 나로 하여금 보상의 법칙을 신뢰할 수밖에 없도록 만들었습니다. 보상의 법칙은 아무리 똑똑한 사람이라도, 그 법칙에서 벗어나기 위해 아무리 노력한다 해도 피할 수 없는 영원한 진리입니다.

우리가 하는 생각과 행동에 따라서, 우리를 삶에서 원래 속한 곳으로 끌어올리거나 끌어내리는 강제적인 상황이 늘 있습니다! 한동안은 보상의 법칙의 영향력에서 벗어날 수 있긴 합니다. 하지만 사는 기간을 전체적으로 보면 결국 이 법칙은 중력처럼 우리를 자신이 속한 정확한 위치로 끌어당기죠. 우리의 생각과 행동은 자기가 차지할 수 있는 공간, 자기가 타인과의 관계에서 행사할 수 있는 영향력을 설정합니다. 일시적으로 자기 책임을 다른 사람에게 돌리고 회피할 수 있지만, 자기 책임의 회피에 따르는 필연적인 결과를 영원히 피할 수는 없습니다.

⊗ **멘탈 트레이닝 어드바이스**

이 부분은 성공의 가장 중요한 교훈 중 하나를 전해준다. 우리는 자유롭게 자신이 원하는 선택을 내릴 수 있다. 하지만 그 선택에 따르는 필연적인 결과에서 자유로울 수 없다. 이 교훈은 당신이 세우는 어떤 목표에도 적용된다. 예를 들면 다음과 같다.

(1) 경제적 목표

돈을 많이 버는 또는 돈에서 자유로운 친구 몇 명이 당신에게 유럽으로 휴가를 함께 가자고 제안한다. 그 기회를 놓치고 싶지 않지만, 통장에 돈이 충분하지 않다는 사실을 깨달은 당신은 신용카드로 항공편을 예약하고 현금까지 빌려 여행 경비를 끌어모은다. 터무니없이 높은 이자율 때문에 단 한 번의 휴가로 갚아야 할 돈은 엄청나게 늘어나고 신용 등급은 낮아진다. 이후에 당신은 그 휴가로 차를 살 기회, 집을 살 기회, 가족과 휴가를 떠날 기회가 무산되고 있다는 사실을 알게 된다.

(2) 체력적 목표

사무실에서 조금만 걸으면 되는 거리에 패스트푸드점이 문을 연다. 당신은 연말이 오기 전에 하프 마라톤을 완주하고 싶다고 친구들에게 얘기했음에도 불구하고 고칼로리 식사와 달콤한 음료의 유혹에서 벗어나지 못하고 출근하는 날이면 패스트푸드를 달고 산다. 탄수화물에 중독되면서 운동을 하기에는 몸이 너무 무거워졌다는 걸 느끼고 하프 마라톤 완주라는 목표가 있긴 했는지 기억마저 가물가물해진다. 몇 년이 지난 후 건강을 회복하기 위해, 증가하는 의료비를 충당하기 위해 필사적으로 애쓰는 당신은 영양의 주요 공급원으로 패스트푸드를 선택했던 결정이 자신의 웰빙과 지갑에 가장 큰 영향을 미쳤다는 사실을 깨닫게 된다.

(3) 비즈니스 목표

어느 날, 당신은 사무실에서 몇몇 동료가 누군가에 대해 험담을 주고받는 걸 보게 된다. 그 험담의 대상은 당시 사무실에 없어 당신도 편안한 마음으로 그 험담에 끼어들면서 오히려 동료들과 친해지는 기회로 삼는다. 얼마 지나지 않아, 험담하던 사람들이 사무실에 들불처럼 번지는 헛소문의 근원지로 당신을 지목하고 있으며 그 소문이 매니저의 귀에도 들어갔다는 사실을 알게 된다. 올해 당신은 그토록 갈망했던 승진을 기대하고 있었지만, 매니저는 당신이 직장에서 신뢰를 회복할 수 있을지는 물론이고 심지어 직장을 계속 다닐 수 있을지조차 의심스럽다고 한다.

우리의 삶은 매일 마주하는 수천 갈래로 갈라진 길에서 어떤 길을 택하느냐에 달렸다. 그러니 현명하게 선택하라.

힐

그렇다면 황금률을 적용하면 즉각적인 대가가 확실하게 돌아오고 적용하지 않으면 일시적인 불이익이 돌아오니까 황금률을 적용하는 게 합당한 것 아닙니까?

카네기

황금률을 최대한 활용하려면 습관처럼 적용해야 합니다, 모든 인간관계에서요. 예외는 있을 수 없어요! 그런데 많은 사람이 이 규칙을 활용하는 상황과 활용하지 않아도 되는 상황을 자기가 선택하는 우를 범합니다.

힐

상당히 단호하게 말하는군요. 황금률을 그때그때 필요에 따라 사용했다 말았다 하는 결정은 자유재량에 맡길 수 없다. 황금률을 초지일관 따르든지, 아니면 무시한 결과를 감당해야 한다?

카네기

바로 그거에요!

황금률은 임시방편이니 무시해도 괜찮다고 자꾸 유혹하는 상황에 우리가 직면한다는 점에 주의해야 합니다. 하지만 그 유혹에 굴복하면 치명상을 입습니다. 내가 굴복하는지 안 하는지 다른 사람은 몰라도 양심은 알죠. 만약 양심을 무시하면 양심은 힘을 잃고 본래의 목적인 선악의 판단을 하지 못하게 됩니다.

고의로 남을 속이려 해서는 안 됩니다. 어떤 상황에서도 자신의 양심을 속이려고 하지 말아야 합니다. 양심을 속여봐야 옳고 그름을 판단하는 도덕적 의식만 약해질 뿐이니까요.

자신을 속이려는 사람은 자기 음식에 독약을 타는 사람만큼이나 멍청하다고 할 수 있습니다.

관계야말로 모든 것이다.
우주의 모든 것이 다른 것과의 관계 속에서만
존재한다. 혼자서는 아무것도
존재하지 않는다.
— 마거릿 휘틀리

힐

황금률을 모든 인간관계에 적용할 수 있고 그렇게 해도 이런 물질주의 시대에 여전히 번성할 수 있다고 분명하게 믿는 겁니까?

카네기

표현하는 방법을 바꾸고 싶은데요. 나는 좀 더 강하게 표현하고 싶습니다. '황금률에 따라 사는 사람, 즉 황금률을 원칙으로 삼으면서 사는 사람은 개인의 능력 범위 안에서 반드시 성공한다'고 말입니다. 규칙을 적용한 결과는 자동으로, 종종 전혀 기대하지 않았던 곳에서 나타날 겁니다.

힐

단언하듯 말하는군요.

하기야 당신이 이룬 업적을 통해서 이 시대에도 황금률을 적용해 수익을 낼 수 있다는 사실을 증명한 셈이니까요. 물론 전 당신이 항상 황금률에 따라 살아왔다고 생각은 합니다만 그래도 직접 들어보고 싶습니다.

카네기

말과 행동이 다르다면 좋은 스승이라 할 수 없겠죠. 나는 어릴 적에 어머니로부터 처음 황금률에 대해 알게 되었습니다. 미국에 오기 전이었죠. 그리고 나서 그 원칙을 힘닿는 데까지 적용하고 이해하는 경험을 통해서 황금률이 얼마나 견실한 원칙인지 진정으로 알게 되었습니다.

힐

음, 그렇다면 황금률을 적용하면서 일시적으로라도 손실을 본 적이 있나요?

카네기

그럼요, 그것도 여러 번! 하지만 당신이 '일시적인' 손실이라고 말하는 걸 들으니 기쁘네요. 진심으로 전체적으로 놓고 보면 황금률에 따라 살면서 무언가 손해를 본 적이 전혀 없다고 생각하니까요. 가끔은 황금률을 적용했는데도 직접 혜택을 보지 못하고 손해를 입은 상황이 있긴 합니다만 풍부한 혜택을 입은 상황이 많아서 내가 입었던 손해가 충분히 보상받았다고 봅니다. 무슨 뜻인지 예를 들어볼게요.

내가 처음 철강 제조업에 뛰어들었을 때 철강값은 톤당 130달러 수준이었습니다. 내 생각에 값이 너무 비싼 것 같아서 낮출 수 있는 수단과 방법을 찾기 시작했고 결국 당시 생산 원가 이하로 낮췄습니다. 그러자 경쟁사들이 업계 관행에 어긋나는 부당한 행위를 한다면서 불만을 터뜨렸죠. 얼마 지나지 않아 가격 인하로 매출이 늘어난 덕분에 가격을 더욱 인하할 수 있었습니다. 가격을 인하하면 생산량이 늘어나고, 생산량이 늘어나면 단가를 낮추고, 가격을 더 낮출 수 있다는 사실을 곧 깨닫게 된 겁니다.

나는 톤당 20달러 정도로 철강값이 내려갈 때까지 이 정책을 고수했습니다. 철강값이 내려가면서 여러 가지 새로운 형태의 철강 활용이 가능해졌고, 그러다 보니 경쟁사들도 내가 억지로라도 철강값을 내리게 만들어서 자기들에게 피해를 주는 게 아니라 혜택을 주고 있다는 걸 알게 되었죠. 따라서 소비자에게 혜택이 돌아가고, 철강 공장의 노동자에게도 혜택이 돌아가고, 철강 제조업자들 역시 처음에는 손해처럼 여겼던 정책 덕분에 이익을 보게 된 겁니다.

오늘날 철강은 옛날 가격으로는 제조할 수 없었던 아주 다양한 제품을 제조하는 데 쓰이고 있습니다. 그러니 전반적으로 나는 가격을 낮춰서 아무것도 잃은 게 없습니다. 일시적인 손실은 상쇄된 정도가 아니라 더 많은 영구적인 이득으로 돌아온 겁니다. 나는 이 사례가 황금률이 어떻게 작용하는지 충분히 보여준다고 생각해요. 황금률의 적용은 일시적으로 손실을 불러올 수 있고 실제로 종종 손실을 보기도 하지만 시간이 지나면서 돌아오는 이득은 손실보다 더 큽니다.

힐

황금률 철학과 건실한 기업 경제가 조화를 이룬다는 뜻이군요.

카네기

그겁니다. 그 둘이 어떻게 조화가 이뤄지는지 알고 싶다면 헨리 포드를 잘 살펴보고 그의 사업이 어떻게 진행되는지 지켜보세요. 그는 대중에게 가장 싼값에 믿고 탈 수 있는 자동차를 제공하겠다는 정책을 채택했습니다. 제품을 위해 높은 수준의 재료와 솜씨를 고집하고 있어요. 그러면 아무리 경쟁자가 많아도 대중은 포드의 제품을 구매하고 애용하는 것으로 보답할 것입니다. 포드는 지금 자기를 비판하는 사람들의 예상을 뛰어넘는 성공을 거둘 것입니다. 짐작으로 하는 얘기지만, 내 말이 올바른 예언이라는 걸 당신도 직접 보고 듣게 될 겁니다. 포드가 자동차 산업을 지배할 가능성이 커요. 선견지명이 있는 다른 제조업자가 자동차 업계에 뛰어들어서 포드를 거울삼아 따라 하지 않는 이상 틀림없이 업계를 지배하게 될 겁니다.

> ⊠ **멘탈 트레이닝 어드바이스**
>
> 이 예언은 적중했다! 헨리 포드가 세상을 떠난 지 70여 년이 지난 2020년, 포드사

는 20만 명이 넘는 직원이 일하고 매년 600만 대 이상의 자동차를 생산하며 세계 최대 자동차 회사 중 하나로 남을 정도로 탄탄한 기반을 갖춘 회사가 되었다. 포드는 창사한 이후로 3억 5,000만 대 이상의 차량을 제조했다. 헨리 포드는 "나의 가장 친한 친구는 내 안에서 최상의 능력을 끌어내 주는 사람"이라고 말한 적이 있다. 카네기가 한 말을 생각해보면, 헨리 포드가 말한 가장 친한 친구는 내적 마스터마인드뿐 아니라 경쟁사로부터 받은 외적 동기 부여 역시 뜻하는 듯하다.

힐

현실적으로 황금률에 따라 살기가 힘든 분야도 있지 않을까요? 직업상 이 규칙을 적용하기 어려운 사건을 담당해야 하는 변호사 같은 직종이요?

카네기

그동안 여러 유형의 변호사들과 많이 만나봤기 때문에 이 문제에 대해서는 밤새 얘기해도 끝이 없을 것 같네요. 하지만 한 변호사만 얘기하겠습니다. 그 변호사가 어떤 마음으로 자기 일을 하는지, 어떤 결과를 얻었는지 알면 당신의 질문에 대한 답이 될 테니까요.

이 변호사는 자기가 옳다는 확신이 들지 않는 한 사건을 받아들이지 않을 겁니다. 즉, 그는 도덕적 가치가 없는 사건을 받아들이지 않을 겁니다. 그 사람이 받아들이는 고객보다 돌려보내는 고객이 훨씬 더 많다는 사실은 굳이 설명할 필요가 없겠지요. 하지만 그 사람이 항상 바쁘게 지내고 수입도 내가 아는 한 일반 변호사보다 10배는 버는 건 분명합니다. 나도 조언을 구하려고 이 변호사에게 매년 상당한 액수의 돈을 지불합니다. 물론 여러 도움을 받고 별도로 지불하는 돈은 제외하고요. 내가 아는 사람 가운데 그 변호사에게 상당한 돈을 주면서 조언을 구하는 사람이 적지 않습니다. 우리가 그 변호사를 고용하는 이유는 신뢰하기 때문입니다. 그 사람이 수수료를 뜯어내기 위해 의뢰인을 오도하지 않을 것이며 다른 사람에게 부당하거나 불공평한 결과를 줄 수 있는 사건은 받아들이지 않을 거라는 점을 알고 있기에 그 변호사를 신뢰하는 거죠.

힐

무슨 말씀인지 알겠습니다. 변호사도 황금률에 따라서 살고 도덕적 가치가 없는 사건을 거절하면서 성공적으로 해나갈 수 있군요. 하지만 정당하지 못한 사건을 의뢰하는 고객도 있잖습니까? 도덕적 가치가 결여된 사건을 거절하는 변호사보다 부당한 사건을 들고 오는 고객이 더 많을 것 같은데요?

카네기

사업이든 직업이든 어디서나 부당 행위를 통해 돈을 벌 방법이 있고, 또 부당한 방법으로 돈을 버는 행위를 대수롭지 않게 생각하는 사람이 있습니다. 하지만 이런 사람은 모두 밑 빠진 독에 든 물처럼 수입이 줄어들거나 손실 또는 폐해를 입게 되죠. 번 것보다 훨씬 더 많이요. 도덕적으로 가치가 없는 사건이 많은 게 사실입니다. 그중에는 완전히 속임수와 사기를 통해서 공짜로 무언가를 얻으려는 사건도 일부 있고요. 변호사가 자기 선택에 의해서 이런 사건을 맡을 수 있겠지요. 하지만 그런 사건은 얻는 것보다 잃는 게, 폐해가 훨씬 더 큽니다.

직업적인 지식을 교묘하게 이용해서 부당하게 얻은 돈도 어차피 다 똑같은 돈이라고 생각할 수 있겠지만 이런 돈에는 누구도 원치 않는 이상한 현상이 벌어집니다. 왜지는 모르겠지만, 이런 돈은 제대로 써 보지도 못하고 순식간에 사라집니다. 마치 노상강도나 도둑한테 돈을 다 빼앗기듯이 말입니다. 강도나 도둑이 성공해서 잘산다는 말을 들어봤나요? 큰돈을 가지고 달아났다는 사람은 많이 들어봤지만, 대부분이 지금 감옥에 있거나 죽음을 맞이했죠.

모든 자연법칙에는 도덕적 가치관이 담겨 있습니다. 자연은 부도덕한 거래를 못마땅해하죠. 아주 잠시는 모르겠지만 자연법칙을 어길 수 있는 사람은 아무도 없습니다.

가장 중요한 건
다른 사람들이 하고 싶어 하는
어떤 일이든 훌륭하게 해낼 수 있도록
기회를 주고 격려하는 것이다.
— 코비 브라이언트

나는 황금률에 숨겨진 위대한 힘이 도덕률과 궤를 같이한다는 사실에 있다고 믿습니다. 황금률은 인간관계의 긍정적인 면을 나타냅니다. 그러므로 그 뒤에는 도덕률이 있는 거죠.

힐

이제 막 사회에 첫발을 내디딘 젊은이들을 생각해보죠. 이 사람들은 어떤 방식으로 황금률에 의한 혜택을 받을 수 있을까요?

카네기

흠, 가치를 지킨다는 소명감 속에서 성공하기 위해 가장 먼저 건전한 인격이 필요합니다. 황금률을 적용하면 성품이 건실해지고 평판이 좋아집니다. 당신 입장에서는 황금률을 적용함으로써 젊은이들이 물질적으로 이익을 얻을 방법에 대해 좀 더 구체적인 예를 원할 수 있으니, 황금률과 기대 이상의 노력 기울이기 원칙을 결합하면 어떤 결과를 얻을 수 있는지 두고 보죠.

거기서 한 걸음 더 나아가 주요 목적의 명확성 원칙을 추가해봅시다. 이제 자기만 끈질기고 성실하게 적용한다면, 어떤 젊은이도 인생에서 평균 이상의 출발을 하기에 충분한 조합을 갖추게 되었네요.

힐

물론 이 조합은 젊은이뿐 아니라 일반 성인에게도 도움이 되겠죠, 그렇지 않습니까?

카네기

그렇습니다. 우리가 무엇을 원하는지 알고 그것을 얻기 위해 뜻을 세우고 기대 이상의 노력 기울이기 습관을 형성하고 다른 사람들과 좋은 관계를 위해 황금률을 사용할 때, 세상은 우리를 무시할 수 없습니다. 시작은 초라할 수 있으나 결국 사람들에게서 좋은 평판을 이끌어내게 되죠.

힐

이 3가지 원칙은 사회생활에 대비해서 고등학생이나 대학생에게 꽤 좋은 조합이 되지 않을까요? 이런 원칙을 적용하지 못한 사람들에 비해서 확실히 유리한 위치에 서게 될 것 같은데요?

카네기

그럴 겁니다. 학창 시절에 '학점'을 위해 공부하고 학점을 취득한 후에는 무엇을 할지 모른 채 시험에 합격하는 것이 많은 사람의 약점이라 할 수 있어요. 내가 생각하기에 목적이 없는 행동은 언제 어디서 행하든 헛된 행동일 뿐입니다. 세상이 흔히 기민하고 역동적이고 성공한 사람이라고 부르는, 야심 찬 사람은 모든 일을 할 때마다 명확한 목적을 지니고 움직입니다. 그들은 확실한 동기, 확실한 계획에 의해 움직이며 자기가 어디로 가고 있는지 알고 그곳에 도착할 때까지 멈추지 않겠다고 결심하기 때문에 대부분 목적지에 도달합니다.

힐

당신은 타인과 좋은 관계를 맺기 위해 황금률을 이용하는 사람, 기대 이상의 노력 기울이기 원칙을 습관화한 사람이 다른 사람들의 항의나 경쟁에 덜 마주칠 거라고 믿습니까?

카네기

일반적으로 다른 사람들이 반대를 안 한다고 봐야죠. 오히려 다른 사람들이 기꺼이 우호적으로 협력할 겁니다. 황금률과 기대 이상의 노력 기울이기, 이 두 원칙을 따라 사는 사람에겐 늘 있는 일입니다.

힐

그렇다면 이 두 원칙이 도덕적 지침의 역할뿐 아니라 자신의 앞길에서 일반적인 타인의 적대감을 깨끗이 사라지게 하는 역할도 한다고 할 수 있겠군요?

카네기

깔끔하게 요약하는군요.

이 원칙을 무시하는 사람과 비교하면, 이 두 원칙을 습관화해서 생활하는 사람은 이익을 얻을 거라는 사실에 주목해야 합니다. 이 두 원칙 중 하나도 신경 쓰지 않는 사람이 대부분이라는 사실은 설명하지 않아도 알겠죠?

미국은 현재 탐욕스럽고 이기적인 사람들이 빠르게 늘어나는 나라가 되고 있습니다. 대부분이 다른 사람들의 권리를 무시하면서 물질적인 소유물을 얻으려고 발버둥 치죠. 이런 흐름은 아주 뚜렷해서 삼척동자도 알 정도입니다! 대중적인 추세가 이런 식으로 앞으로 20년,

30년 더 이어진다면 미국은 전 세계에 욕심과 탐욕의 나라로 알려질 것입니다.

이러한 추세가 무한정 계속되면 현재 같은 형태의 정부는 무너지게 되겠죠. 탐욕은 전염성이 강하고 자가 번식하는 악과 같아서 그 한계를 모르고 퍼져나갈 것이기 때문입니다. 결국 이 나라를 부유하고 자유롭게 만든 미국적인 정신을 파괴할 것입니다. 국민을 위해 봉사하는 정치가는 다 사라지고 입신출세를 목표로 하는 탐욕스러운 정치인이 득세하겠죠.

황금률 정신이야말로 현재의 모습으로 이 나라를 단결시켜 지탱할 수 있는, 유일하게 인간이 만든 힘이라는 것을 다시 한번 강조하고 싶습니다. 그러므로 이 규칙에 따라 사는 사람들은 자기에게만 이익이 되는 일을 하는 게 아닙니다. 전체적으로 국가를 위해서도 큰 기여를 할 겁니다. 자신이 속한 공동체 안에서 힘이 닿는 만큼 중요한 가치를 전해줄 것입니다.

이 나라는 외부 세력이 두려운 게 아닙니다. 오히려 사람들의 습관에 의해 만들어지는 세력을 더 두려워해야 해요. 과거에는 '모두를 위한 하나, 하나를 위한 모두'라는 좌우명이 있었고, 주정부와 연방정부가 우호적인 동맹을 유지하는 정치 형태에 그 좌우명이 잘 나타났습니다.

하지만 현재는 개인적 습관이 변하는 추세 속에서 이 좌우명이 빠르게 다른 방향으로 바뀌고 있다는 걸 알 수 있습니다. 바로 이렇게 말이죠. '모두가 자신만을 위해, 다른 사람은 각자 알아서.'

힐

그렇다면 모든 사람이 사회적 관계든 사업적 관계든 모든 인간관계의 공통적인 기반으로서 황금률을 설파해야 한다고 믿는 건가요?

카네기

아닙니다.

내 생각은 완전히 달라요. 모두가 황금률을 설교하는 것을 멈추고 실천하기 시작해야 합니다!

어떤 사람들은 건실한 관계의 규칙에 대해 타이르고 가르치는 것으로 사회에 대한 의무를 다한다고 믿지만, 그것만으로는 충분하지 않습니다. 행동이 뒷받침하지 못하는 설교는 변화를 이끌어내지 못하니까요. 수십 명의 설교보다 한 사람의 행동이 황금률을 퍼뜨리고 친숙하게 만드는 데 더 큰 도움이 될 겁니다.

사업도 다르지 않습니다.

한 회사가 황금률을 채택해서 관계의 기초로 삼고 그 규칙을 따름으로써 성공을 거두고 번창해서 황금률이 얼마나 탄탄한 규칙인지 몸소 증명하면 즉시 다른 회사들도 줄 서서 그 회사를 따라 하려 하지 않겠습니까.

고용주와 종업원 양쪽 다 황금률을 통해 서로 관계를 맺는다면 문제가 발생할 거리가 없으니 노사 분규 같은 말도 사라질 겁니다. 둘 사이에 적대감을 불러일으켜서 노동자와 고용주 모두를 착취하는 전문 선동가들도 발붙일 자리가 사라질 거고요.

힐

고용주와 종업원 중 어느 쪽이 먼저 황금률을 적용해야 합니까?

카네기

더 똑똑한 쪽이 먼저! 이 규칙을 먼저 주도적으로 적용하는 쪽이 훨씬 더 유리한 위치를 차지할 겁니다. 내일의 태양이 분명히 떠오르듯이 대중은 황금률에 따라 사는 개인 또는 집단을 인정하고 그들에게 적절히 보상할 것이 분명하기에, 대중의 공감과 지지를 얻을 수 있는 더 좋은 위치에 설 수 있는 거죠. "황금률에 따라 살라"고 하는 말은 단순히 설명하고 가르치려 하지 말고 모든 관계에서 규칙을 적용하며 살라는 뜻입니다.

힐

황금률을 사업 정책의 기본으로 채택함으로써 고용주가 얻을 수 있는 이점은 무엇인가요?

카네기

(1) 고용주는 직원들과 더 나은 관계로부터 이익을 얻을 겁니다. 이렇게 되면 노사 분규가 해소되고 생산량이 늘어날 거고요. 생산량 증가는 임금 인상을 가능케 하겠죠. 그러면 대중의 관심을 끌게 되고 언론에서는 알아서 이 정책이 얼마나 중요한 역할을 하는지 홍보하게 되며 이는 다시 대중의 회사 제품의 소비 증가로 이어질 겁니다. (2) 직

원 각자가 자기 일을 소중하게 생각하고 자부심을 가지면 이직률이 줄어들 테고 그에 따르는 비용도 줄어들 겁니다. 숙련된 인력을 양성하기까지 상당한 시간과 돈이 든다는 점에서, 이직률이 줄어들면 많은 고용주에게 상당히 큰 도움을 주게 됩니다. (3) 고용주와 고용인 모두 일을 달갑게 받아들이게 됩니다. 직원들로 하여금 비용이 많이 드는 실수를 최소화하게 함으로써 낭비를 줄일 수 있을 겁니다.

힐

황금률을 사업 관계의 기본으로 채택하면 고용주에게 이 모든 혜택이 돌아갈 수 있는데 실제로 황금률 채택을 통해서 이익을 창출하는 기회로 이용하는 고용주는 왜 그렇게 극소수인 겁니까?

카네기

인간의 가장 오래된 결점 중 하나가 비전의 결여이기 때문이죠! 사람들은 자기 습관을 서서히 그리고 종종 마지못해 바꿉니다. 특히 새로운 아이디어를 받아들여야 바뀔 수 있을 때는 더욱 그렇습니다.

⊗ 멘탈 트레이닝 어드바이스

갈수록 경쟁이 치열해지는 비즈니스 세계에서, 기업은 분기별 실적 보고서를 내세워 재무 분석가들을 달래고 잘 보이려고 애쓰면서 남보다 앞서 나가기 위해 어떻게든 방법을 찾는다. 불행하게도 이러한 근시안적인 사고는 직원 해고, 제품의 크기 축소나 품질 저하(아무도 눈치채지 못하기를 바라면서), 최저 임금 지불, 인간의 손길을 더는 쓸모없게 만드는 자동화 투자처럼 극단적인 비용 절감 조치를 초래하는 결과로 나타난다.

하지만 코스트코를 비롯해 일부 기업은 이러한 추세에 저항하고 있다. 현재 12개국 이상에서 운영하고 있는 미국 소매 업체인 코스트코는 상당 부분 전체적인 전략과 장기적인 비전에 기반을 둔 덕분에 성공했다. 코스트코는 고객들에게 엄청난 절감 효과를 제공하는 동시에 직원들에게 시장 임금보다 높은 임금을 지불한다. 이러한 직관적 전략은 소매 업체가 공급 업체들과 협력해 보다 저렴한 제품을 대량 생산하면서 직원과 고객, 공급 업체라는 가장 중요한 이해 당사자 사이에서 강력한 브랜드 옹호자를 만들어내기 때문에 효과적이라 할 수 있다.

현재 코스트코에서 일하는 24만 5,000명의 근로자는 전국 소매업 평균의 2배에 달하는 급여를 받고 있으며 88%는 회사가 후원하는 건강보험의 혜택을 받고 있다. 비용을 더 줄여야 한다는 주주들의 반대에도 불구하고 2000년 이후 코스트코의 주가는 387% 증가하면서 코스트코의 방식이 옳다는 사실을 증명했다.

진정한 비전은 단순한 비용 절감 방안이 아니라 황금률의 적용도 포함해야 한다.

힐

황금률을 사업 관계의 근간으로 도입하는 게 새로운 발상이 될 거라 믿으십니까?

카네기

오래된 생각에 새로운 용도가 주어지는 거라고 봐야죠. 황금률을 사업 관계의 근간으로 채택하는 것과 관련해 어려운 점은 그간 대부분이 이 규칙을 어떤 학설과 교리를 가르치는 설교처럼 취급했다는 겁니다.

이 규칙의 경제적인 요인 부분을 완전히 무시하고 말입니다. 황금률은 어떤 학설보다 범위가 넓고 어떤 종교보다도 깊이가 깊으면서도 그 안에는 인류의 보다 훌륭한 영적 자질들이 들어 있습니다.

힐

그렇다면 황금률이 교회를 벗어나서 모든 직업 현장으로 옮겨가야 한다고 믿나요?

카네기

교회가 그렇게 하긴 했지요, 2,000년 가까이 설교를 해온 걸 보면 말입니다! 이제는 교회에서 하는 일은 그대로 두고 실생활에서 더 넓게 적용해보자는 겁니다.

힐

만약 어떤 노동 지도자가 나서서 앞으로 모든 노조원은 황금률에 근거해 봉사하는 삶을 살아야 한다고 발표하고 나서 몸과 마음을 다해 그 약속을 이행한다면 어떻게 될 거라고 생각합니까?

카네기

어떻게 되느냐고요? 무슨 일이 일어날지 내가 말해주죠. 그 지도자는 곧 노동조합을 다스리게 될 겁니다. 조합원들을 찾는 수요는 늘어날 거고요. 고용주는 그 지도자의 친구가 될 거고, 대중도 그럴 것입니다.

모든 게 확실하게 내 말대로 되겠지만, 명심하세요. 말은 반드시 행동으로 뒷받침되어야 합니다. 형식적인 말이나 태도만으로는 전혀 도움이 되지 않으니까요.

그 사람이 하고 싶은 일이 무엇인지 혹은 그 사람이 고용주인지 고용인인지 아니면 경제적으로 상류 계층인지 하류 계층인지는 문제가 되지 않습니다.

황금률에는 특허권이 없어요. 황금률을 채택하고자 원한다면 누구나 자기 것으로 할 수 있다는 말입니다. 만약 누군가가 이 규칙의 특허권을 획득해 소유권을 주장한다면 당장 누군가가 위법성을 따지거나 속여서라도 사용하려 들 겁니다. 어떤 것이든 사용을 금지하기 시작하는 바로 그 순간, 다른 사람들은 금지한 사람을 거역할 방법과 수단을 찾기 시작하죠.

좋은 사람이 어떤 사람인지
논쟁을 벌이느라 시간을 낭비하지
말라. 좋은 사람이 되어라.
— 아우렐리우스

힐

그러면 황금률을 사용하는 데 높은 수수료나 이용료를 부가하면 이용하는 사람이 금방 늘어날 거라고 보십니까?

카네기

그게 사람의 마음이죠! 공짜로 얻을 수 있는 건 보통 과소평가하니까요.

힐

만약 당신이 황금률에 따라 사는 삶의 가장 큰 혜택 하나가 무엇이 냐는 질문을 받는다면 어떻게 대답하겠습니까?

카네기

그 질문에 대한 답은 분명합니다. 황금률의 실천을 통해 얻을 수 있는 가장 큰 혜택은 황금률이 선사하는 변화된 정신 자세입니다. 이 위대한 보편적 법칙에 따라 살아가는 사람은 마음속에 이기심과 탐욕이 들어설 자리가 없어요. 이런 사람은 자기가 '받으려 하기' 전에 먼저 '줍니다'. 결과적으로 이런 사람은 친구를 끌어들이죠. 자기가 먼저 친구로서 우정을 주니까요.

힐

황금률 정신은 이타적이고 사심 없는 삶에 대한 더 나은 이해로 이어진다, 그런 생각인가요?

카네기

그렇습니다. 이타적인 삶에 대한 더 깊은 이해로 이어질 뿐 아니라 그런 삶을 살고 싶은 욕구를 불러일으키죠.

힐

그래서 자신보다 다른 사람의 이익을 우선하며 사는 사람이 더 쉽게 성공을 거둘 수 있다고 생각합니까?

카네기

모든 위대한 업적은 황금률을 적용한 결과입니다. 위대하다는 찬사를 받는 사람들의 삶을 살펴보면 그들이 자신의 선택에 의해 이타적인 삶을 살았다는 사실을 알 수 있을 겁니다.

○ 미켈란젤로는 그림으로 다른 사람들에게 영감을 주고 싶은 열망 때문에 역사상 가장 위대한 예술가 중 한 명이 되었다.

○ 베토벤은 음악으로 다른 사람들에게 영감을 주고 싶은 욕망 때문에 불멸의 작품을 남겼다.

○ 에디슨은 돈만을 위해 일하지 않았고, 인류의 이익을 위해 자연의 숨겨진 비밀을 밝혀내고자 하는 객관적인 욕망에서 영감을 받았기에 과학 연구에 일생을 바쳤다.

나 자신도 사업 활동을 통해서 개인적인 부를 얻기보다는 다른 사람들을 위해 기꺼이 봉사할 인물을 찾고 계발하는 데 더 신경 썼다고 솔직하게 말할 수 있습니다. 현재의 부귀는 내가 들인 노력과 수고가 자연스럽게 결과로 나타난 거고요.

힐

사회생활을 하면서 이룬 최고의 업적은 무엇이라고 생각합니까?

카네기

아마도 그건 내가 아니라 다른 누군가가 더 잘 대답할 수 있는 질문인 것 같네요. 그 질문에 답을 하자면, 나의 가장 큰 성과는 내가 더 유용한 서비스를 제공함으로써 더욱 충만한 삶을 살 수 있도록 도와준 근로자들의 숫자에 있다고 하겠습니다.

힐

근로자들이 당신의 도움을 받아 모으게 된 재산은 전혀 언급하지 않네요. 그것도 언급할 가치가 있는 성취 중 하나가 아닐까요?

카네기

나는 개인적인 부의 축적 자체를 성취라고 여기지 않습니다! 성취란 남을 위해 어떻게 이바지를 하느냐에 있는 거지 받는 돈에 있는 게 아닙니다!

힐

물론입니다! 그 차이는 확실히 알겠어요. 하지만 세상은 한 사람의 성취를 어떤 서비스를 제공했느냐가 아니라 모은 재산으로 판단하는 게 사실 아닙니까?

카네기

그게 흔히 저지르는 실수이기도 하죠. 그리고 아주 많은 젊은이가 주는 것보다 받는 것에 온통 전념하게 만드는 실수이기도 하고요! 현재 미국인들에게서 이런 실수가 뚜렷하게 급속도로 드러나고 있습니다. 모든 것을 걸고 유익하고 사심 없는 봉사를 제공한다는 황금률 정신과는 어울리지 않는 거죠.

힐

이런 미국적인 습관의 추세를 무엇으로 바꿀 수 있겠습니까?

카네기

아마도 모든 국민을 실질적으로 동등한 수준으로 떨어뜨리는 어떤 대참사의 발생만이 유일한 방법이 아닐까 생각합니다. 다 같이 아래로 떨어지는 상황에서는 겸손함을 배울 수밖에 없죠. 그런 상황은 전쟁의 형태로 올 수도 있고 우리의 경제 체제 전체의 붕괴에서 자라날 수도 있을 겁니다. 세계 역사는 사람들이 이타적인 삶을 망각하고 탐욕, 개인의 권력, 재물이라는 이기적인 욕망에 빠져들 때 어떤 형태로든 재앙을 맞이하게 된다고 설득력 있는 증거를 제시하고 있습니다. 로마 제국의 흥망성쇠를 생각해보면 내 말이 무슨 뜻인지 충분히 이해가 될 겁니다.

힐

그러면 이 같은 규칙이 오직 자신만을 위해서 사는 개인에게도 적용된다고 생각합니까?

카네기

당연히!

나도 사업을 하면서 동료의 희생을 발판 삼아 혼자 높은 자리로 올라가려고 애쓰는 사람이 먼저 실패하는 것을 목격했습니다.

몇몇은 간신히 권위 있는 자리에 올라가긴 했지만 그런 사람에게 권위는 이기심을 더 키워주는 역할만 할 뿐이죠. 이런 사람 역시 순전히 자신의 약점 때문에 곧 실패의 나락으로 떨어졌어요.

우리 조직뿐 아니라 어디에서도 다른 사람들과 함께 가지 않고 혼자만 계속 잘나가는 자리로 올라가는 사람은 단 한 명도 본 적이 없습니다. 다른 사람을 돕는 행동이 많으면 많을수록 자기도 얻는 게 많아진다는 사실을 알게 됐죠.

자신이 성공하기 위해 꼭 필요한 규칙이 하나 있는데, 바로 다른 사람이 성공하도록 돕는 습관입니다! 난 이 규칙이 작동하지 않는 걸 본적이 한 번도 없어요. 이 규칙은 모든 형태의 인간관계에 적용됩니다. 인생에서 가장 많은 걸 얻는 사람은 다른 사람에게 가장 많이 주거나 돕는 사람입니다. 이기심은 성공 법칙이 아닙니다. 실패를 주도하는 원인일 뿐이죠.

힐

따라서 어떤 직업에 종사하든 영원한 성공을 거두는 모든 사람이 지녀야 하는 '필수 항목' 중 하나가 이타적인 태도다?

카네기

맞습니다.

이타적 태도와 황금률 사이의 직접적인 관계를 잘 보세요. 자신을 내려놓고 타인을 위해 사심 없이 봉사하는 법을 배우기 전까지는 아무도 황금률에 따라 살 수 없습니다.

힐

이타주의 정신은 특히 어떤 자질을 계발시킵니까?

카네기

겸손함을 길러주고 우리가 '내면에서 나오는 힘'이라고 알고 있는 무형의 자질을 더 잘 이해하도록 해준다고 할 수 있습니다. 우리는 때때로 이 힘을 믿음이라고 말하지만, 뭐라 부르든 실제로 중요한 건 모든 비범한 능력이 그 힘에서 나온다는 것이죠. 이타적인 생활을 발전시키는 사람은 자신보다 다른 사람들의 삶을 더 많이 생각하게 되고, 그러면서 다른 사람들을 통해 창조주에게 더욱 가까이 가게 되는 겁니다.

힐

제가 이해하기엔 이타주의가 개인으로 하여금 무한 지성의 안내 혹은 지침을 인식하고 따를 수 있는 열린 마음을 기를 수 있게 해준다는 말처럼 들리는데요.

카네기

그런 뜻으로 말한 겁니다. 이기심은 영향력을 행사해서 허영심에 이끌리도록 합니다. 그러면 우리는 내면에서 나오는 그 힘, 이성 능력과는 아무 관계가 없지만, 마음의 어떤 능력보다 더 강력한 힘의 근원을 간과하게 됩니다.

힐

이 내면의 힘을 깨달으면, 그 힘을 일상생활의 실질적인 문제를 해결하는 데 영적 안내자 혹은 지도 정신으로 적용할 수 있다고 믿는 건가요?

카네기

난 그렇게 믿습니다. 이 힘을 통해 영적 안내를 받아들일 수 있는 마음을 준비하는 사람에게는 풀 수 없는 문제 같은 건 없다는 말도 덧붙여야겠네요. 그 힘은 문제가 크든 작든, 물질적이든 영적이든, 모든 문제에 대한 답을 가지고 있습니다. 역경의 본질과 범위에 상관없이 어떤 역경이든 이익으로 전환할 수 있게 해주는 것이 이 힘이죠.

당신이 누군가를 미워한다면
그건 마치 당신이 던진 부메랑이 목표물을
맞히지 못하고 다시 날아와 당신
머리를 때리는 것과 같다.
— 루이스 잠페리니

힐

이런 유형의 지도나 안내를 받아들이려면 어떻게 '마음 준비하기'를 시작할 수 있을까요?

카네기

모든 개인 성취의 출발점은 목적의 명확성입니다. 자기가 인생에서 원하는 것이 무엇인지 정확하게 아는 거죠. 사람들은 그 목적의 실현을 위해 강박적인 욕구로 목적을 뒷받침함으로써 자신의 주요 목적에 행동과 활기를 부여합니다. 지속적인 욕구로 받쳐주는 목적은 상상력의 발휘를 통해서 실제적인 계획 세우기로 이어집니다. 지속적인 목표로 뒷받침하는 목적은 원하는 것을 명확하고 뚜렷한 그림으로 만들어 무의식적 마음으로 넘겨줍니다. 여기서 인간은 알 수 없는 어떤 방법으로 인해 마음이 내면에서 나오는 힘과 만나게 되는 거죠. 간단히 설명하면 그렇습니다.

힐

황금률은 언급도 하지 않네요. 황금률은 내면에서 나오는 영적 안내를 받아들이는 '마음 준비하기'와 어떤 관계가 있습니까?

카네기

아주 분명한 관계가 있죠! 내부에서 나오는 이 비밀의 힘은 이기심·탐욕·시기·증오·편협함을 비롯해 어떤 식으로든 다른 사람에게 상처를 주는 마음을 좋아하지 않는 듯합니다. 자기 마음에 명확한 목적이라는 책임을 지는 사람, 다른 사람을 희생시켜 자신의 이익을 얻으려는 욕망이 없는 사람은 다른 사람들이 이런 사람에게는 반대하지 않고 오히려 우호적으로 협력해주죠. 따라서 자기가 원하는 것을 달성하기 위해 나서는 길에 방해물이 깨끗하게 사라지는 겁니다.

생각은 강력한 거죠! 다른 사람이 지니는 비우호적인 반대의 생각은 자신이 삶에서 추구하는 욕구보다 더 크고 대단한 겁니다. 상대방의 반대는 내 마음에 전달되고 영향을 끼치면서 두려움과 의심을 통해 나를 주저하게 하죠. 그런 반대가 없다면 두려움도 의심도 있을 수 없는 겁니다. 그러니까 황금률 정신은 자신감을 멋지게 쌓아주고, 자신감은 믿음으로 이어지며, 믿음은 내면에서 나오는 영적 지도로 이어집니다. 일단 이것만 분명하게 이해하면 모든 게 아주 간단하죠.

힐

아! 이제 이해가 됩니다. 황금률 정신은 자신의 양심과 조화를 이루게 하고, 이는 자기가 추구하는 것을 쫓아가는 속도를 저하시킬 수 있는 두려움과 의심의 반대에서 자유롭게 해준다는 말이네요.

카네기

아주 정확한 설명이네요. 자신의 믿음과 평화를 이루지 못하면 믿음을 통한 안내가 주는 혜택을 온전히 받을 수 없습니다. 이 안내를 받지 못하면 내면에서 나오는 힘을 이용할 수 없는 겁니다. 무의식적 마음이 사람의 정신 자세를 행동으로 옮긴다는 것은 잘 알려진 사실이죠. 사람의 욕구뿐 아니라 그 욕구 뒤에 숨어 있는 믿음까지 수행합니다. 만약 그 믿음이 두려움·의심·우유부단·탐욕 혹은 그 어떤 이기적인 마음에 물들어 있다면 우리의 무의식적 마음은 그 이기심을 인식하고 행동에 옮길 것이고 당연히 그 결과는 부정적이겠죠!

나폴레온 힐이 말하는
황금률의 이행

    인간이 필요로 하는 모든 것이 풍족한 곳으로 이어지는 문을 열 수 있는 만능열쇠가 있다. 하지만 그 열쇠가 맞는 문은 2개가 있다. 하나는 믿음의 문이고 다른 하나는 두려움의 문이다. 이 만능열쇠의 뒤를 받치는 힘은 무한하기에, 믿음의 문을 통해 접근하면 가장 낮은 위치에 있는 사람도 높은 곳으로 이끌어주며 모든 문제를 극복할 수 있다. 이 만능열쇠는 완벽한 통제라는 특권을 수여한다. 이 특권은 빼앗을 수 없으며 사용하지 않고 방치할 때만 사라질 수 있는 특권이다.

    이 만능열쇠는 사고의 힘이다! 적절한 조절을 통해서 마음은 내면에서 나오는 이 힘을, 영적 계시를 받은 정신에 의해 움직이는 힘을 인식하고 자기 것으로 만들어 사용할 준비를 할 수 있다.

미켈란젤로가 가난, 잔인한 적대 관계, 신체적 약점을 극복하고 역사상 가장 위대한 예술가 중 한 사람으로 인정을 받기까지 그를 이끌어준 것은 내면에서 나오는, 영감 받은 지침을 통해 실행한 이 힘이었다. 이 힘은 에디슨에게 자연의 비밀을 드러내 보여주고 그가 세계 최고의 발명가 중 한 명이 될 수 있게 해주었다. 이 힘은 청력을 잃은 베토벤이 작곡 분야에서 천재의 위치에 오르도록 해주었고 마리 퀴리에게 라듐의 비밀을 밝혀주었으며 찰스 스타인메츠가 전기 분야에서 인정받는 권위자가 될 수 있도록 해주었고 굴리엘모 마르코니에게 후에 라디오의 탄생으로 이어진 무선 전신의 원리를 드러내 보여주었다.

이들을 비롯해 세상에서 천재로 인정받은 모든 사람은 내면에서 나오는 그 힘, 자연의 모든 비밀에 자유롭게 다가갈 수 있고 실패를 현실의 실패로 받아들이지 않는 그 힘을 통해 안내 혹은 지도를 받아들일 수 있는 마음을 '길들임으로써' 위대함을 얻었다. '길들이기'는 이타적인 삶을 사는 사람이 이용할 수 있는 힘을 인정하면서 시작한다. 이타적인 삶은 선을 행하겠다는, 얻기 전에 먼저 주고자 하는 이타적인 욕망의 정신으로 인류를 섬기기 위해 자신의 삶을 바치는 것이다!

이타적인 삶을 살 수 있는 첫 단계는 황금률이라고 알려져 있다. 진정한 위대함을 얻은 모든 사람이 황금률을 인정하고 이행했다. 모든 위대한 종교 지도자와 모든 진정한 철학자가 황금률을 인정했다. 공자도 황금률을 발견하고 자기 철학의 근간으로 삼았다. 예수 또한 황금률을 발견하고 산상 설교에서 아주 쉬운 표현을 사용해 이렇게 얘기했다. "그러므로 무엇이든지 남에게 대접을 받고자 하는 대로 너희도 남을 대접하라." 황금률에 관한 설교는 많지만, 그 규칙의 깊은 의미를 온전하게 해석한 설교는 거의 없다. 황금률의 요지는 다음과 같다.

> 자신을 내려놓고 타인에게 사심 없이 봉사하라. 그러면 당신의 가장 고귀한 구체적인 목표와 인생의 목적 달성을 향해 한 치의 오차도 없이 당신을 안내해주는, 내면에서 나오는 힘을 열 수 있는 만능열쇠를 찾게 될 것이다.

이 규칙에는 어떠한 비밀이나 신비로움이 없다! 누구라도 어떤 항의든 받지 않고 황금률을 적용할 수 있다. 황금률은 영향을 끼치는 모든 사람에게 혜택을 주기 때문이다. 우리가 제공하는 서비스의 질과 양, 그것을 제공하는 마음가짐에 의해 우리가 세상에서 차지하는 공간이 정확하게 결정된다. 이러한 결정 요인들은 모든 사람이 통제할 수 있는 범위 안에 있다.

(자신의 영향력과 대중적 인정을 통해) 가장 많은 공간을 차지하는 사람들이 공포·시기·증오·편협함·탐욕·허영심·이기주의 그리고 공짜로 무언가를 얻고자 하는 욕망을 정복했다는 것 또한 이미 알려진 사실이다. 이 역시 삶의 저항을 훌륭하게 헤쳐 나가도록 안내해주는, 내면에서 나오는 그 힘을 인식하고 이용하기 위해 필요한 마음 '길들이기'의 일부분이다.

이제 이타적인 삶을 통해 황금률을 이행했던 사람들을 분석해보고 그들이 어떤 정신과 방식으로 다른 사람들과 관계를 맺었는지 살펴보자. 일단 앤드류 카네기부터 시작한다. 그는 자기 마음이 내면에서 어떻게 작동하는지 우리에게 아주 자세하게 밝혀주었으니까. 그는 사회생활을 시작하면서 겸허한 마음가짐의 정신을 받아들였고 이 마음가짐을 평생 유지했다.

가난에서 시작해 부의 사다리를 타고 올라가면서, 그는 자기가 거둔 성공을 공유하도록 다른 사람에게도 자신감과 격려를 주는 것을 책임의 일부로 삼았다. 회사의 가장 낮은 위치에서 일하는 노동자들에게까지 그 책임을 확대하기로 한 것이다. 그는 엄청난 부를 축적하는 동시에 우리가 알고 있는 그 어떤 산업가보다 더 많은 백만장자를 키워냈다. 이 백만장자의 대부분은 교육도 거의 받지 못하고 오로지 튼튼한 손과 하겠다는 마음밖에는 내놓을 것이 없는 상태에서 시작한 사람들이다.

카네기는 많은 재산을 모은 후 모든 재산을 기부하는 방법과 수단을 고안하기 시작했다. 따라서 자신이 이타적인 삶을 이해하고 있다는 사실을 증명했다. 하지만 그는 단지 돈을 나눠주는 것에 만족하지 않았다. 그는 자신의 가장 큰 자산이 자기가 부를 획득할 수 있도록 해준 지식이라는 것을 깨달았다. 이 지식은 그가 그토록 열심히 끌어내고자 했던 풍부한 내면의 힘이 지닌 영향력과 가능성을 그에게 보여주었다.

앤드류 카네기는 자신의 복지뿐 아니라 아직 태어나지 않은 세대의 복지도 생각했다. 그가 남긴 유산은 미국식 성취 철학에 담겨 있으며, 그 철학은 매우 다양한 분야에서 미국식 삶의 방식을 발전시키는 데 적용되어온 개인 성취의 원칙으로 구성되어 있다.

할 수 있다고 생각하면 할 수 있다.
— 베르길리우스

그는 이타적인 삶의 가치를 알고 있었다. 이타적인 삶을 살면서 스스로를 단련했기 때문이다! 그러므로 그가 차지했던 공간은 세계만큼이나 위대하며, 비록 그가 우주의 시민이 되었음에도 불구하고 그의 정신은 계속 전진하면서 고등 교육과 독서를 통해 이타적인 삶을 이해하라고 사람들을 격려한다.

1929년 토머스 에디슨은 세계 역사상 유례가 없는 역경을 이겨내고 승리를 축하했다. 그가 이룬 승리에 비하면 로마의 승리는 평범한 동네잔치처럼 보일 정도다. 로마의 승리는 지구라는 행성의 극히 일부 지역에만 제한되어 있었다. 그러나 에디슨이 거둔 승리는 북반구와 남반구 모두를 아우르는 지구상에 존재하는 모든 나라를 포함하는 승리였다.

개인의 천재성에 이처럼 공로를 인정해주는 행사는 이전에는 본 적이 없던 일이었다. 이 자리는 세계가 평화의 승리를 축하하는 50주년 기념행사였다. 이 승리 축하 행사에서는 쇠사슬에 묶여 승리자의 행럴을 따르는 피해자도 없었으며 악의·시기·증오가 사라진 자리에는 전 세계에서 보내는 감사의 마음이 가득했다. 인류는 기적이나 다름 없는 혜택을 입게 되었고, 그 혜택은 저장된 에너지를 밝은 빛으로 변환시켜 밤에도 햇빛이 비치는 천재성을 발휘한 한 남자가 준 것이다. 에디슨의 전 비서인 알프레드 O. 테이트는 이렇게 말했다.

백열등 발명 50주년 기념행사가 열리던 해 10월 21일, 사방으로 퍼지며 전국을 뒤덮던 황금 불빛이 미시간주 디어본을 집중해서 비추고 있었습니다. 헨리 포드가 에디슨을 기리기 위해 마련한 축하 행사가 열리는 곳이었어요. 기념행사는 그 자체로도 멋졌을 뿐 아니라 재건축한 에디슨의 실험실에서 전구를 켜는 역사적인 순간을 재연하는 기발한 순서도 있었습니다.

오전 11시경, 저는 열차가 들어오는 것을 보기 위해 포드사 단지 내에 있는 작은 철도역 승강장에 서 있었어요. 그 역은 젊은 시절 에디슨이 신문을 팔던 열차가 다니던 역 중 하나를 재현한 것이었는데, 화물차 한구석에는 에디슨이 직접 신문을 만들던 화물칸도 만들어두었더군요.

열차가 멈추자 허버트 후버 미국 대통령이 처음으로 내렸고, 그 뒤를 이어 헨리 포드 내외와 에디슨, 축하객들이 내렸습니다. 그런데 재미있다는 듯 웃는 표정을 한 어떤 백발의 남자가 다가왔습니다. 기차가 잠깐 운행하는 동안 탑승한 저명인사들에게 신문을 파는 사람이었는데, 에디슨이 직접 자신의 어린 시절의 모습을 재현하고 있었습니다.

이날 오후 7시에 필라델피아의 독립기념관을 그대로 옮겨놓은 곳에서, 헨리 포드가 에디슨을 기리기 위해 마련한 기념행사에 각계각층에서 당대 저명

인사들이 대거 참석했습니다. 대통령이 에디슨의 업적을 기리는 연설을 했고요. 에디슨이 인사를 하기 위해 자리에서 일어나는데 감격에 휩싸이는 모습을 보였고 그곳에 있던 모든 사람이 그 감정을 느낄 수 있었습니다. 누군가 자신을 기리는 행사에서 연설하는 게 에디슨에게는 난생처음 있는 일이었지요. 그게 처음이자 마지막이었습니다.

자기를 기리는 자리에서 그가 보인 쑥스러움과 당혹스러운 모습에는 겸손함이 가득 했다! 여기 자신을 내려놓고 끝까지 다른 사람들에게 봉사하는 사람들이 결국에는 발견되고 적절한 보상을 받을 것이라는 증거가 있었다.

에디슨은 자신의 업적에 관해 늘 말을 아꼈다. 그의 좌우명은 '말이 아니라 행동'이었다. 그는 일에 몰두한 나머지 자신을 돌볼 시간도 의향도 없었다. 평생 자신이 노동으로 무엇을 얻을 수 있는지 진지하게 생각해본 적이 없다고 시인한 바 있다. 가장 큰 관심사는 자기가 무엇을 줄 수 있는지와 관련된 것이었다.

따라서 그는 자신의 비범한 능력의 진정한 원천인 내적 힘을 발견할 수밖에 없었다. 그는 그 힘을 깨닫고 자기 것으로 만들어 이용하기 위해 마음을 길들였다. 그가 이를 의식적으로 했는지 무의식적으로 했는지는 중요하지 않다.

하지만 우리에게는 그가 이타적인 삶을 살았다는 사실을 인식하는 것이 중요하다. 그는 이타적인 삶을 통해서 인류의 혜택을 위해 내적 힘을 깨닫고 이용할 수 있도록 마음을 길들였다.

세상은 거의 2,000년간 황금률을 이야기하고 있고 설교를 수천 번이나 해왔다. 하지만 황금률의 진정한 힘은 말이 아니라 이행 속에 있다는 사실을 발견한 사람은 몇 명 되지 않는다. 3부의 목적은 타인과의 관계에서 황금률을 적용할 때 어떤 일이 일어나는지 기술하는 데 있다. 그러므로 다음의 2가지 관련된 원리에 주목해주기 바란다.

(1) 조화로운 매력
(2) 보복

우리의 본성 중에는 다른 사람의 말이나 행동에 상처받을 때 종종 받은 만큼 보복하려는 마음이 있다. 다른 사람의 말이나 행동에 의해 혜택을 받을 때는 자기도 혜택을 주고자 한다. 이러한 인간 본성은 철학자들이 황금률의 비밀의 힘을 발견하기 훨씬 이전부터 존재해왔으며, 이렇게 받은 만큼 돌려준다는 규칙이 황금률의 탄생으로 이어진 것이다.

에머슨은 황금률이 단순한 도덕적 교훈 그 이상이라는 사실을 발견했다. 그는 황금률이 인간뿐 아니라 물질의 모든 원자와 우주의 모든 에너지 단위를 지배하는 자연법칙의 영역에 뿌리를 두고 있다는 점을 깨달았다. 에머슨은 이렇게 썼다.

자연의 모든 부분에서 우리는 양극성 혹은 작용과 반작용을 목격한다. 어둠과 빛에서, 더위와 추위에서, 썰물과 밀물에서, 남성과 여성에서, 동식물의 들숨과 날숨에서, 심장의 수축과 이완에서, 액체 그리고 소리가 만드는 물결의 높낮이에서, 원심력과 구심력에서….

이와 동일한 이원적 구조는 인간의 본성과 상황의 기저에도 깔려 있다. 모든 지나침은 결함을, 모든 결함은 지나침을 불러일으킨다. 모든 단맛은 신맛을 담고 있고, 모든 악에는 선이 있다. 쾌락을 향유하는 모든 능력은 그 능력을 남용하고 그에 걸맞은 대가를 치른다. 모든 것은 적절하게 사용하지 않으면 해를 부른다. 모든 지혜의 씨앗에는 어리석음의 씨앗이 담겨 있다. 놓치는 것마다 다른 무언가를 얻을 것이고, 얻는 것마다 무언가를 잃을 것이고….

바다의 크고 사나운 물결이 잠잠해지는 시간보다 인생의 다양한 조건이 스스로 평형을 이루는 시간이 더 빠르다. 인생에는 거만한 자, 돈이 많은 자, 운이 좋은 자를 실질적으로 같은 위치로 내려놓는, 모두를 균등하게 만드는 어떤 상황이 언제나 있다.

당연히 에머슨이 기술한 이 원리는 누군가가 행동이나 말로 이웃에게 상처를 줄 때도 똑같이 작용한다. 그 상처가 관련 효과를 유발하는 명분을 활성화시키기 때문이다. 만약 그 이웃이 자기가 받은 만큼 보복하지 않는다면 그의 친구 중 누군가가 할 것이고, 그도 아니라면 전혀 모르는 누군가가 '보복'을 할 수도 있다. 때가 되면 누군가가 하게 되어 있다는 말이다. 하지만 보복의 이런 효과를 간과한 채 다른 사람에게 상처를 입히게 되면 피할 수 없는 또 다른 파급 효과를 맞이하게 되는데, 우리 자신의 덕성이 그만큼 약화된다는 점이다. 그런 행동은 우리 자신의 양심을 해치고 자기 신뢰를 떨어뜨리고 자존감에 상처를 주고 의지력을 약화시킨다.

> 성공은 관계에서
> 갈등을 최소화하면서
> 인생을 통해 자신의 길을
> 협상할 수 있는 사람에게 돌아간다.
> — 나폴레온 힐

따라서 우주를 지배하는 자연법칙의 시스템은 모든 생물이 자기 행동에 따르는 결과를 받아들일 수밖에 없도록 설계되었다. 우리가 탐닉하는 모든 행동뿐 아니라 모든 생각 또한 성격으로 굳어진다! 이 부분에서 황금률을 모든 인간관계의 근간으로 삼아야 한다는 주장 중에서도 가장 강력한 주장은 바로 이것이다. 다른 사람에게 하는 것이 곧 자신에게 하는 것이다. 자연의 거침없는 법칙은 다른 사람과의 관계 속에서 당신이 자신의 생각과 행동으로 스스로를 도울지 방해할지를 결정하는 것 외에는 다른 선택의 여지를 주지 않는다.

황금률을 이행하고 무슨 일이 일어나는지 보라. 카네기가 자신의 공장에서 일하는 하층 노동자들에게 그리고 자신의 경험과 자본, 성공한 산업가로서 쌓은 명성의 혜택을 온전히 받아들일 준비가 된 사람들에게 기회의 문을 열었을 때 그는 단순히 부의 축적만 돕는 게 아니었다. 자신이 지닌 부에 헤아릴 수 없는 가치를, 물질적 소유뿐 아니라 건전한 성품이라는 가치를 더하고 있었던 것이다.

그는 재산을 모으고 마음대로 쓸 수 있었다. 하지만 부정하게 얻은 것은 헛되게 낭비되는 이상한 특징이 있다. 흔히 말하듯이 "쉽게 얻은 것은 쉽게 잃는다!" 카네기는 다른 사람들이 이익을 얻을 수 있도록 도와줌으로써 자신도 재정적인 안정을 얻었다. 이것은 누구도 벗어날 수 없고 의문을 제기할 수도 없는 당연한 결론이다.

카네기가 급여를 받아 생활하는 노동자들의 희생을 통해 부를 쌓았다고 불만을 제기하는, 무지와 편협함에 쌓인 사람들에게는 이렇게 답하고자 한다. 물론 카네기가 노동자들의 도움으로 부를 쌓은 것은 사실이다. 하지만 그가 노동자를 통해 1달러를 얻을 때마다 노동자는 100달러 이상을 받았다고 해도 과언이 아니다! 게다가 그가 육체노동의 생활에서 벗어나고자 하는 욕망을 지닌 모든 직원에게 기회의 문을 열어주었다는 사실, 자기처럼 부를 축적할 기회를 받아들일 마음의 준비가 된 모든 직원에게 그 기회를 주었다는 사실 또한 잊어서는 안 된다.

카네기가 재산을 잘 정리한 덕분에 받은 만큼 돌려준다는 원칙에 따라, 여전히 다른 사람들로 하여금 그들이 인생에서 원하는 것을 얻을 수 있도록 도와주는 활동이 이어지고 있다는 사실 또한 기억해야 한다. 지금 이 글을 읽고 있는 당신도 이 철학으로부터 혜택을 얻을 수 있다. 이 철학은 부를 쌓을 수 있게 해준 지식을 당신이 쉽게 접할 수 있도록 미리 필요한 조치를 해놓은 위대한 자선가의 사려 깊은 마음에서 비롯된 것이다. 이것이야말로 사심 없는 삶을 살면서 자신의 부와 기회를 받아들일 마음의 준비가 된 사람들과 공유하는 것이 얼마나 중요한 일인지 배운 사람만이 표현할 수 있는 이타주의인 것이다.

지금 내가 하고 있는 이 분석은 앤드류 카네기의 미덕을 찬미하기 위해서가 아니라 세상에서 자신의 자리를 찾고자 하는 한 사람인 당신에게 그 방법을 설명하고자 만든 것이다. 그 방법은 당신이 무언가를 '얻기' 위해서 '주는' 것이다.

사심 없이 행하는 이 봉사의 값진 효과는 계속 배가되기에 영원히 이어진다. 카네기가 축적하고 기부한 돈은 그의 마음이 생산해낸 부에 비하면 극히 일부에 불과하다. 자기가 이룩한 철강 산업을 통해 노동자들에게 지급했고 앞으로 지급할 수억 달러, 철강값을 톤당 130달러에서 20달러로 낮춤으로써 제품 사용자가 절약할 수 있었던 또 다른 수백만 달러 등을 더하면 그가 세심한 마음을 통해 생산한 부는 엄청나다. 그리하여 우리는 성격 또는 인성이 좋은 것이든 나쁜 것이든, 스스로 영속시키면서 육체적 존재가 사라진 후에도 오랫동안 앞으로 진행되는 것을 본다. 이것 역시 영원한 자연법칙, 특히 에머슨이 아주 적절하게 묘사했던 보상의 법칙에 부응하는 것이다.

그러니 앞으로 누군가가 황금률을 믿는다면서 그에 따라 살고 싶은데 자기가 상대해야 하는 사람이 그렇지 않아 자기도 그럴 수 없다고 말하는 사람이 있다면, 그 사람은 황금률의 기본 전제를 이해하지 못하고 있다는 사실을 알 수 있다. 이런 사람은 황금률의 혜택이 그 규칙에 따라 사는 사람에게 생긴다는 사실을 간과하고 있다. 다른 사람의 행동과 행위와는 별개이며 구분된다는 사실을 모르는 것이다.

황금률의 혜택은 강화된 인성, 더욱 커진 자기 신뢰, 자기 주도성, 마음의 평화, 창조적 비전, 열정, 자기 절제, 패배로부터 이익을 얻는 능력, 목적의 명확성, 내면의 힘을 깨닫고 받아들이기 위해 마음을 길들인 사람에게 모습을 드러내는 내면의 힘에 대한 더 깊은 이해의 형태로 나타난다.

마지막 문장은 에머슨이 "실행하라. 그러면 힘을 지니게 될 것이다"라고 말할 때 염두에 두고 있던 황금률의 혜택이었다. 에머슨은 우리가 하는 모든 생각과 빠져드는 모든 행동이 우리 인성의 분리될 수 없는 부분이 된다는 것을 알고 있었다. 그게 무엇이냐에 따라 축배가 될 수도 독배가 될 수도 있지만 말이다. 그는 또한 건실한 성품이 평판만 좋게 만드는 게 아니라는 것을 알고 있었다. 건실한 성품은 비상시에 의지력과 이성 능력이 그 역할을 하지 못할 때 필요한 믿음을 넘치도록 제공한다.

여기서 잠깐, 이 점에 대해 생각해보라! 건실한 성품이야말로 황금률의 정점이며, 황금률에 대한 해석이야말로 3부의 정수라 할 수 있다. "자신을 내려놓고 끝까지 봉사하라. 그러면 당신의 문제는 마법처럼 풀릴 것이다." 인류의 역사는 이 말을 증명하고 있으며, 이를 간과하는 것은 우리가 살고 있는 이 복잡한 시대의 문제를 정복하기 위해 고군분투하는 사람들에게 비극적인 손실이 될 것이다.

이 책에서 내내 앤드류 카네기는 긍정적인 정신 태도를 유지하는 것이 중요하다고 강조해왔다. 그는 수많은 예를 통해 우리 삶의 외적인 상황이 내면의 정신적 태도에서 비롯된다는 것을 보여주었다. 그는 또한 타인과의 조화로운 관계가 모든 개인적 성공을 싹틔우는 씨앗이라는 명백한 증거를 제공했다.

우리는 자기가 이기적으로 착취하는 사람과 조화를 이룰 수 없다. 타인에게 상처를 입히는 관계를 통해서는 성공할 수 없다. 성공은 황금률 정신으로 자신의 기회와 지식을 타인과 공유하면서 함께 가는 사람에게만 찾아온다. 타인이 문제를 해결하는 데 도움을 줌으로써 자신의 문제를 잘 해결할 수 있다는 기묘한 사실이 성립되는 부분이다. 전 세계는 밀접하게 연관되어 있다. 한 사람에게 끼치는 영향은 인류 전체에 영향을 미친다. 일거리가 많고 급여가 충분하면 이웃 모두가 이익을 얻는다. 일거리를 찾기 힘들어지고 사람들이 놀게 되면 이웃 전체가 그 영향을 받게 되는 것이다. 이 영향을 아는 사람은 많지만, 이해하는 사람은 거의 없다. 이 영향을 이해하는 몇 안 되는 사람은 손대는 일마다 성공을 거둔다. 불경기와 전쟁, 주위 모든 사람에게 영향을 끼치는 위급 상황에서도 살아남으며 계속 일을 한다.

이타적인 삶에 보답이 따른다는 것을 증명할 수 있는 더 확실한 증거를 원한다면 당신만큼 행운이 따르지 않는 주위 사람에게 손길을 내밀어보라. 꼭 돈을 주라는 소리가 아니라 그들에게 용기를 주고 이바지할 기회를 주라는 뜻이다. 타인의 어깨에 짊어진 짐을 들어주면 당신의 짊어진 짐도 그만큼 가벼워질 것이다. 혹시 당신이 짊어진 짐이 없는 사람이라면 다른 사람을 돕는 행위가 당신이 원하는 것이나 필요한 것과 관련해서 어떻게든 혜택을 불러올 것이다.

황금률의 혜택은 단지 믿는다고 얻을 수 있는 게 아니다. 그 믿음을 행동으로 옮겨야 한다.

모든 사람이 누리고자 하는 것 중 하나가 행복이다! 우리는 돈으로 행복을 살 수 없다는 사실을 알고 있지만, 돈이 있으면 어떤 식으로든 행복으로 바꿀 수 있다고 믿기에 물질적 부를 추구한다. 우리는 관계가 행복을 제공한다는 사실을 알기에 관계를 맺고 유지한다. 인간 감정의 가장 높고 순수한 표현인 사랑 역시 사랑이 행복을 준다는 사실을 알기에 누구나 사랑을 찾아 나선다.

불행은
우리가 무엇을 원하는지
모르는 채 무작정 살면서
죽어가고 있다는 것이다.
— 돈 해럴드

따라서 우리는 삶의 주요 목적이 행복을 찾고 유지하는 것이라고 할 수 있겠으나 대부분은 순식간에 왔다가 사라지는 행복의 순간을 몇 번 맛보거나 한 번도 경험하지 못하며 살아간다. 모든 인간관계에서 황금률을 표현하는 것만이 행복을 확실하게 보장해줄 수 있다. 존 래스본 올리버John Rathbone Oliver는 사우스캐롤라이나주 컬럼비아의 트리니티교회 회보를 통해 행복에 이르는 길에 대해 이렇게 썼다.

많은 사람이 제게 편지를 보내면서 행복하지 않다고 말합니다. 편지에는 이런 글이 종종 보입니다. "타고난 권리인 행복을 찾고 싶어요." 이 세상에서 행복이라는 권리를 지닌 사람은 아무도 없습니다. 행복을 청구하는 게 당연하다고 느낄 수는 있지만, 법률 용어로 따지자면 청구와 권리는 꽤 다릅니다. 청구는 확고부동한 사실이 아니므로 잘못된 요구일 때가 적지 않습니다. 반면 권리는 어떤 사람이 지니고 있는 내재된 특성 때문에 무언가에 대한 절대적이고 정당한 소유라 할 수 있습니다.

우리에게는 행복할 권리가 있는데 현실은 불행하다고 말하는 것은 우리가 불공정한 대우를 받고 있으며 당연히 받아야 할 것을 받지 못하고 있다고 하는 말과 크게 다르지 않습니다. 이것은 기독교인의 마음 자세라 할 수 없습니다. 이 세상에 행복에 대한 권리를 지닌 사람은 아무도 없습니다. 행복을 권리라며 요구하는 사람이 행복을 얻을 가능성도 거의 없습니다.

행복은 부산물입니다. 때로는 행복이 정체를 드러내고 불쑥 찾아오기도 합니다. 보통은 일상의 의무와 어려움을 받아들이고 가능한 한 정신적 마찰을 줄이면서 세상에서 자신의 일을 기꺼이 하겠다는 마음에서 행복이 올 때가 더 많습니다.

문제는 우리가 지나간 행복을 충분히 고마워하지 않는다는 것입니다. 우리는 이렇게 말하죠. "몇 년 전에 이런저런 사람을 혹은 어떤 것을 사랑하고 있었을 때는 정말 행복했어. 하지만 지금은 행복을 잃어서 우울하고 마음이 상해." 우리는 과거에 행복했던 기간을 고마워해야 합니다. 하지만 우리에게 즐거움을 가져다주었던 무언가를 한때 소유하고 있었기 때문에 오히려 상실감을 느낍니다.

우리는 행복을 일시적으로 느낄 때 그 행복이 영원히 이어지기를 바랍니다.

「사도행전」에서 '떠나가는 천사' 부분을 읽어본 분이라면 우리가 배울 점이 있다는 것을 알 수 있습니다. 하느님이 감옥에 갇힌 베드로를 구해서 집으로 보내주기 위해 천사를 보냅니다. 천사는 베드로의 손에서 수갑을 풀어주고 함께 초소도 지나칩니다. 문에 다다르자 문이 저절로 열립니다. 문밖으로 나가 거리를 따라 내려가는데 천사가 갑자기 사라집니다. 베드로는 천사가 집까지 데려다줄 거라 예상했습니다. 하지만 하느님은 베드로가 혼자 집으로 가는 방법을 알아내도록 천사를 떠나게 한 것입니다.

살면서도 이 같은 일이 일어납니다. 자기에게 행복을 주던 사람이나 사물이 갑자기 떠나갑니다. 사랑하는 아이가 죽거나 다정하던 부부가 헤어집니다. 남편의 사랑은 냉담해지고 친구는 우정을 잊어버립니다. 우리를 외로움이라는 감옥에서 구해주었던 천사가 갑자기 떠나가고 우리는 그저 앉아서 기다리고 싶어집니다. 『성경』의 욥처럼 우리도 신을 저주하고 죽으라는 말을 듣습니다. 하지만 그것은 떠나가는 천사로 인한 상실감을 회복하는 올바른 방법이 아닙니다. 상실은 불행과 비극의 근원이 아니라 새로운 힘, 세상에서 유용함을 찾는 새로운 방법일 수 있습니다.

우리는 스스로 삶의 계획을 세우고 무언가가 그 계획을 산산조각으로 부수면 억울해하며 반항합니다. 특정 방향으로 가기 시작하면서 만족감도 들고 성취감도 듭니다. 그런데 무슨 일이 벌어지면서 앞길이 막히고 우리는 같은 방향으로 갈 수 없게 됩니다. 때로는 하느님이 손을 뻗어 우리의 앞길을 딱 막는 것처럼 보입니다. 그러면 포기하고 싶은 유혹이 찾아듭니다. 우리는 이렇게 말합니다. "내 갈 길을 갈 수 없다면 아예 가지 않겠어." 우리는 다른 길로 갈 수 있다는 것을 깨닫지 못합니다. 하느님이 다른 길에서, 다른 환경에서 우리에게 전하고 싶은 더 중요한 무언가가 있기 때문에 우리를 돌려세 웠다는 사실을 모르고 말입니다.

사람들이 이러한 것들을 더 명확하게 깨닫는다면 사라진 행복에 대한 불평 도 줄어들 겁니다. 진정한 행복은 사라지지 않습니다. 만약 어떤 경험이 진 정한 사랑이었다면 그 기억과 그 힘은 우리와 영원히 함께하기 때문입니다.

그렇다, 올리버의 말이 옳다! 진정한 행복은 그 행복을 경험한 사 람의 영혼을 풍요롭게 해주며, 일반적으로 타인으로 하여금 진정한 행 복을 찾을 수 있도록 도와준 사람의 영혼도 풍족해진다. 더욱이 행복 은 황금률을 통해서 찾을 수 있다. 황금률은 이타적인 삶을 통해 보 이는 열성 그 자체로도 가장 고귀하고 숭고한 형태의 행복이므로 우 리에게 열심히 이타적인 삶을 살라고 격려와 용기를 보낸다.

만약 당신이 당신의 고용주라면
당신은 자신이 직원으로서 수행하는 업무의
질과 양에, 그 일을 대하는 정신
자세에 만족하겠는가?
— 나폴레온 힐

자, 여기서 황금률의 작동 원리에 대한 대중의 오류를 바로잡고 가 는 게 좋을 듯하다. 이 위대한 인간 행동의 법칙 뒤에 숨겨진 법칙을 이해하지 못하는 사람들은 '황금률이 지금처럼 이기심과 탐욕이 가득

한 시대에 물질을 숭배하는 세상에서는 작동할 수 없는 그저 멋진 이론에 불과하다'고 생각하는 실수를 저지른다. 이들은 자기 이웃이 황금률에 따라 살기를 거부하기 때문에 자기만 황금률을 따르면 큰 손해를 보므로 그렇게 할 수 없다고 그릇된 주장을 펼친다.

한 저명한 사업가는 "나는 기꺼이 황금률에 따라 사업을 운영할 마음이 있다"라고 하면서도 "그렇게 하면 함께 사업을 하는 사람들이 나를 이용하기 때문에 파산하게 될 것"이라고 말했다.

얼핏 들으면 일리 있는 말 같기도 하다. 하지만 황금률 철학은 겉으로 드러나는 것이 다가 아니다. 우주를 지배하는 것은 자연법칙의 일부이며, 이 법칙의 영향을 이해하려면 우리는 표면적인 현상의 안으로 더 깊이 들어가야 한다.

황금률 이행의 혜택을 받았으면서도 보답하지 않음으로써 자신을 도와준 상대방을 불리하게 만드는 사람에게는 예외가 존재하는 것처럼 보일 수 있다. 하지만 인간 행동의 법칙에 대한 소수의 예외는 그리 중요한 문제가 아니다. 중요한 점은 이것이다.

일반적으로 다른 사람과의 관계에서 받은 만큼 주는 사람이 압도적으로 많다는 사실을 모든 인간의 경험이 증명하고 있지 않은가?

그러니까 사업적 거래에서 설사 100명 중 1명이 황금률 관계에서 혜택을 입고도 고마워하지 않고 그에 상응하는 보답을 하지 않았다고 해서 달라질 게 뭐가 있단 말인가? 나머지 99명이 보답할 것이다. 따라서 혜택을 준 사람은 자기 행동에 정당한 보상을 받는다는 게 세상 사다. 물론 황금률을 실천함으로써 자신이 더 나은 사람이 되면서 인격과 평판이 좋아지고 영향력이 커지는 혜택은 말할 것도 없다.

시카고에 있는 마셜필드백화점은 구매한 제품이 만족스럽지 못해 되가져오는 고객에게는 이유를 불문하고 전액 환불해주는 정책을 유지한다. 과연 그런 규칙이 이익이 될까? 일부 고객은 백화점을 이용해 먹으려 하지 않을까? 백화점 관리자의 말을 들어보자.

장갑 판매를 담당하는 관리자는 이렇게 말했다. "때로는 비싼 장갑을 사고는 하루 동안 잘 사용하고 난 다음 일부러 이음매 부분을 찢어서 되가져오는 사람이 있습니다. 그러고는 환불을 요구하죠."

"그럴 때는 어떻게 합니까?"

"물론 고객에게 전액 환불해줄 뿐 아니라 시간을 낭비하게 만들어서 죄송하다고 사과드립니다."

"아주 뻔한 수법인데 어떻게 백화점에서 고객의 그런 행동을 받아줄 수 있나요?"

"그렇게 하지 않을 이유가 없습니다. 이런 식으로 규칙을 악용하는 사람은 아마 500명 중 1명도 되지 않을 겁니다. 그런 사람은 우리가 조건 없이 자기 요구를 받아들이면서 약속을 지켰다고 여기저기 소문을 내주기 때문에 우리에게 이득이 됩니다." 관리자가 설명했다.

시카고에는 모자를 2달러라는 아주 대중적인 가격에 판매하는 모자 체인점이 있다. 이 체인점은 누구든 구매한 모자가 마음에 들지 않아 되가져오면 새 모자로 교체해주는 정책을 유지하고 있다. 한 고객은 이 상점에서 모자를 구매했는데 6개월 정도에 1번씩 상점에 들러 모자를 바꾼 지 3년 정도가 되었다. 그 사람은 쓰던 모자를 가져와서 "불만족"이라고 딱 한 마디 던지고는 매번 새 모자로 바꿔 간다.

그런 손님을 "왜 쫓아내지 않느냐"는 질문을 받은 상점 주인은 이렇게 반문했다. "쫓아내요? 왜요? 그런 손님이 100명만 있으면 나는 몇 년 안에 은퇴해서 편안히 지낼 수 있는데. 그 사람은 우리 상점을 위한 걸어 다니는 광고판이에요. 새로 오는 고객 중에 그 사람 얘기를 하는 사람이 일주일에 무조건 한두 명 이상은 돼요. 그 '사기꾼'이 우리 상점은 약속을 지키는 곳이라는 소리를 들었다면서. 그 사람이 우리 상점 광고를 얼마나 많이 해주는데요. 6개월에 1번씩 2달러짜리 모자 하나면 주면 알아서 광고를 해주는데, 수백 달러를 주고 신문에 광고를 싣는 것보다 훨씬 낫죠."

> ### ⊗ 멘탈 트레이닝 어드바이스
>
> 스타벅스 커피 체인점은 모든 고객에게 간단한 한 가지 약속을 보장한다. '우리 음료가 만족스럽지 않다면 만족스러울 때까지 얼마든지 다시 만들어드리겠습니다.' 이는 모든 고객에게 긍정적인 경험을 보장하는 것으로 오랜 기간에 걸쳐 단골이 늘어나고 고객 생애 가치도 확대된다.
>
> 당연히 일부 부도덕한 고객이 음료수의 절반을 마신 뒤에 매장의 고객 만족 정책을 악용해서 '불만족스러운' 음료를 다시 만들어달라고 요구함으로써 자기가 지불한 돈 이상의 이득을 보려는 사례가 있을 것이다.
>
> 하지만 이런 비양심적인 열외자도 스타벅스 커피 체인점에 어떠한 물질적 손해도 입히지 못한 듯하다. 현재 전 세계에 3만 개 이상의 지점을 둔 스타벅스는 1,000억 달러 이상의 시가총액을 자랑하고 있다.

그런데도 황금률에 따라 살고 싶지만 다른 사람이 그렇게 살지 않기 때문에 자기도 그럴 수 없다는 사람이 있다.

다른 사람은 신경 쓰지 말라. 황금률은 가정에서 시작해야 하며 말뿐이 아닌 실행하는 황금률은 다른 사람이 무얼 하든 당신에게 적절한 보상을 안겨줄 것이다.

비교는
즐거움을 훔쳐가는 도둑이다.
— 시어도어 루스벨트

내 지인 2명 중 1명이 상당히 큰돈을 투자하면서 최근에 사업 제휴를 맺었다. 이 두 사람은 여생을 함께 일하기로 의논하고 결정했지만 둘 사이의 계약은 전적으로 구두로 이뤄졌다. 말 그대로 글로 남긴 기록이 없다.

그게 가능할 수 있었던 이유는 두 사람 모두 황금률을 이해하고 그에 따라 최선을 다해 살기 때문이다. 따라서 두 사람은 황금률을 지키는 마음이 서로 만나 이뤄진 구두 계약이 변호사가 개입해서 작성한 어떤 법적 계약보다 더 가치가 있다는 점을 알고 있다.

이 계약이 실제로 어떻게 진행되었는지 보자! 거래가 성사되고 6개월이 지난 후 파트너 중 한 명, 즉 돈을 투자하지 않은 사람은 자발적으로 생명보험에 가입했다. 보험금 수령자로 파트너를 정했고 자기가 사망 시 파트너는 투자금보다 훨씬 더 많은 보험금을 수령할 수 있도록 했다. 게다가 유언장을 작성하면서 파트너를 유일한 수혜자로 지목했다. 유언장의 내용은 이렇다.

> 나는 친애하는 친구이자 사업 동료인 _____에게 우리가 공동 소유자로 있는 사업에 대한 나의 모든 권리와 이익, 내가 소유하고 있는 다른 모든 실질적인 재산과 개인 재산을 유증하고, _____를 집행인 및 수탁인으로 지명하여 아무 조건 없이 내 유언을 실행하도록 허락한다.
> 나는 자유 의지에 따라 감동받았기에 사업 파트너에게 모든 재산을 물려주기로 한다. 이는 그가 보여준 동정심과 이해심, 오로지 나를 믿는 마음으로 기꺼이 나와 사업을 제휴하고 거금을 투자한 행동, 게다가 서면 증거 없는 구두 협의를 통해 모든 인간관계의 기본으로서 황금률을 믿고 이행한다는 그의 믿음에 고마움을 표현하기 위한 것이다.

이 친구의 재산 가치는 내가 아는 한 100만 달러를 훨씬 넘는다. 그럼에도 고마움을 보답하기 위해 모든 것을 파트너에게 주기로 했다. 파트너가 구두 협의만으로 사업 제휴를 맺으면서 보여준 자신을 대하는 태도 하나에 그럴 수 있었던 것이다.

이 두 사람을 모두 알고 있는 내가 장담하건대, 그 어떤 영리한 변호사도 이 두 사람의 구두 협약보다 서로의 목적 달성에 이바지하고 강한 구속력을 발휘하는 법적 계약서를 만들어낼 수 없다. 이 둘이 맺은 협약은 황금률에 기초를 두고 있기 때문에, 서로를 대하는데 황금률을 평생의 철학으로 삼고 살아왔던 두 사람이 체결한 것이기 때문에 충분히 만족할 만한 결과를 이끌어낼 것이다.

그렇다고 내가 모든 사업적 관계가 구두로 이뤄져야 한다고 주장하려는 것은 아니다. 황금률을 믿지도 않고 따라 살려고도 하지 않는 사람이 세상에 많다는 현실을 나도 잘 안다. 물론 이런 사람들은 자신의 실수에 대한 손실을 스스로 책임질 수밖에 없다. 그럼에도 세상은 대체로 인간관계에서 황금률을 단순한 이론으로 받아들이기보다 황금률을 이행하며 사는 사람들에게 얼마나 깊이가 있고 오묘한 혜택이 돌아가는지 아직도 발견하지 못한 것이 사실이다.

황금률 이행의 몇 가지 혜택

우리가 알고 있듯이 모든 인간관계에서 동기 또는 원인은 매우 중요한 역할을 한다. 따라서 황금률을 이행함으로써 받을 수 있는 혜택을 알아보고, 이 규칙을 적용할 때 9가지의 기본 동기 중에서 몇 가지가 황금률과 연관이 있는지 살펴보자.

(1) 사랑의 동기

모든 감정 중에서 가장 위대한 사랑의 감정은 이기심·탐욕·시기심을 물리치고 상대방의 입장에 서서 타인을 이해할 수 있도록 영감을 주는 황금률 정신에 바탕을 두고 있다. 황금률을 통해 표현되는 사랑의 동기는 "이웃 사랑하기를 네 몸같이 하라"는, 예전부터 내려오는 그 충고를 우리가 자유롭게 따를 수 있게 해준다. 이는 우리에게 인류는 하나라는 사실을, 이웃에게 피해를 주는 것은 곧 자신에게 피해를 주는 것이라는 사실을 온전하게 깨우치도록 해준다. 그러므로 모든 관계에서, 인간성의 정신을 실천하는 실질적인 수단으로서 황금률을 적용하자. 사랑은 이 심오한 황금률 규칙을 적용하는 데 가장 위대한 동기라 할 수 있다.

(2) 금전적 이익 동기

금전적 이익은 건전하면서 보편적인 동기임에도 이기적으로 표현될 때가 아주 많은 동기이기도 하다. 황금률의 이행으로 얻은 경제적 이득은 금방 사라지지 않는다. 이런 이득에는 경제적 이득을 제공한 사람의 호의도 담겨 있다. 이런 이득을 얻는 사람은 악감정, 조직적 반대, 적대감, 부러움의 대상이 되지 않는다. 오히려 다른 사람이 기꺼운 마음으로, 황금률을 통한 이득이 아니었다면 하지 않았을 협조를 제공한다. 말 그대로 축복받은 이득인 것이다.

(3) 자기 보존의 동기

인간은 누구나 자기 보존 욕구를 타고난다. 자신의 생존을 돕는 최선의 방책은 다른 사람을 돕는 것이다. 타인을 인정해주는 "너 나름의 삶을 살리려면 남도 나름의 삶을 살도록 하라" 원칙을 적용하며 살면 상대방도 내게 똑같은 태도를 취할 게 분명하다. 따라서 다른 사람으로부터 우호적인 협조를 통해서 자기 보존을 이루는 가장 확실한 방법은 황금률의 이행이다.

 (4) 심신의 자유를 원하는 욕구의 동기

 모든 사람에게 영향을 끼치는 공통적인 유대 관계가 있다. 그 유대 관계는 보편적이므로 모든 인간관계에 영향을 미치면서 인생의 장단점, 손익이 실질적으로 같은 수준에 놓이게 한다. 이익의 공정한 몫 이상을 취하려는 사람 또는 손실을 피하려는 사람에게도 자신의 행동에 상응하는 결과가 돌아가도록 정해져 있다. 자기 심신의 자유를 얻고자 한다면 사람은 그러한 자유를 얻고자 하는 타인을 도와야 한다. 그 자유가 이익이든 손실이든 모든 인간관계가 이 점을 증명하고 있다. 이웃 모두가 자유를 누리게 될 때 자신의 자유도 향유할 수 있다. 에머슨도 다음과 같은 말을 하면서 이와 똑같은 생각을 하고 있었다. "자연은 독점이나 예외를 싫어한다. 바다의 크고 사나운 물결이 잠잠해지는 시간보다 인생의 다양한 조건이 스스로 평형을 이루는 시간이 더 빠르다. 인생에는 거만한 자, 돈이 많은 자, 운이 좋은 자를 실질적으로 같은 위치로 내려놓는 모두를 균등하게 만드는 어떤 상황이 언제나 있다."

 (5) 권력과 명성 욕구의 동기

 인간의 9가지 기본 동기 가운데 하나인 권력과 명성 욕구는 둘 다 황금률의 이행을 통해 다른 사람의 친절한 협조를 통해서만 얻을 수 있다. 그 누구도 이 결론에서 벗어날 수 없다. 직접 실험해보고 싶다면

해보라!

로터리클럽의 슬로건은 이렇다. '가장 많이 봉사하는 사람이 가장 많이 혜택받는다.' 우리는 모든 형태의 관계에서 상대방의 입장에 서지 않으면 최상의 봉사를 할 수 없다. 자신이 누리는 혜택만큼 타인에게 혜택을 제공하지 않으면 권력과 명성을 획득하고 보유할 수 없다. 우리는 이제 왜 황금률의 건전성을 설파할 뿐 아니라 실천해야 하는지 이해하기 시작한다! 규칙을 믿기만 해서는 안 되고 이행해야 이익이 돌아온다.

따라서 우리는 모든 행동에 황금률을 적용해 타인을 이해하고 관계를 맺는 사람이 9가지 기본 동기 중 5가지를 통해 협력을 제공받는다고 본다. 게다가 공포와 복수라는 2가지 부정적인 동기에 저항하는 면역력을 스스로 갖추게 된다! 그러므로 황금률에 따라 사는 사람은 9가지 기본 동기 중 7가지에 의해 혜택을 얻고, 2가지 부정적인 동기로부터 자신을 지키는 보호막을 얻는 셈이다.

이것이 개인적인 힘을 얻는 진정한 방법이다! 이런 힘은 우리가 권력을 획득하는 상대방의 완전한 동의와 조화로운 협력으로 얻을 수 있다. 따라서 이 힘은 영구적인 힘이다. 이 힘은 그 자체로 건전한 성품을 보여주는 힘이다. 그러므로 다른 사람에게 피해를 주지 않는 힘이다.

이제 사람들이 종종 간과하는 황금률의 한 가지 특징을 다시 한번 강조하고자 한다. 황금률의 혜택은 믿음이나 설교가 아니라 실행할 때만 얻을 수 있다. 이 위대한 인간 행동 규칙을 수동적인 태도로 받아들이면 아무 소용이 없을 것이다. 신앙과 마찬가지로 황금률도 수동적인 태도에는 어떠한 실용적 가치가 없다. '말이 아니라 행동'을 좌우명으로 삼아야 한다!

황금률은 이런저런 형태로 2,000년 이상 설파되어오고 있지만, 세상은 여전히 이를 설교로만 받아들인다. 세대마다 오직 극소수의 사람만이 이 위대한 법칙의 이행에 숨겨진 잠재력을 발견하고 실제로 이행했을 뿐이다. 모든 사람이 황금률을 지키고 그에 따라 산다면 지금처럼 문명의 성과를 산산조각내는 싸움을 벌이지 않을 것이다.

황금률 철학의 이점은 아주 다양하고 수적으로도 어마어마하기 때문에 일일이 열거할 수 없지만, 그럼에도 강조하고 싶은 한 가지가 있다. 이 철학의 혜택은 타인과의 모든 관계에서 습관처럼 이 철학을 적용하는 사람에게 돌아간다. 당신이 황금률에 근거해서 상대방을 이해하고 관계를 유지한다고 늘 직접적인 혜택이 돌아올 거라 기대해서는 안 된다. 만약 그런다면 실망할 것이다. 당신이 준 것처럼 되돌려주지 않는 사람들이 있다. 하지만 그로 인한 손해는 당신의 몫이 아니라 상대방의 몫이 될 것이다.

내 말이 무슨 뜻인지를 보여주는 좋은 사례가 있다. 미국 북부의 어떤 작은 마을에 '저명인사'가 한 명 살고 있다. 그는 지난 25년 이상을 자기 방식으로 살면서 지역 사람 모두가 아는 사람이 되었다. 혼자 힘으로 그는 마을에서 가장 훌륭한 교회 중 하나를 짓기 위해 기금을 모았다. 그가 이 서비스에 대한 답례로 받은 것은 무엇일까? 그는 교회의 일부 신도에게서, 신도가 아닌 주민들에게서, 리더십을 발휘하는 꼴이 보기 싫었던 사람들에게서, 교회 건축 계약을 따내지 못한 건축가에게서 험담을 듣고 모욕을 당했다.

자금을 댄 이 남자는 마을에서 가장 중요한 건물을 지었다. 덕분에 주변의 부동산뿐 아니라 마을 전체의 가치가 상승했다. 그는 마을에서 가장 크고 성공적인 사업체 중 하나를 소유하고 운영하는데, 그곳에서 일하는 사람들은 급여를 많이 받았다.

그의 영향력은 미국 전역으로 뻗어가고 있다. 시작한 '일은 끝내고 만다'라는 평판을 얻은 덕분에 그 지역에 여러 산업을 끌어들일 수 있었다. 이렇게 본다면 그는 현존하는 그 누구보다 자기 주州를 위해 이바지를 많이 했다고 할 수 있다.

그는 비록 어느 정당과도 동맹을 맺지 않았지만 그러면서도 모든 정당, 모든 지역 정치인과 친분이 있을 정도로 깨끗하게 살아왔다. 그는 국회의사당에까지 영향력을 발휘해서 자신이 사는 주를 위해 연방정부로부터 많은 도움을 얻어냈다. 만약 "모든 인간관계에서 현실적으로 황금률을 가장 잘 적용하며 산 사람이 누구냐"고 묻는다면 바로 이 사람을 꼽을 수 있을 것이다.

지금까지의 내용을 보면 이 사람은 그 마을에서 영웅 대접을 받을 것 같지만, 전혀 아니다! 정반대로 다른 이들에게는 아무짝에 쓸모없는 그저 시기의 대상일 뿐이다. 때때로 사람들은 부당한 말과 행동으로 그를 대한다. 그가 복수한다 해도 이상할 것이 없어 보이지만, 그는 허락되는 한 언제 어디서든 이웃에게 봉사함으로써 '복수한다'. 그는 결코 사람들이 배은망덕하다고 말하지 않으며 원망의 행동도 보이지 않는다. 그는 황금률에 따라 살기 때문이다.

누군가는 이런 질문을 던질 것이다. "이 사람이 황금률에 따라 산다고 대체 무슨 이익을 얻는단 말인가?" 우선 그는 물질적으로 번창하고 있고 마을 사람들보다 훨씬 더 신나게 일하고 있다. 이것만 봐도 충분한 설명이 되겠지만 좀 더 살펴보자. 이 사람은 비교적 젊다. 그는 정신적으로 경제적으로 빠르게 성장하고 있다. 물질적 이익을 얻을 뿐 아니라 영향력을 발휘할 수 있는 그리하여 물질적 부를 더 쌓을 수 있는 자발적인 기회를 끊임없이 끌어들이는 좋은 평판도 얻기 때문에, 넓은 의미에서 번창하고 있는 것이다.

얼마 전, 산업가 대표단이 자발적으로 그가 사는 주를 위해 크게 이바지할 기회를 주면서 상당한 보수를 주겠다고 했다. 그는 책임은 받아들였지만, 보수는 거절했다.

그가 활동하는 주에서 그의 영향력이 미치지 않는 분야가 없고 정치·비즈니스 지도자 중에서 그의 사무실을 거쳐가지 않은 사람은 없다고 해도 과언이 아니다. 그의 말은 다른 사람의 계약서보다 낫다. 누구나 아는 사실이다. 철저하게 황금률에 따라 사는 그의 삶은 대부분의 신뢰를 얻었고, 근시안적인 시각을 지닌 일부의 사람은 보지 못하겠지만 그는 번창한다.

이 남자는 그가 살고 있는 공동체의 일원이 아니다. 더 큰 의미에서 그가 공동체 그 자체다. 자신이 그렇게 주장하는 것이 아니라 그의 건실한 성품을 인정하고 그에 끌리는 다른 사람들이 그렇게 인정해주는 것이다. 그가 그의 사회에서 가장 운이 좋은 사람이라고 해도 과언은 아니다. 물론 그의 운은 우연이 아니라 자신의 인생 철학 때문에 찾아온 필연이다.

그는 스스로의 노력을 통해 현재의 자신을 만들었다. 그는 대단히 부유한 가정 출신이 아니다. 오히려 자신이 지지도 않은 빚을 떠안은 상태에서 비즈니스를 시작했다. 그에게 미리 주어진 것은 아무것도 없었고 초반에는 벌이도 좋지 않았다. 그런데 황금률에 따라 사는 사람들에게는 이상한 특징이 또 하나 있다. 바로 기대 이상의 노력을 기울이는 습관이다.

이 사람의 적들은 이 사람에 대해 좋은 말은 하지 않는다. 하지만 돈을 얼마를 들여서라도 이 남자의 자리에 올라갈 수 있다면 그리할 것이다. 황금률에 따라 살고자 하는 사람은 자기와 같은 사람보다 자기를 시기하는 사람과 함께 지낼 마음의 준비를 하라. 다른 사람의 시기는 염두에 두지 말라. 시기는 인간이 저지르는 저급한 잘못 중 하나일 뿐이며 그 피해는 시기하는 사람에게 돌아간다.

나의 가장 좋은 친구는
내 안에서 최상의 능력을
끌어내 주는 사람이다.
— 헨리 포드

나는 최근에 이 남자를 인터뷰할 기회가 있었다. 그래서 그에게 황금률의 이행에 따라 얻은 결과를 어떻게 생각하는지 솔직하게 물었

다. 처음에 그는 일부 이웃이 자신의 호의에 보답하지 않아서 불쾌하게 느꼈던 적이 있는지 생각하는 듯했다. 그는 몇 분간 상황 하나하나를 되돌아보며 자신의 느낌을 살폈다. 마침내 그는 내 얼굴을 똑바로 보더니 감정이 서린 표정으로 이렇게 말했다.

"내가 사람들을 대하는 방식에서 받은 진정한 혜택은 다른 사람들로부터 오는 것이 아닙니다. 물질적인 이득에서 오는 것도 아니고요. 진정한 혜택은 내 영혼, 나 자신과 평화롭게 지내는 영혼 안에서 느끼는 감정에서 오는 것입니다."

이 말을 생각해보라!

여기에, 자기 자신과 평화롭게 지내는 사람이 있다. 그게 어떤 평화를 뜻하는지 알겠는가? 그 말은 이 사람이 자신에 대한 믿음을 가지고 있다는 뜻이다. 그 믿음은 이 사람으로 하여금 확고한 결정으로 자신의 판단을 뒷받침할 수 있게 해주는 믿음이다. 그는 어떠한 결정을 내리든 자신의 결정을 도와줄 사람이 필요하지 않다. 그는 신속하고 단호하게 결정을 내린다. 승리를 향한 의지에 힘입어, 자신이 주도적으로 움직이며 매우 열정적으로 움직인다.

이 남자는 그 주에서 막강한 권력을 행사한다. 그는 자신의 태도를 통해 그 힘을 얻고, 자기 자신과 평화로워 그런 태도를 갖게 되는 것이다. 따라서 그는 황금률 덕분에 그런 혜택을 입었고, 이는 그가 상대하는 사람들이 황금률을 이행하며 사는지 거부하며 사는지와 아무 관계가 없다. 여기서 황금률 이행의 주요 원리를 알 수 있다. 황금률은 우리에게 어떤 반대에도 불구하고 명확한 결정을 내리고 그 결정에 따를 수 있는 용기를 준다.

습관처럼 황금률에 따라 사는 사람은 언제나 자신과 평화를 이루며 산다. 이런 사람은 대부분 두려움에서 자유롭다. 양심에 꺼리는 일을 하지 않기 때문에 솔직한 심정으로 동료 시민을 대할 수 있다. 자신의 양심과 갈등을 겪는 사람은 자신의 정신력을 완전히 장악할 수 없다고 한다. 황금률은 우리가 자신의 양심과 밀접한 친밀감을 형성할 수 있는 매개체이자 양심과 평화를 이룰 수 있게 해주는 유일한 규칙이다.

황금률을 이행하면 보답을 받는가

황금률을 따라 사는 사람이 실질적으로 어떤 혜택을 누렸는지 살펴보자. 엄청난 재산의 대부분을 문명의 발전을 위한 과학적 연구 지원을 통해 인류에게 혜택을 주고 있는 록펠러부터 시작한다. 황금률에 따라 가문의 숭고한 사업을 이어가는 존 D. 록펠러 주니어는 다음과 같은 신조를 가지고 있다.

- 나는 개인의 최고 가치, 개인의 삶, 자유와 행복 추구 권리를 믿는다.
- 나는 모든 권리는 책임이고 모든 기회는 의무이며 모든 소유는 소임을 의미한다고 믿는다.
- 나는 법이 사람을 위해 만들어진 것이지 사람이 법을 위해 만들어진 것

이 아니라고 믿는다. 정부는 백성의 종이지 주인이 아니다.

○ 나는 머리를 쓰든 손을 쓰든 노동의 존엄성을 믿는다. 세상은 어느 누구의 생계도 책임지지 않지만 모든 사람에게 생계를 꾸릴 기회를 주어야한다고 믿는다.

○ 나는 절약이 안정적인 생활에 필수적이며, 정부든 사업이든 또는 개인이든 경제가 건전한 재무 구조의 주요 요건이라고 믿는다.

○ 나는 진실과 정의가 지속적인 사회 질서의 기본이라고 믿는다.

○ 나는 약속의 신성함을 믿는다. 한 사람의 말은 그 사람이 작성한 계약서만큼 신뢰할 수 있어야 한다. 최고의 가치는 부나 권력 또는 위치가 아니라 인격에 있다고 믿는다.

○ 나는 유용한 봉사가 인류의 공통된 의무이며, 희생이라는 정화의 불 속에서만 이기심의 찌꺼기가 남김없이 다 타고 인간 영혼의 위대함이 자유를 얻는다고 믿는다.

○ 나는 어떤 이름으로 불리든, 모든 지혜와 모든 사랑을 보이는 신을 믿으며 개인의 성취, 가장 큰 행복, 가장 큰 가치는 신의 의지와 조화를 이루는 생활에서 찾을 수 있다고 믿는다.

○ 나는 사랑이 세상에서 가장 위대한 것이라고 믿는다. 사랑은 그 자체만으로 증오를 극복할 수 있다고 믿는다. 정의가 권력을 누르고 승리할 수 있고 승리할 것이라고 믿는다.

록펠러 신조의 밑바탕에 황금률 원칙이 여실히 드러나고 있다. 록펠러는 경제적으로 어떠한 어려움도 겪지 않은 사람이다. 따라서 금전적 가치를 전혀 생각하지 않고 자기 마음에 맞는 신조를 정하고 그에 따라 살 수 있는 사람이다. 짐작건대 그가 다른 사람과의 관계의 밑바탕에 황금률을 두기로 선택한 이유는 그 규칙이 건전하다고 믿기 때문이며 자기에게 개인적 만족이라는 혜택을 주기 때문일 것이다. 황금률을 따르는 행동은 그에게 마음의 평화를 가져다주었다. 그런 행동 덕분에 대중은 그에게 아무런 반감도 표출하지 않았다.

이런 '이상주의'를 따라 산 록펠러는 소유한 재산이 조금이라도 줄었을까? 록펠러는 황금률에 의해 살면서 부를 유지하는 것이 힘들다고 생각했을까?

그 해답은 록펠러가 투자한 사업들을 살펴보면 찾을 수 있을 것이다. 나는 그가 어디에 얼마를 투자했는지 속속들이 알지는 못하지만, 그가 투자한 사업 중 몇몇은 그동안 번창했다는 사실을 알고 있고 앞으로도 번창할 거라는 것은 의심의 여지가 없다.

라디오시티를 예로 들어보자. 록펠러가 처음 부지를 구매했을 때 그 지역은 맨해튼에서 이도 저도 아닌 동네였다. 지금은 매일 엄청난 수의 사람들이 상당한 입장료를 지불하고 구경하러 올 정도의 명소로 자리 잡았다. 록펠러센터가 들러선 후 그 지역은 임대료가 상승했고 곧바로 뉴욕 비즈니스의 활동 무대가 되었다.

스탠더드오일사는 어떤가 보자. 록펠러 재산의 상당 부분은 스탠더드오일 운영을 통해 축적되었다. 이 회사는 번창했을까? 거리에서 아무나 붙잡고 스탠더드오일의 주식을 소유하고 싶은지 물어보면 답을 얻을 수 있을 것이다. 석유 업계의 치열한 경쟁에도 불구하고, 스탠더드오일은 최고의 시장 점유율을 차지하고 있다. 이 회사의 제품은 평판이 아주 좋아서 광고를 만들 때 과장된 주장을 내세울 필요가 없다. 다른 정유사들은 스탠더드오일의 방식을 따른다. 고객들이 꾸준하게 스탠더드오일의 제품을 찾으면서 황금률이 사업에서 수익을 창출한다는 확실한 증거를 보여주고 있다.

> ### ⊗ 멘탈 트레이닝 어드바이스
> 1911년 미국 대법원은 스탠더드오일이 너무 커졌다고 판단해 강제로 이 회사를 34개의 회사로 분리시켰다. 한 세기가 지난 지금도 과연 대법원의 결정이 옳았는지 논란이 있긴 하다. 당시 분할된 회사들이 현재의 BP, 엑손, 마라톤, 셰브론으로 남아 있다. 이런 강제적인 분리·해체가 없었다면, 스탠더드오일의 현재 가치는 1조 달러가 넘을 것으로 추정된다.

록펠러 조직은 재계의 부러움을 사고 있다. 높은 윤리적 기준 위에서 운영되고 있기 때문에 록펠러의 비즈니스는 어려움을 겪지 않았다. 현대에 와서 황금률을 비현실적이라고 보는 사람이 있을 수 있지만, 록펠러는 오히려 번창했으며 계속 번창하고 있다.

어디를 찾아봐도 록펠러만큼 비즈니스 정책으로 황금률을 엄격하게 준수하는 조직을 찾기 힘들다. 록펠러는 현대 사업에서 경제적 불이익을 겪지 않으면서도 황금률을 적용할 수 있다는 사실을 입증했다. 그들은 황금률이 현대 사업에서도 훌륭한 장점이 될 수 있다는 사실을 증명했다.

코카콜라는 비즈니스에 황금률을 적용해 눈부신 번영을 이룬 또 하나의 놀라운 사례다. 두 세대 전, 코카콜라의 시작은 초라했다. 아사 캔들러Asa Candler는 큰 주전자 하나, 코카콜라 시럽을 만드는 공식, 시럽을 휘젓는 나무 주걱 하나로 사업을 시작했다.

코카콜라는 이제 전 세계로 사업을 성장시켰다. 얼마나 큰 성장을 거두었는지 병을 디자인한 사람과 음료 트럭을 운전하고 지점에 배달해주는 사람까지 많은 이가 큰돈을 벌었다. 코카콜라 주식은 오랫동안 인기를 누리고 있다. 코카콜라는 미국에서 관리가 가장 잘되는 회사 중 하나로 알려져 있다. 회사의 관리자와 직원은 수준 높은 미국 시민으로 구성되어 있고, 듣기로는 직원들이 회사를 서로 만족하는 사람들이 모인 하나의 거대한 가족으로 여길 정도로 소속감이 높다고 한다. 모두 좋은 보수를 받고 행복해한다.

1929년 대공황이 닥쳤을 때도 코카콜라는 다른 기업과 달리 전혀 흔들리지 않았다. 직원 해고도 급여 삭감도 없었으며, 회사는 힘든 시기에도 주춤거리지 않고 앞으로 나아갔다. 록펠러 조직처럼 코카콜라 역시 모두에게 공정함이라는 황금률 정책을 기반으로 비즈니스를 이어가고 있다. 코카콜라는 이 정책이 건전한 사업 철학이라는 사실을 깨닫고 고수한다.

⊗ 멘탈 트레이닝 어드바이스

세계적으로 유명한 미국의 투자자 워런 버핏을 모르는 사람은 없다. 논리와 철저함, 펀더멘털의 신봉으로 잘 알려진 이 '오마하의 현인'은 앤드류 카네기와 나폴레온 힐이 전하는 여러 교훈 중에서도 황금률 이행의 완벽한 본보기라 할 수 있다. 그런 그가 1988년 코카콜라 주식을 6% 넘게 사들였다는 사실이 놀라운 일이라고 할 수 있을까?

버핏은 1987년 주식 시장의 폭락을 둘러싼 변동성 속에서 코카콜라를 겨냥하고 덤벼들어 약 10억 달러어치의 주식을 유리한 가격에 사들였다. 그는 많은 이가 열심히 주식을 내다 파는 와중에도 코카콜라의 펀더멘털이 튼튼하고 전 세계적으로 유례가 없는 브랜드 인지도를 누리고 있다는 사실을 알았다.

오늘날 버핏과 그의 계열사들은 코카콜라 주식의 약 10%를 소유하고 있다. 이 회사의 주식은 현재 주당 약 55달러에 거래되고 있는데 이는 버핏이 처음에 사들인 금액의 22배가 넘으며 거기다 배당금까지 합치면 2,100% 이상의 변화를 의미한다.

황금률을 사업에 적용하는 가장 놀라운 예는 볼티모어에 본사를 둔 차, 향신료, 약품 제조 및 수입업체 매코믹앤컴퍼니에서 찾을 수 있을 듯하다. 이 회사의 직원 간의 관계, 직원과 경영진 간의 관계 구조는 '멀티플 매니지먼트'(여러 집단의 경영 참가를 촉진시키는 방법: 옮긴이 주) 계획으로 알려져 있다. 1932년 사장인 찰스 P. 매코믹이 도입한 이 계획은 경영진은 물론이고 2,000명 이상의 직원 개개인에게도 유익한 영향을 미칠 정도로 영향력이 광범위하다.

여기서 우리는 사장에서 시작해 아래로 회사의 모든 직원까지 동맹을 맺은 상태에서 광범위한 규모로 작용하는 마스터마인드 원칙을 찾을 수 있다. 멀티플 매니지먼트 계획은 다수의 이익을 제공하며, 내가 판단하는 한 어떤 단점도 없다. 이 계획의 장점 중 몇 가지를 소개한다. 이 계획은,

○ 모든 직원에게 모든 상황에서 최선을 다할 수 있는 확실하고 강력한 동기를 부여하고, 따라서 개인의 업무 능률 향상 및 정신적·영적 성장을

보장한다.

○ 목적의 명확성을 고취한다.

○ 자기표현을 통한 자기 확신을 발전시킨다.

○ 책임 떠넘기기와 책임 회피 문화를 제거함으로써 전 직원 간의 우호적인 협력을 장려한다.

○ 개인의 주도성을 장려해 리더십을 계발한다.

○ 마음을 맑게 하고 상상력을 예리하게 한다.

○ 개인에게 이익을 준다는 전제하에서 개인의 야망을 위한 배출구를 제공한다.

○ 모든 사람에게 소속감을 주고, 한 사람도 빠짐없이 모두가 인정받을 수 있는 수단을 제공한다.

○ 직원 간의 의리감을 고취하고 회사를 위해 진정에서 우러나오는 정성을 다하게 함으로써 노동 문제를 뿌리째 없앤다.

○ 회사가 직원의 모든 능력, 독창성, 창의적 비전을 최대한 활용하는 동시에 각 능력의 가치에 비례해 적절한 보상을 제공한다.

당신이 받는 급여 이상의
업무 능력을 보이지 못한다면
무슨 근거로 급여 인상을
요구하겠다는 건가?
— 나폴레온 힐

이제 로버트 리텔이 인간관계의 황금률에 대해 《리더스 다이제스트》에 올린 글을 통해 멀티플 매니지먼트가 어떤 식으로 운영되는지 알아보자.

내가 아는 사람 중에 야망이 있는 한 젊은 친구가 요전 날 내게 해준 이야기는 오늘날 미국의 비즈니스 운영 방식에 가하는 비판처럼 들렸다. 그의 말이 더더욱 중요한 이유는 우리 모두가 누누이 듣거나 직접 느끼는 불만과 내용이 같다는 점이다.

"제가 회사에 도움을 주고 싶어도 회사에서는 제 도움 따위는 필요로 하지 않는 거 같아요. 경영진은 저 하늘 위 구름 속 어딘가에 있고 제 목소리가 거기까지 닿을 일이 없죠. 처음에는 제안도 하고 그랬지만 곧 입 다물고 시키는 대로 해야 한다는 걸 깨달았습니다. 사장은 기회가 있을 때마다 우리 같은 직원들에게 '충실히' 따르라고 하는데, 그나저나 엘리베이터에 사장과 함께 탄 적이 몇 번 있는데 제가 누군지 알아보지도 못하더군요. 충성이라는 게 마치 일방통행인 듯 말입니다. 급여 인상도 몇 번을 요청하니까 마지 못해 해주더군요. 원하는 건 돈보다 인정, 자유, 회사 일에 나도 함께한다는 참여 의식입니다. 그런데 윗사람들이 시큰둥한 모습을 보이니까 우리 같은 부하 직원들도 '맘대로 하시든가' 하는 마음이 생겨나는 거죠. 저는 이런 태도가 앉아서 농성하는 것보다 회사에 더 큰 피해를 준다고 봅니다." 그 친구의 말이다.

매코믹앤컴퍼니에서는 직원들이 그런 불평을 하는 모습을 볼 수 없다. 매코믹은 멀티플 매니지먼트 계획을 통해 종종 중앙 집중식 경영이 간과하는 에너지·계획·열정 등 숨겨진 자원을 끌어모아 활용하는 방법, 직원들의 마음과 지식의 협조를 이끌어내는 방법을 찾아냈다.

설립자인 윌러비 M. 매코믹이 43년간 이끌었던 향신료 가공·유통 업체인 매코믹앤컴퍼니는 그가 1932년 사망하면서 조카인 찰스 P. 매코믹이 이어 받게 되었다. 젊은 매코믹은 17년간 회사에서 경력을 쌓으며 최고 경영자 한 사람이 모든 책임과 권력을 짊어지는 것이 옳지 못하다고 생각했다. 그는 능력과 의지가 있는 사람들과 책임을 공유하고자 했다. 그는 틀에 박힌 형식에 빠져든 회사에 독립성의 부활이 절실하다고 느꼈다. 윗사람의 명령에만 따르느라 머리를 반밖에 쓰지 않는 직원들로부터 다시 창의적인 상상력을 불러일으켜야 한다고 믿었다.

매코믹앤컴퍼니 이사회는 45세 이상의 남성들로 구성되어 있었다. 그들의 사고 습관은 과거에 젖어 있었다. 무언가 새로운 것이 필요했다. 그런 필요성에 따라 멀티플 매니지먼트가 탄생하게 되었다. 찰스 매코믹은 여러 부서에서 17명의 젊은 사원을 선택한 후 이렇게 말했다.

"여러분은 이제 후임이사회 회원입니다. 선임이사회를 보완하면서 아이디어를 공급하는 역할을 하게 될 겁니다. 여러분만의 회장과 총무를 선출하세요. 비즈니스와 관련된 것은 무엇이든 논의하십시오. 모든 자료가 공개될 것이고 상사들도 마음을 열고 도와줄 것입니다. 무엇이든 건의해도 좋습니다만, 단 모든 건의는 만장일치로 결정해야 합니다."

새로운 아이디어와 에너지가 홍수처럼 밀려들었다. 그동안 단순 업무만 한다고 생각했던 사람들이 책임감을 맛보면서 더 많은 책임감을 달라고 요구했다. 불과 1년 반밖에 지나지 않았는데도 후임이사회가 건의한 내용은 거의 채택되었다. 많은 향상이 이뤄지면서 매코믹앤컴퍼니는 불황이라는 단어를 모르는 듯 성장했다. 하지만 수익보다 더 중요한 점은 인사 관리적인 면에서 후임이사회가 큰 성공을 거두었다는 사실이다.

나는 후임이사회가 활동하는 걸 직접 본 적이 있다. 17명의 젊은이가 긴 탁자에 둘러앉아 회사를 더 높은 수준으로 끌어올릴 수 있는 의견을 말 그대로 쏟아내고 있었다. 일부 의견은 사람들의 웃음만 자아낸 채 끝나기도 했고 어떤 의견은 더 철저한 조사를 위해 소위원회로 보내졌다.

이들은 모든 의견의 장단점을 철저하게 점검했다. 분위기는 자유로웠고 많은 농담이 오갔다. 하지만 웃음만 있는 것은 아니었다. 후임이사회는 2년에 1번 투표를 통해 그간 기여도가 가장 적었던 위원 3명을 떨어뜨리고 새로운 위원을 뽑았다.

나는 공장이사회의 활동도 보았다. 후임이사회가 성공하면서 공장에 도입한 제도가 공장이사회다. 그간 공장 직원들은 행정 직원들이 내리는 결정에 탁상공론이라며 고개를 내젓고는 했다. 하지만 이 회사는 공장이사회에도 회장과 총무가 있으며 일주일에 한 번씩 만나 회사 운영에 의견을 내고 철저히 검토한다. 공장이사회 역시 명령과 복종이 아닌 논의와 합의를 통해 운영되고 있다.

매주 토요일이면 3개 위원회가 함께 모인다. 직함과 직위 같은 것은 서로 신경 쓰지 않는다. 어차피 회사 전체의 분위기가 그렇다. 서로 건강한 의견을 주고받으면서 광범위한 토론을 벌이다 보니 부서 간의 결탁도 시기도 없어졌다. 멀티플 매니지먼트의 성공 공식은 간단하다. 40명의 머리가 모이면 1명의 머리보다 낫다.

멀티플 매니지먼트는 이사회에서 끝나지 않는다. 과거에는 신입 사원의 업무 배치나 승진은 운에 따라 갈렸고 신입 사원의 이직률은 높았다. 하지만 이제 가능성이 엿보이는 신입 사원은 후임이사회 회원 1명이 신입 사원 1명을 담당해 후원한다. 이사회 회원은 신입 사원을 관리하기도 하지만 그보다는 신입 사원이 요청할 경우 조언을 해주는 역할을 더 중요하게 생각한다. 한 달마다 돌아가며 다른 이사회 회원이 담당하면서 3개월이 지나면, 그 신입 사원은 일반 사원으로 내려갈지 훈련을 통해 승진 과정으로 올라갈지 결정된다. 야망이 있는 신입 사원에게 이런 장려 제도는 매우 중요한 역할을 한다.

이쯤에서 이런 질문을 던지는 사람도 있을 것이다. "아주 멋지고 민주적인 방식처럼 들리긴 하는데, 그래서 수익을 내기는 하나?" 그렇다. 회사에 이익이 된다. 1929년에 비해 간접비가 12% 이하로 줄었다. 이직률은 6%로 떨어졌으며 젊은 직원들의 이직률은 이보다 더 낮다. 평직원들에게도 크리스마스 보너스를 지급하고 있으며, 보너스 금액은 매년 늘고 있다. 이 회사의 최저 임금은 볼티모어 지역의 동종 업계보다 훨씬 더 높다. 매코믹의 인건비 총액은 1929년에 비해 34%가 늘어났지만, 생산 역시 34% 증가했다. 함께 일하는 3개 이사회는 점차 매코믹의 인사 정책으로 발전해가며 최상의 근무 환경을 제공하게 되었다. 매코믹의 주당 근무 시간은 40시간(9년 전에는 56시간)이다. 매일 10분 휴식 시간이 2번 주어지며, 휴식 시간에 직원들은 회사가 제공하는 매코믹 차를 마실 수 있다. 직원들은 한 가지 일에만 매달리지도, 속도에 신경 쓰지도 않는다. 정기적으로 돌아가며 자동화 기계를 사용한다. 8일의 유급 휴가가 주어지며, 입사한 지 6개월이 지난 직원이라면 누구에게나 매년 7일의 유급 휴가도 주어진다. 성수기나 비수기를 가리지 않고 1년에 48주 근무를 기본으로 한다.

내가 아는 한, 매코믹은 고용 과정만큼이나 해고 과정이 다른 회사보다 까다롭다. 직원을 해고하려면 그 직원의 상사 4명이 사인해야 한다. 직원은 공장이사회에 가서 자신의 입장을 소명할 기회를 얻는다. 매코믹은 직원 해고가 필요하고 그 과정이 정당한지 확인하기 전에 직원을 내보내는 일이 발생하면 자사의 잘못을 인정하고 책임을 진다.

미국·캐나다·영국에 걸쳐 160개가 넘는 회사에서 매코믹의 멀티플 매니지먼트 방식을 따라 하고 있다. 멀티플 매니지먼트는 중앙 집권화, 부패, 관료주의 등 비즈니스뿐 아니라 정부를 오염시키는 문제를 풀 수 있는 가장 좋은 방법인 듯하다.

인간에 대한 이해와 개인들이 보여주는 호의적인 협력의 정신, 경영진에서 시작해 직원들이 기꺼이 받아들인 그 정신 덕분에 멀티플 매니지먼트 계획은 매코믹 직원들에게 효과적으로 작용하고 있다. 당연히 멀티플 매니지먼트 계획은 평직원의 장점도 인식하고 보상한다. 이를 바탕으로 한 이해와 협력의 정신은 탄탄한 회사 경영을 가능하게 한다. 동시에 조직에 대한 마음이 없고 어울리지 않는 사람을 제거해준다. 한마디로 멀티플 매니지먼트는 모든 직원에게 최대한 자신의 서비스를 제공할 수 있는 활짝 열린 기회를 주는 현명한 계획인 것이다. 매코믹에서 일하는 직원은 2,000명 정도지만 회사가 각 직원의 개성을 잘 살려주어서 마치 소규모 조직에서처럼 모두가 자신의 일에 관심을 가질 수 있다.

마침내 매코믹 멀티플 매니지먼트는 대기업의 가장 큰 문제점 중 하나를 제거했다고 할 수 있다. 대기업의 가장 큰 문제 중 하나는 무리 속에서 개인의 정체성을 잃는 사람들이 생겨난다는 것이다. 과거에는 대담하고 적극적인 태도를 보이는 사람만 주의를 끌고 승진의 기회를 누릴 수 있었다.

대부분은 돈보다도 주위의 인정, 당연히 들어야 할 칭찬 한마디를 위해서 더 열심히 일할 것이다. 거대한 톱니바퀴에서 하나의 톱니로 살고 싶어 하는 사람은 없다. 산업의 폐해는 사람들이 어쩔 수 없이 자신을 중요하지 않은 존재로 여기게끔 조직이 발전되어왔다는 것이다. 따라서 매코믹 조직에서와 달리 경영진과 직원은 가장 중요한 자산이라 할 수 있는 우호적인 협력의 정신을 박탈당하고 있었다.

그렇다면 이 정신을 유지하기 위해 어떻게 해야 할까? 찰스 매코믹은 멀티플 매니지먼트 계획을 통해 이 질문에 대한 답을 제공했다. 이 계획의 핵심을 들여다보면 결국 황금률을 기업에 적용한 것일 뿐이라는 사실을 알 수 있다. 매코믹은 황금률의 적용을 통해서 기업에 영혼을 다시 불어넣었다. 만약 이 회사가 경제적 어려움에 발목이 잡혀 넘어진다면 내게는 굉장히 놀라운 일이 될 것 같다. 명확한 목표 달성을 위해 여러 사람이 조화의 정신 속에서 마음을 교류한다면 언제든 목표를 달성할 방법을 찾아낼 것이기 때문이다.

당연히 이 계획은 회사에 이익을 안겨준다. 재무 기록이 그 사실을 증명하고 있다. 하지만 이 계획이 금전적 이익뿐 아니라 직원들 각 개인에게도 이익을 안겨준다는 사실을 잊지 말자. 이 정신은 조직 내부는 물론이고 외부 사람들과의 관계로까지 연장된다. 그러므로 이 계획은 회사의 직원이 개인적으로든 사회적으로든 다른 사람을 만날 때마다 황금률의 이행을 장려하기 때문에 사회 전체에 큰 이익을 안겨주기도 하는 것이다.

물론 이 계획이 전국의 모든 비즈니스에서 실행된다면 미국의 생활 방식은 파괴적인 철학에 대한 믿음이 불러일으키는 전멸의 위험에서 벗어날 것이다. 황금률의 정신은 사람들에게 어떤 철학보다도 많은 개인적 이익을 제공한다.

다양한 문제를 낳은 산업 시대는 인간관계의 전체 시스템에 급격한 변화를 일으켰다. 이런 변화가 앞으로 어떤 시스템으로 진화할지는 예측할 수 없지만, 우리가 확신하는 것은 있다. 그 시스템은 (1) 상식에 기초해야 하며, (2) 사람들이 우호적인 협력의 정신으로 자발적으로 협력할 수 있는 수단을 제공해야 한다는 것이다. 그 시스템은 어떤 이유에서든 개인이나 집단의 착취를 허용하지 않을 정도로 모두에게 공평해야 하며, 무엇보다도 멀티플 매니지먼트 계획처럼 개인이 주도적으로 완전하고 자유롭게 표현할 수 있어야 한다.

기억하라, 타인의 삶의 방식을 받아들이고 존중하는 황금률 철학에 단단히 뿌리를 내리지 않는 이상 그 어떤 시스템도 지속될 수 없다. 황금률은 신실하게 적용하는 곳마다 단 한 번의 실패도 없었다.

직원과 고용주 사이에 많은 오해를 불러일으킨 어려움 중 하나는 산업이 너무 방대해져서 인간적 요소가 방치되었다는 점이다. 만약 미국이 세계에서 가장 부유하고 자유로운 나라로 남고자 한다면, 고용주와 피고용자 모두 멀티플 매니지먼트 같은 계획에 따라 관계를 인간화해야 할 필요가 있다는 사실을 인식해야 한다.

사람들은 이럴 때 자유롭지 못하다.

○ 서로를 두려워하는 입장일 때

○ 상호 신뢰가 부족할 때

○ 자기가 하는 일에서 주도력을 발휘할 수 없을 때

○ 발생하는 논란을 이용해 가장 많은 이익을 얻는 '전문가'를 통해서 서로 협상할 수밖에 없을 때

○ 직장을 유지하기 위해 대가를 치러야 할 때

○ 매코믹의 직원들과 달리, 상호 문제를 해결하기 위해 고용주와 직원이 함께 앉는 자리가 허용되지 않을 때

미국의 미래는 향후 산업 내에서 직원과 고용주가 서로에게 도움이 되는 관계를 맺을 수 있는 시스템에 따라 크게 좌우될 것이다.

경영진-직원 관계의 기초가 되는 황금률

미국인의 10명 중 9명은 직간접적으로 미국 산업 활동과 관련되어 있다. 따라서 이 나라가 번영과 자유를 유지하고자 한다면, 거대한 산

업 조직을 이끌고 가는 사람들, 즉 경영진과 종업원 모두 조화를 이루며 일할 수 있도록 공동의 입장 또는 합의점을 찾아야 한다. 산업계에 직접적인 이해관계가 있는 사람들을 보자.

⑴ 저축한 돈을 기업의 주식에 투자하는 각계각층의 사람

⑵ 운영을 감독·관리하는 관리자

⑶ 숙련과 미숙련을 포함해 육체노동을 하는 노동자

⑷ 산업 활동에 직접 관여하지는 않지만, 제품을 소비하는 일반 대중

⑸ 산업계 및 기업 정책에 관한 법률을 통과시키고 기업의 세금으로 정부를 지원하는 국회의원·공무원

⑹ 농업인, 상점 주인, 산업과 자사 직원에게 제품과 서비스를 판매하는 자영업자·상인 등 공급망을 따라 존재하는 회사에 근무하는 수백만 명의 전문직 종사자

이렇게 산업 시스템을 유지하는 조화의 정신에 관심이 있는 6가지 그룹이 있다. 이 그룹에 속한 각 개인은 산업의 운명에 따라 영향을 받으며, 산업이 생존하려면 각 개인은 그룹 사이에 조화를 유지하는 책임을 짊어져야 한다. 하지만 이 여섯 그룹 구성원의 단순한 개인적 이익보다 훨씬 더 큰 문제가 도사리고 있다! 민주주의가 심판대에 올라 있으며, 이 그룹의 구성원은 개인적 의견이나 사사로운 이익을 떠나 모두가 민주주의를 옹호하는 편에 서 있다.

우리의 민주주의는 미국 산업에 기반을 두고 있다. 산업은 우리 경

제생활의 주요 수입원이기 때문이다. 그러한 산업이 산업 유지의 책임이 있는 사람들의 이기심과 탐욕 때문에 무너진다면 미국의 생활 방식 전체가 함께 무너질 것이다. 이 사실을 정확히 인식해야 한다. 인식하는 정도가 아니라, 우리가 미국을 '세계에서 가장 자유롭고 부유한 국가'라고 주장할 수 있도록 해준 민주주의 생활 방식을 구하기 위해 공동 의무와 상호 책임의 정신으로 맞서야 한다.

미국의 생활 방식을 보호하고 유지하려면 이타적인 삶을 살아야 한다. 2,000여 년 전에 예수도, 여러 시대에 걸쳐 위대한 철학자들도 이 같은 생각을 했다. 다른 사람들이 자신에게 대하기를 원하는 대로 남에게도 그렇게 대하는 사람들에게 주어지는 내면의 힘에 관심을 가지라는 것이었다.

그냥 친절을 베푸세요,
보상을 바라지 말고, 언젠가
누군가가 당신에게 똑같은 친절을 베풀
거라는 걸 확실히 믿으면서.
— 다이애나 왕세자비

미국의 생활 방식이 존속하려면 그리고 산업이 유지되려면 여섯 그룹의 구성원이 반드시 이 규칙을 적용하고 이행해야 한다. 구성원 간의 진정한 관계는 급여와 부의 축적보다 높은 관점에서 바라봐야 한다. 인류가 창조된 목적이 무엇인지 그 목적과 관련된 맥락에서 고려

해야 한다.

자본과 노동은 서로에게 꼭 필요하다. 서로의 이익이 단단히 얽혀 있어 분리될 수 없다. 우리가 자랑하는 이런 문명국가에서 자본과 노동은 상호 의존적이다. 굳이 차이가 있다면, 노동이 자본에 의존적인 것보다 자본이 노동에 의존하는 게 더 크다고 할 수 있는데, 이는 자본 없이도 삶을 유지할 수 있기 때문이다.

누구도 재물만 가지고 살 수 없다. 금은은 먹을 수 없고, 토지 계약서나 주식·채권을 옷으로 걸치고 다닐 수도 없다. 자본은 노동 없이 아무것도 할 수 없다. 자본의 유일한 가치는 노동력을 구매하는 힘 또는 그 결과물에 있다. 자본은 그 자체가 노동의 산물이다.

하지만 노동도 자본 없이는 존재할 수 없으며, 수천 년간 노동은 삶의 필수품을 구매하는 교환 수단으로 제공되어왔다. 우리는 욕구가 증대하고 문명이 발전함에 따라 다른 사람들에게 더욱 의존하게 된다. 사람은 저마다 전문직에 종사하고 그 일을 더 잘하게 된다. 사람은 자기에게 어울리고 적합한 분야에 에너지를 쏟아부을 수 있기 때문이다. 결과적으로 사람들은 점점 더 공공의 이익에 기여하게 된다. 한 개인이 다른 사람들을 위해 일하는 동안, 다른 모든 사람도 한 개인을 위해 일하고 있다.

이것이 이타적인 삶의 법칙이고 물질세계의 모든 곳을 지배하는 법칙이다. 유용한 일을 하는 사람은 누구나 다른 사람에게 은혜를 베풀고 사회에 도움을 주는 사람이다. 여러 주머니에 들어 있는 푼돈으로는 할 수 있는 게 별로 없다. 하지만 이 돈이 합쳐져 '자본'이 되면 사람들에게 경제적 자유와 함께 자신의 재능을 분출하는 기회를 세상이 생각했던 것보다 더 잘 제공하면서 세계를 움직이게 된다.

대중을 선동하는 자들과 노동력을 값싸게 착취하는 자들의 주장에도 불구하고 노동 조건은 끊임없이 개선되고 있다. 이제 미국의 평범한 노동자는 한 세기 전에는 왕족도 가질 수 없었던 편안함과 안락함을 누린다. 더 좋은 옷을 입고 더 다양한 필수품과 사치품을 소유하고 더 편안한 주거지에서 살며 수십 년 전에는 돈으로도 살 수 없었던 제품들의 편리함을 가정에서 누린다.

우리는 어느 그룹에 속해 있든 상관없이 공통의 유대 관계로 연결되어 있다. 부자와 가난한 자, 배운 자와 못 배운 자, 강자와 약자는 하나의 사회적·시민적 그물망 속에서 미국의 생활 방식 아래 함께 연결된다. 한 사람에게 해가 되면 모든 사람에게 해가 된다. 마치 한 사람에게 도움이 되면 모든 사람에게 도움이 되는 것처럼.

하지만 자본의 혜택은 현재 원하고 필요로 하는 것을 공급하는 데 국한되지 않는다. 자본은 노동에 새로운 길을 열어주고 과학적인 연구를 통해 새로운 소득원을 밝혀준다. 지적·영적 문화의 수단을 보급하는 데도 많은 자본이 투자된다. 책들은 계속 낮은 가격으로 출판되고 가난한 사람도 최상의 교육을 받을 기회가 생긴다. 적당한 구독료를 지급하면, 신문이 세계의 역사를 문 앞까지 가져다준다. 가난한 가정에서는 라디오를 통해 별도의 비용을 지급하지 않아도 그날그날의 소식을 접하고 클래식 음악을 들을 수 있다.

유용한 상품에 투자하는 자본은 여러 사람에게 혜택을 제공한다.

그 자본은 삶이라는 기계를 움직이게 하고 고용을 증가시키며 모든 국가에서 생산하는 제품을 적당한 가격에 모든 사람의 문 앞에 가져다준다.

자본이 이 모든 서비스를 제공하고 노동에 의해 이용될 수 있으며 노동으로부터 모든 가치를 이끌어낼 수 있다면, 자본과 노동 사이에 갈등이 발생할 이유가 있을까?

자본과 노동이 갈등을 겪어야 할 실질적 이유가 없다. 양측이 진실의 반만 보고는 그 반을 전체로 오해하고 받아들이는 데서 갈등이 발생한다. 물론 자본과 노동이 불협화음을 일으킬 때 가장 많은 이익을 보는 자들이 사람들을 선동해 오해를 불러일으키는 경우가 많긴 하지만, 어쨌든 전체적으로 둘 사이의 오해는 양쪽 모두를 파멸로 몰아가는 실수를 불러온다.

⊠ 멘탈 트레이닝 어드바이스

2005년 터키 이민자 출신인 함디 울루카야Hamdi Ulukaya는 뉴욕 북부에 있는 오래된 크라프트 공장을 매입해 요구르트 스타트업 초바니Chobani를 시작했다. 11년이 지난 2016년, 경제에 먹구름이 닥치며 대량 해고가 줄을 잇고 50만 명 이상의 미국인이 일자리를 잃는 와중에도 초바니는 흔들리지 않았다. 주위에서는 성공 가능성을 높이 평가하지 않았지만, 초바니는 연간 매출액이 10억 달러를 넘어서자 회사가 그 자리까지 올 수 있도록 도움을 제공한 사람들에게 받은 만큼 돌려줄 시기가 되었다고 생각한다.

초바니는 30억 달러에 달하는 회사 지분의 10%를 2,000명의 직원에게 나눠주었다. 오래 일한 직원일수록 더 많은 주식을 받도록 했다. 그 외에 초바니는 매년 수익의 10%를 자선단체에 기부하고, 회사 직원의 3분의 1을 난민 중에서 고용했다.

울루카야는 동료들과 회사의 성공을 축하하는 자리에서 이렇게 말했다. "예전에 우리는 함께 일하는 사이였지만 이제는 동업자 사이다."

회사가 제공한 예기치 못했던 선물은 회사의 성공을 가능하게 해준 사람들에게 보상을 해주는 것뿐 아니라 경영진과 일반 직원이 공동의 목표를 위해 조화 속에서 일하는 동등한 입장이라는 점을 인식하고 경영진과 직원 사이에 커져가는 급여 차이를 해결하기 위한 것이기도 했다.

이 선물을 제공하고 나서 초바니의 CEO는 말했다. "나는 예상치 못할 정도의 성공을 거두고 무언가를 구축했지만, 이 모든 사람이 없었다면 감히 이런 회사를 만들 엄두도 내지 못했을 겁니다. 이제 이들은 더 나은 회사를 만드는 동시에 자신의 미래 또한 만들어가기 위해 노력할 것입니다."

격분이라는 감정은 마음을 흥분시키고 이해력을 흐리게 한다. 분하고 노여운 감정이 북받쳐 오르면서 참기 힘들어지면 사람들은 더 나은 대안이 있음에도 잘못된 판단을 내리면서 타인에게 상처를 입히기 위해 자신의 이익을 희생하고 결국 둘 다 손해를 보게 된다. 쌍방이 서로 잘못을 저질렀고 양측 모두 이익을 얻어야 한다는 점, 그 이익은 우호적인 협력을 제공하고 상대방이 마땅히 받아야 할 보상을 줄 때만 확보할 수 있다는 점을 깨닫기 전까지 분쟁은 계속될 것이다.

파업과 봉쇄는 자본과 노동 양측 모두를 위해 근본적인 해결책이 되지 못할 것이다. 어느 한쪽이 일시적으로 이득을 취하더라도 결국 양측, 크게 보면 공동체 사회가 입은 손실로 인해 그 이득은 상쇄되기 때문이다. 폭력과 위협은 해결책이 되지 않을 것이고, 통제되지 않은 분노의 폭발력 또는 파괴력을 담은 다이너마이트는 어떤 적대적인 감정도 치유하거나 제압하지 못할 것이다.

법으로는 고용주와 종업원들 사이의 분쟁을 해결할 수 없으며 그렇게 해서도 안 된다. 한쪽은 당분간 그 법의 혜택을 받을 수 있겠지만, 이 방법을 통해 얻는 혜택은 그게 무엇이든 높아가는 긴장 관계 속에서 사라지게 될 것이다.

당신이 모른다고 해서 겁내지 말라.
그것은 당신의 가장 큰 장점이 될 수 있으며
당신이 그 누구와도 다른 방식으로
일할 수 있게 해준다.
— 사라 블레이클리

노동자와 자본가는 법으로는 개선할 수 없는 상호 공통의 이익을 지닌다. 어느 쪽도 상대방의 번영 없이는 자신도 영구히 번영할 수 없으며, 세상의 어떤 법칙도 이 이치를 바꿀 수 없다. 양측 모두 황금률을 지침으로 삼자. 만약 10%가 황금률을 실천한다면, 그것만 해도 세상에 엄청난 영향을 미칠 것이고 우리가 만든 법률의 80%는 불필요하게 될 것이다.

황금률은 모든 인간관계에서 모두가 혜택을 얻고 아무도 피해를 입지 않는 단순한 행동 수칙이다. 미국은 어떻게든 원하는 것을 취하는 사람을 뜻하는 '고-게터Go-getter'의 나라로 알려져 있다! 이제는 태도를 바꿔서 아낌없이 주는 사람을 뜻하는 '고-기버Go-givers'의 나라로 만든다면 현명한 일이 되지 않을까? 그러려면 먼저 다음과 같이 시작해야 한다.

○ 다른 사람을 바꾸려는 노력은 자제하고 대신 당신 자신을 바꾸기 위한 노력을 기울여라!

○ 설교보다는 행동으로 당신의 소신을 표현하라.

○ '하지 말라'는 줄이고 '하라'를 더 강조하라.

자신이 본보기를 보여야만 주위 사람들의 습관을 바꿀 수 있다. 가장 가까이 있는 사람들과의 관계를 향상시키는 일부터 시작하라. 다른 사람의 잘못에 신경 쓰지 말고 당신의 잘못을 개선하고자 노력하라. 자기 습관은 스스로 조절할 수 있고 원하는 대로 개선할 수 있으니까. 예를 들면 이런 것이다.

○ 당신 성격이 부정적이라면 당신은 그 성격을 바꿀 수 있다.

○ 정신 자세가 부정적이라면 당신은 그 역시 바꿀 수 있다.

○ 만약 당신이 하는 일의 성격상 더 많은 서비스와 더 나은 서비스를 제공하기가 불편하거나 불가능하다면, 하다못해 우정을 더욱 돈독하게 해주고 당신이 제공하는 서비스에 더 많은 만족감을 느끼게 해줄 수 있도록 즐겁고 긍정적인 마음 자세로 일하면 된다.

마음 자세가 바뀌면 삶의 환경도 달라질 것이다. 당신은 고금을 통틀어 가장 위대한 비밀 중 하나, 모든 위대한 업적의 토대가 된 비밀, 이제는 아주 많은 미국인이 잃어버린 비밀을 발견하게 될 것이다. 그 비밀은 바로 이것이다.

우리가 자신을 내려놓고 다른 사람에게 이타적인 서비스를 제공하면 모든 개인 성공의 기초가 되는, 내면에서 나오는 힘과 통하는 길을 발견하게 될 것이다.

우리 자신을 찾으려면 먼저 자신을 내려놓아야 한다. 이 비밀을 알게 되면 다른 사람의 냉담한 반대에도 부담을 느끼지 않게 된다. 불협화음과 갈등은 마법의 손길이 스쳐가듯 삶에서 사라지고 당신이 알고 있는 것 이상으로 마음의 평화를 경험하게 된다. 과거에 겪었던 고민이 자기 스스로 만들어낸 우려였다는 점을 깨닫게 될 것이다. 문제 해결책이 자신의 통제 안에 있다는 점을 알게 될 것이다. 더 나아가 또 다른 신기한 일이 일어날 것이다. 당신이 다음과 같은 것들을 소유하고 있다는 것을 알게 될 것이다.

- 당신의 마음이 인식하지 못해 간과했던 축복
- 위대한 민주주의 안에서 누릴 수 있는 자유의 축복
- 당신이 선택한 일에 종사할 수 있는 자기 주도성의 축복
- 보복에 대한 두려움 없이 아이디어를 제안할 수 있는 언론 자유의 축복
- 문명사에서 최고의 생활 수준을 국민에게 제공한 국가의 부를 공유할 다양한 기회의 축복

세계가 위대하다고 인정한 이들의 전기를 읽어보면, 그들이 황금률 정신에 입각해 이타적인 삶을 살아가며 위대함을 얻었다는 사실을 직

접 확인할 수 있고 당신도 그런 자세를 본받을 수 있다. 당신의 이해를 돕기 위해 그중 몇 사람을 소개한다.

물리학·화학·세균학 분야의 연구로 유명한 루이 파스퇴르는 신체 질환의 예방과 치료를 가능하게 해주는 새로운 방법을 발견했다. 그는 자신의 발견을 개인적 이익을 위해 이용할 수 있었지만 대가 없이 세상에 선사했다.

인간 심리에 대한 통찰력이 매우 뛰어났던 윌리엄 펜은 황금률을 바탕으로, 영국에서 미국으로 건너온 초기 개척자들과 인디언 사이의 화해를 이끌어냈고 결국 우호적인 협력을 얻어냈다.

벤저민 프랭클린은 황금률 정신으로 프랑스와 여러 유럽 국가에서 외교 관계의 문을 열었다. 그가 이끌어낸 협력은 미국 독립혁명에서 열세였던 조지 워싱턴 군대에 힘을 실어주었고 결국 요크타운전투를 승리로 이끄는 데 기여했다.

현재의 베네수엘라·콜롬비아·에콰도르·파나마·페루·볼리비아를 해방시킨 독립 투쟁의 기수로 남아메리카의 '조지 워싱턴'이라 불리는 시몬 볼리바르. 그는 엄청난 개인 재산을 들여가며 자유라는 대의를 위해 일생을 아낌없이 바쳤다. 남미를 통틀어 대중을 위해 황금률 원칙을 실행한 가장 훌륭한 인물이라 할 수 있다.

크림전쟁 당시 병자와 부상자를 간호하며 이타적인 봉사 활동을 펼친 플로렌스 나이팅게일은 그녀의 이력을 아는 모든 사람의 마음 깊숙이 남아 있다. 주위에 질병이 만연하고 자신 역시 만성 질환을 겪고 있었음에도 그녀는 충실하게 자기 자리를 지켰다. 전쟁이 끝난 후 나이팅게일은 건강과 간호 지식을 보급하는 데 시간을 바쳤고, 그녀가 전한 지식은 현재 전 세계의 병들고 아픈 사람들에게 많은 혜택을 주고 있다.

태어난 지 얼마 되지 않아 시력을 잃었음에도 영원히 사라지지 않을 노래들을 작곡하고 강의를 통해 친절을 설파하는 데 평생을 바친 패니 크로스비. 그녀는 전 세계 사람들을 위로하는 희망과 사랑의 노래를 8,000곡 넘게 작곡했다. 비록 태양의 빛은 보지 못했지만, 자신의 황금률 정신에 감동한 수백만 명과 함께 희망과 믿음이라는 내면의 빛을 공유했다.

어디든 사과 씨를 심는다고 해서 '조니 애플시드'라는 명성을 얻은 서부 개척기의 전설적 인물 존 채프먼. 다른 개척자들이 도착하기 전에 미리 사과 씨앗을 심어서 나중에 개척자들이 배고픔을 해결하는 데 큰 도움을 주었다.

미국에 건너온 후에 뉴욕 빈민가의 생활 환경을 개선하는 데 일생을 바친 덴마크 출신 이민자 야콥 리스. 뉴욕 주지사를 거쳐 대통령에까지 오른 시어도어 루스벨트가 리스에게 고위직을 제안했지만, 리스는 이웃을 돕느라 바빠서 정치에 입문할 수 없다는 설명과 함께 제의를 거절했다.

공정성과 깨끗한 스포츠맨십의 모범을 보인 노트르담대학교 미식축구팀 감독 크누트 로크니Knute Rockne는 미국의 모든 언론에서 팀을 톱 뉴스로 다룰 정도로 스포츠계에서 그 어느 때보다 높은 수준의 황금률 관계를 구축했다.

영화와 연극계의 현자, 윌 로저스는 자신의 경험을 통해 얻은 소박한 철학과 천연덕스러운 농담으로 미국 전역에서 친선 대사의 역할을 했다. 많은 수입을 올리기도 했지만, 그는 진정으로 황금률 정신을 이행하며 즐거움을 선사하는 사람이었다. 그는 다른 사람을 향해 불공평하거나 해를 끼치는 조롱에 의지해 관객의 박수를 이끌어내려 하지 않았기 때문이다.

현재 캐나다 뉴펀들랜드 래브라도주에 사는 사람들의 복지를 위해 42년이라는 세월을 사심 없이 바친 윌프레드 그렌펠 경. 그곳의 주민 대부분은 그렌펠 박사가 오기 전까지 정식 의사를 한 번도 본 적이 없는 어부들이었다. 약하고 무기력한 사람들을 돕겠다고 마음먹은 그렌펠 박사는 캐나다·영국·미국에서 자금을 조성해 6개의 병원과 7개의 요양소를 짓고 4척의 배를 마련해 이 북부의 어부들을 도왔다. 그는 의료 서비스를 제공하는 것 외에도 괴혈병을 예방하기 위해 추운 기후에서 재배할 수 있는 채소 심기를 도와 주민들이 올바르고 균형 잡힌 식단을 섭취하도록 장려했다.

문명을 위해 사심을 버리고 공헌한 사람들의 삶을 익혀라. 그러면 황금률로 살아가는 모든 사람에게 풍부한 기회가 주어진다는 것을 확신하게 될 것이다.

변화가 필요한 것은 서구 세계의 경제 체제가 아니다. 유익한 서비스를 기꺼이 제공하고자 하는 모든 사람에게 기회를 제공하는 이 시스템의 좋은 점을 인식하지 못하는 사람들의 정신적 태도가 정작 바뀌어야 한다.

> 두려움은 죽는 걸 막지 못한다.
> 살아가는 걸 막는다.
> ― 나기브 마푸즈

매코믹 직원들은 미국의 생활 방식에 불평하지 않는다. 그들은 그 방식을 통해 유용한 서비스를 제공하고 물질적 성공을 얻는 실용적인 방법을 찾아냈기 때문이다. 찰스 매코믹은 미국 산업 시스템에 문제가 있는 게 아니라 그 시스템을 유지하는 사람들이 조정을 제대로 하지 못하고 있다는 데 문제가 있다는 것을 발견했다. 따라서 시스템의 오류를 찾아내려 하기보다 자기 회사에서 일하는 사람들의 관계를 바로잡는 일에 몰두했다.

만약 매코믹앤컴퍼니가 미국의 산업 체제 아래에서 인간관계를 유익하고 행복하게 조정할 수 있다면, 다른 사람들도 그렇게 할 수 있다는 뜻이며 실제로 그렇게 하는 사람들도 일부 있다. 매코믹은 최고위직에서 말단직까지 모든 노동자에게 최선의 노력과 최상의 마음 자세를 비즈니스에 투입할 수 있도록 적절한 동기를 제공함으로써 회사 내 관계의 재조정을 시작했다. 앤드류 카네기가 강조했듯이, 사람이 하는 모든 일은 동기에 바탕을 두고 있다. 매코믹의 회사가 증명했듯이, 서로 양보하고 협의하며 함께 존재하고 함께 번영한다는 황금률 철학에 그 동기가 기초할 때 사람들 사이에 조정하지 못할 것은 거의 없다.

황금률에 따라 사는 사람은 남을 속일 수도 없고 자신이 속지도 않는다! 이 규칙은 모든 인간관계에서 공정한 균형을 이루며 작동한다. 그래서 모든 사람은 질적·양적인 면에서 자신이 주는 것에 비례한 만큼 받을 수 있다. 이런 사람은 무력 또는 법적 조치나 강요에 의존하지 않고도 당연히 받을 권리만큼 받게 된다는 사실을 잊지 말아야 한다. 황금률에 따라 사는 사람은 변호사의 도움을 거의 필요로 하지 않으며, 자신의 권리를 보호하거나 마땅히 받아야 할 것을 얻기 위해 수적 우위로 밀어붙일 필요도 없다는 걸 안다.

볼티모어에 있는 매코믹 공장에서 멀티플 매니지먼트 시스템을 운영하고 얼마 지나지 않아, 노조에서 보낸 사람이 공장에 와서 일부 노동자들을 대상으로 노조를 조직하고자 자신이 파견되었다고 말했다. 그 후에 무슨 일이 있었는지 이 회사의 사장 매코믹의 말을 인용해 살펴보자.

노동조합에서 보낸 사람이 내 사무실에 찾아와서는 우리 공장의 특정 노동자들을 대상으로 노조를 조직하도록 위임받았다더군요. 그러라고 했습니다. 그럴 수 있다면. 하지만 괜히 힘만 빼고 시간만 낭비하게 될 거라고 분명히 말해주었습니다. 그러고 나서 우리 공장이 어떻게 운영되고 회사가 직원들을 위해 어떻게 해주는지 알려주었죠. 우리가 더 노력해야 하는 부분을 말해주면 우리가 할 수 있는 선에서 얼마든지 그 제안을 따르겠다고 그 사람에게 장담했습니다. 그 사람이 몇 가지 질문을 했고 나는 솔직하게 대답했습니다. 그러자 그 사람이 한동안 생각에 잠겨 있다가 우리 공장에서 노조를 조직해도 도움이 되지 않을 것 같다면서 본부에 가서 그렇게 전하겠다더군요.

고용주와 고용인이 황금률 위에서 서로를 대하면 문제 해결을 위해 외부의 힘을 개입시킬 필요가 없다. 매코믹앤컴퍼니는 그 어떤 회사보다도 뛰어난 조합을 보유했다. 이 조합은 경영진과 직원 모두를 즐거운 마음으로 포용하며 어떤 외부 조직보다 모든 개인의 권리 보호에 앞장선다. 이 조합의 신조는 산상 설교의 가르침과 궤를 같이하며 인간관계와 관련된 규칙 중 가장 위대한 규칙을 알려준다. 남에게 대접을 받으려거든 내가 대접받고 싶은 대로 남을 대접하라!

⊗ 멘탈 트레이닝 어드바이스

미국의 거대 식품 기업인 매코믹앤컴퍼니의 설립 연도는 1889년이지만 독특한 경영 스타일 덕분에 회사는 계속 급부상하고 있다. 이 식품 제조업체는 현재 150개국에서 1만 2,000명 이상의 직원을 고용해 연간 50억 달러 이상의 매출을 올린다.

찰스 매코믹이 1932년 멀티플 매니지먼트 계획을 수립하고 실행한 이후로 사내 문화가 조금이라도 변했을까? 전혀 아니다. 실제로 매코믹앤컴퍼니는 지역이사회 13개, 광역이사회 3개, 글로벌 이사회 1개와 더불어 기반을 탄탄하게 구축해왔다. 회사는 모든 직원에게 소통하고 협력할 수 있는 토론회를 제공하는 직원 대사 그룹과 함께 일하면서 고객, 직원, 공급 업체 모두에게 부가 가치를 보장하고 있다.

회사의 '파워 오브 피플Power of People' 경영 방식은 회사 내 모든 사람에게 최고위급 경영진과 함께 회사의 이익을 공유하는 동시에 어려운 과제도 해결할 기회를 제공한다. 이 방식은 실질적인 발전 기회를 제공할 뿐 아니라 경영진과 일선 직원 간의 참여를 보장함으로써 매코믹앤컴퍼니가 글로벌 식품 제조사로서 선두를 지킬 수 있도록 해준다.

1982년 주당 1달러가 조금 넘는 가격에 거래되던 매코믹앤컴퍼니의 주식 가치는 현재 주당 160달러가 넘으니, 이는 1만 5,000% 이상의 성장을 뜻한다. 이 경영 방식은 회사와 관련된 사람들 모두가 승리를 거두는 전략인 셈이다.

몇 년 전, 켄터키주 루이빌에서 주위 사람들이 보고 놀란 일이 있었다. 한 상점에서 휠체어를 탄 남자가 급히 나오더니 모퉁이에 서 있던 시각 장애인이 길 건너는 것을 도와주었기 때문이다. 휠체어를 탄 남자의 이름은 리 쿡Lee W. Cook으로, 그는 태어날 때부터 다리를 쓸 수 없었다. 결론부터 말하면 쿡은 앞길을 잘 헤쳐 나왔을 뿐 아니라 성공적인 비즈니스를 운영하면서 상당한 재산도 모았다. 쿡은 자신의 철학에 대해 이렇게 얘기한다.

주위에 나보다 더 못한 사람이 많은 게 보이기 때문에 내가 특별히 더 고통받고 있다는 생각은 전혀 들지 않습니다. 나는 평생 기회가 될 때마다 의지할 데 없는 사람들을 도우면서 살고자 했습니다. 그렇게 도움을 준다고 해서 직접적인 혜택을 본 기억은 없지만, 세상이 내게 친절을 베푸는 건 맞습니다. 나처럼 육체적 결함으로 고생하는 사람치고는 기대 이상으로 번창하고 있으니까요. 내가 다른 사람에게 친절을 베푸는 건 내가 살면서 얻은 많은 것에 대한 고마움을 표하는 방법이죠.

살면서 겪었던 가장 특이했던 경험을 소개하겠습니다. 내가 의대에 들어갈 수 있도록 도와주었던 어떤 젊은이와 관련된 것입니다. 그 젊은이의 가족은 찢어지게 가난해서 학비를 대줄 형편이 아니었는데 그는 의대에 가야겠다는 마음이 확고했습니다. 그래서 내가 도와주었죠. 그러고는 몇 년이 지나서 연락이 뜸해지더니 결국 보이지 않기에 나를 잊었나 보다 하고 생각했습니다.

어느 날 밤, 내가 상점을 닫고 나와서 길을 건너는 중이었어요. 주위에 차가 없는 걸 확인하고 휠체어로 길을 반쯤 건너왔는데 갑자기 모퉁이에서 차 한 대가 빠르게 달려 나오는 겁니다. 아주 빠른 속도로 달려오니까 피할 시간도 없었는데, 그때 누가 급히 나를 길가로 끌어내지 않았으면 틀림없이 크게 다쳤을 겁니다. 그때 나를 도와준 사람이 내가 의대 학비를 대준 그 젊은이였습니다. 다른 도시에서 정착해 의사 생활을 잘하고 있다고 말해주려고 내 상점으로 오던 길이었다더군요. 그가 2명을 의대에 보내는 데 도움을 줌으로써 내게 진 빚을 갚고 있다는 사실을 알았습니다.

보세요, 그러니까 인간이 친절함이라는 씨앗을 하나 심으면 그 씨앗이 싹을 틔우고 자라나서 잡초처럼 씨앗을 퍼뜨리는 겁니다. 결국 난 1명을 도운 게 아니라 3명을 도울 수 있는 도구로 쓰였다는 걸 알게 되었죠.

때로는 도와줄 가치가 없는 사람도 도와주기는 합니다. 그 사람들이 도움을 돌려주지 않아도 괜찮습니다. 그래 봐야 자기 손해죠. 어차피 돕는 자체로 내 성격이 좋아지는 혜택을 받으니까요.

예전에 있었던 일이 기억나네요. 어떤 노인이 절룩거리면서 상점에 들어오더니 일도 없고 배가 무척 고프다더군요. 그러면서 1달러만 달라고 하기에 줬습니다. 그런데 노인이 상점을 나갈 때 보니까 들어올 때와는 다르게 별로 절룩거리지 않는 것 같더라고요. 뒤를 따라가 그 돈으로 뭘 하나 보기로 했습니다. 멀리 갈 필요도 없었습니다.

근처 술집으로 직행한 노인은 성큼성큼 걸어 들어가 탁자에 1달러를 내려놓더니 술집 주인에게 돈만큼 위스키를 내오라고 주문하더군요. 나는 그 사람이 위스키 두 잔을 비울 때까지 기다렸습니다. 그랬다가 갑자기 옆으로 쑥 다가가니까 노인이 깜짝 놀라더군요.

그 사람을 그 자리에서 탓하는 대신 구석으로 불렀습니다. 1달러를 또 꺼내 그에게 주면서 조용히 얘기했어요. "이 돈은 당신이 정직해서 주는 게 아니에요. 다리를 못 쓰는 나 같은 사람에게 거짓말을 했으니 부끄러운 줄 알라고 주는 겁니다. 당신이 처음부터 솔직하게 이야기했으면 아마 난 10달러라도 기꺼이 드렸을 겁니다."

그 순간 노인은 뒷걸음치더니 탁자에 남아 있는 술을 흘깃 보고는 남겨둔 채 문으로 뛰어갔습니다. 그 이후론 그 사람을 본 적도 소식을 들은 적도 없습니다.

이 이야기를 하면서 쿡은 너털웃음을 웃더니 자기가 인간의 약점을 보고도 넘길 수 있는 유머 감각을 지니게 되었다고 설명했다.

어쩌면 그 노인네 얼굴을 한 방 내리칠 수도 있었지만 그게 1달러를 더 주는 행동보다 더 효과가 있었을 거라고 생각하지 않습니다. 제가 심각하게 받아들인다면 정말 울지 않고는 못 배길 그런 경험도 하겠지만, 나는 그런 경험도 웃음으로 받아들이자는 마음으로 삽니다. 나는 눈이 없어서 보지 못하는 것보다 다리를 쓰지 못한다는 사실이 정말 고마워요. 그러니 내가 다른 사람의 약점에 대해서 이러니저러니 판단을 내릴 만큼 특별한 사람이라고 생각하지 않습니다.

쿡이 번창하고 있다는 사실이 놀라울 이유가 없다. 그는 모든 이에게 좋은 생각을 전파하고 기회가 있을 때마다 도움을 주는 행동을 열심히 한다. 그다음은 뿌린 대로 거두는 법이다!

당신이 먼저 그들에게
그렇게 행동하지 않으면, 그들로
하여금 당신에게 그렇게
행동하도록 할 수 없다.
— 나폴레온 힐

아주 오래전부터 크리스마스가 되면, 루이빌 주민들은 쿡이 당나귀가 끄는 마차에 크리스마스 선물을 가득 싣고 어느 빈민가 지역에선가 모습을 드러낸다는 사실을 잘 알고 있다. 그는 음식이 담긴 상자 수백 개를 준비해서 도움이 절실한 사람, 특히 어린아이가 있는 가정에 직접 나눠준다. 상자에는 크리스마스 저녁 식사를 충분히 할 수 있을 만큼의 음식이 담겨 있다. 그는 음식 상자를 나눠주면서 받는 사람의 이름을 물어보지 않으며 자신의 이름도 밝히지 않는다. 단지 상자마다 간단한 글귀가 적혀 있을 뿐이다. "자기 지역을 사랑하는 누군가가 소망을 담아."

설교도 없고 인기를 얻으려는 행동도 없으며 상자를 받는 사람에게 굴욕감을 주는 어떤 언행도 없다. 하지만 이 남자의 명성은 곳곳에 퍼지고 그는 번창한다. 물론 우리에게는 보이지 않는 누군가가 그의 선행을 지켜보았고 그의 자선 행위에는 조용하게 그리고 신비하게 보상이 따랐다.

"유난스러운 감상주의!"라고 외치는 사람도 있을 것이다. 글쎄, 그럴 수 있겠지만 '유난스럽지'도 않고 '감상적'이지도 않은 우리 중 일부가 쿡의 행동을 본받아서 무언가를 얻으려고 온 힘을 다하기보다 나누기 시작한다면 어떤 일이 생길지 궁금하긴 하다! 모든 지역 사회에 쿡 같은 사람, 이 척박한 곳에 다정함이라는 귀한 씨앗을 뿌리는 사람이 적어도 1명쯤 있다면 세상은 더 나아지지 않을까?

흥미로운 이야기를 하나 소개하겠다. 구두쇠가 변호사를 찾아와서는 어떤 노부부가 자기에게 빚을 졌으니 그걸 받아달라고 의뢰했는데 그 이후에 두 사람 사이에 이런 대화가 오갔다.

"아니요. 그 노인들을 상대로 당신이 한 부탁을 들어주지 못하겠습니다. 다른 변호사를 구해서 소송하든지 배상 청구를 취소하든지 원하는 대로 하십시오." 변호사가 고객에게 말했다.

"돈을 못 벌 것 같아서 그러는 건가?" 고객이 물었다.

"돈이야 좀 받을 수 있겠죠. 하지만 그러려면 노부부는 가정을 이루고 있는 그 작은 집을 팔아야 합니다. 난 그런 일에 관여하고 싶지 않습니다."

"이런, 겁에 질려 도망치겠다는 거군?"

"전혀 그런 게 아닙니다. 겁이 아니라 좀 더 심오한 이유 때문에 할 수 없습니다."

"그 노인네가 봐달라고 싹싹 빌었나 보군?"

"그게… 그래요, 그랬습니다!"

"그래서 마음이 약해져서 부탁을 받아들였나?"

"그렇게 생각하신다면 그렇죠. 제가 받아들였어요."

"대체 왜, 무슨 마음으로 그런 건가?"

"속사정을 알고 나니 눈물이 좀 나더군요."

"그 늙은이가 자네에게 비니까 눈물이 났다?"

"아니요, 전 그런 말 하지 않았습니다. 그분은 내게 아무 말도 하지 않았어요."

"아니 그럼, 자네가 아니면 누구에게 빌었다는 말인가?"

"전능하신 신이요!"

"아, 그 노인이 기도하는 걸 들었군."

"일부러 들은 게 아닙니다. 제가 어렵지 않게 그 작은 집을 찾아서 열려 있는 대문을 두드렸는데 아무 대답이 없더라고요. 그래서 안으로 들어가 살짝 들여다보니 깔끔한 거실이 있고 침대에 머리가 하얀 할머니 한 분이 베개를 베고 누워 있는 게 보였어요. 그분 모습이 우리 어머니를 마지막으로 봤을 때 모습 하고 똑같더군요.

어쨌든 제가 막 다시 문을 두드리려는데 노부인이 말하는 게 들렸습니다. '자, 여보. 이제 시작하세요. 저는 준비됐어요.' 역시 머리가 하얀 게 아내분보다 나이가 훨씬 더 많아 보이는 노인이 아내분 옆에 무릎을 꿇고 앉더군요. 그 상황에서는 도저히 문을 두드릴 수 없겠다는 생각이 들었습니다.

그 노인이 시작하더군요. 먼저, 자기 부부가 하느님께 순종하는 어린 자녀라고 하면서 어떤 일이 있어도 하느님의 뜻대로 살겠다고 했습니다. 물론 그 나이에, 더구나 아내가 아프고 꼼짝하지 못하는 상황에서 집도 없이 나가 사는 건 힘든 일이겠죠. 아, 자식들이라도 살아 있었다면 상황이 달라질 수 있었을 텐데. 그러다가 갑자기 노인 목소리가 끊겼는데, 아내분이 이불에서 손을 들어 올려 노인의 머리를 부드럽게 만져주었어요. 그러자 노인이 다시 기도하면서 세 자녀를 잃은 것보다 아내와 헤어지는 게 더 마음 아픈 일이 될 거라고 말했습니다.

하지만 집을 잃을 위험에 처한 게 자신의 잘못이 아니라는 걸 하느님께서 알고 계신다며 스스로 위로했습니다. 신께서 허락한다면 제발 빈민 구호소로 가지 않게 해달라고 기도했습니다. 하느님을 믿고 모든 것을 맡긴 사람들의 안전을 지켜준다고 하느님이 하신 여러 약속에 대해 언급했어요. 살면서 그토록 간절한 요청은 처음 들어봤습니다. 마지막으로 그 노인은 정의를 위협하는 자들에게도 축복을 내려달라면서 기도를 마쳤습니다. 제가… 차라리… 돈을 안 벌고 말지 그런 사건을 맡아서 제 마음과 손을 더럽히고 싶지는 않습니다."

"그 노인네의 기도를 무시하기가 힘들었군, 그런가?"

"신의 가호가 있기를, 선생님도 무시하지 못했을 겁니다! 그 사람은 모든 걸 하느님의 뜻에 맡겼어요. 신께서 우리가 원하는 것이 무엇인지 말하라고 하셨다고 했어요. 정말 그런 간청은 들어본 적이 없어요. 저도 어릴 때 그렇게 배웠습니다. 제가 어떻게 그 사람의 기도를 듣게 된 걸까요? 당연히 저도 모릅니다만, 이제 이 일은 선생님에게 넘기겠습니다."

"그게 말이지. 나한테 그 노인네 이야기를 하지 말았어야 했는데…." 고객이 불편한 듯 몸을 틀며 말했다.

"왜죠?"

"돈을 받고 싶긴 하지만 나도 젊었을 때 『성경』의 가르침을 배웠고 그래서 당신이 얘기하는 그런 걸 어기고 싶지는 않네. 당신이 다른 사람의 기도 같은 건 듣지 말았어야 했어. 자기한테 하는 얘기도 아닌 걸…."

변호사가 웃었다.

"또 잘못 알고 계시네요. 그 기도는 저보고 들으라고, 선생님도 들으라고 의도된 겁니다. 전능하신 하느님이 의도한 거라고요. 제 어머니가 늘 말씀하셨죠, 신은 우리가 이해하지 못하는 방식으로 당신의 뜻을 실행한다고요."

"흠, 우리 어머니도 같은 말씀을 하셨네. 내일 아침에 당신이 좋다면 말이지, 그 집에 가서 다 해결됐다고 말해주게." 그 채권자는 계약서를 손으로 비틀며 말했다.

"이해할 수 없는 방식으로 말이죠." 변호사가 웃으며 말을 더했다.

"그래, 이해하기 힘든 방식으로."

인간의 마음에서 따뜻함이라는 감정을 제거하면 인간관계는 차가워지고 기계적이 되며 계산적이 된다. 따뜻한 마음 또는 섬세한 정서가 종종 금전적 이득을 희생하면서 표출된다는 것은 의심의 여지가 없지만, 이런 마음은 돈보다 또는 돈으로 살 수 있는 어떤 것보다도 더 가치를 느낄 수 있는 혜택을 가져다준다. 그것은 우리가 자신의 양심과 맺는 조화로운 관계, 우리가 누구에게도 의도적으로 피해를 주지 않았고 누구도 속이지 않았으며 다른 사람에게 도움이 되고자 비상한 노력을 기울였고 우리를 알고 있는 사람 모두가 우리의 말을 유대감으로 받아들인다는 사실을 의식할 때 내면으로부터 나오는 만족의 빛이다!

어떤 사람들은 이 철학의 주목적이 물질적인 부를 축적할 수 있도록 하는 거라고 생각할지 모른다. 이 철학을 숙달하고 적용하는 사람이 어렵지 않게 물질적 부를 충분하게 축적한다는 것이 사실이긴 하지만, 카네기가 경영진에게 이 철학을 장려하면서 마음속에 두고 있던 주목적은 사람들이 행복하게 살도록, 조화롭게 삶을 헤쳐 나갈 수 있도록 돕는 것이었다. 그는 사람들이 활용할 수 있는, 돈의 액면 가치보다 훨씬 더 중요한 가치를 지닌 부가 있다는 것을 깨달았다. 카네기가 어떤 태도로 돈을 바라보았는지는 그가 죽기 전에 막대한 재산의 대부분을 내줬다는 사실을 보면 알 수 있다.

카네기는 자기 재산의 대부분이 그가 깨달은 완벽한 삶의 철학, 인간의 모든 욕구를 충족시키기에 충분한 철학으로 이뤄져 있다고 생각했다. 그는 자신이 원하는 대로 시간을 사용할 수 있는 위치에 오르면서 이 철학을 위한 자금 준비를 돕는 데 말년을 바쳤다.

카네기의 삶은 우리에게 행복으로 이어지는 길을 선택하는 데 중요한 단서를 제공한다. 그는 돈이 제공할 수 있는 모든 것을 가지고 있었다. 넘쳐날 정도의 부를 축적했지만, 그는 물질적인 재산의 대부분을 기부했다. 이 사실은 우리에게 현재 필요하지도 않은 것을 얻으려 하기보다 다른 사람에게 유용한 서비스를 제공하는 데 더 많은 시간을 보내야 한다고 말해준다.

나는 평생 다락방에서 희생하며 살아가는 데 미덕이 있다고 믿지 않는다. 전혀 그렇지 않다! 나는 온당한 범위 내에서 얻는 풍요는 믿지만, 행복을 희생하고 얻는 풍요는 믿지 않는다.

누군가가 물질적 소유물을 지키고 보유하느라 대부분 시간을 보내고 있다면 우리는 그 사람이 전반적인 인생과 자기 자신, 특히 이웃과 제대로 조화를 이루지 못하고 고통받고 있다고 합리적으로 확신할 수 있다. 물질적 소유가 자신이 선택하는 직업을 따를 수 있는 마음의 자유를 제공하는 지점에서 멈춰야 함에도 그 정도를 넘어서면 그때부터 자신을 짓누르는 무거운 짐이 된다. 나는 지금 누군가를 가르치려는 게 아니라 내가 직접 경험한 바를 말해주려는 것이다. 스스로 재물의 포로가 되어서 재물보다 더 소중한 인간관계에 관한 한 모든 사람과 연락을 끊고 사는 많은 사람을 나는 직접 보았다.

> 생각하는 것, 말하는 것, 행동하는 것이
> 조화를 이룰 때가 행복이다.
> — 마하트마 간디

나는 온 세상 사람이 물질을 숭배하는 듯한 이런 현상이 창피한 일이라 생각한다. 자기보다 덜 가진 사람들이 꼭 필요로 하는 부분을 공정하게 얻을 수 있도록 돕는 선을 베풀지 않고 오로지 자신의 재물을 축적하느라 일생을 바친 사람들을 향해 나중에 세상이 못마땅하게 바라볼 것이라는 생각을 떨쳐버릴 수 없다.

나는 물질주의 세상의 잘못된 점을 알고 있다고 믿는다. 앤드류 카네기는 무엇이 잘못되었는지 알고 있었다. 그는 단순히 물질적 부의 축적이 아니라 조화로운 삶을 살 수 있게 해주는 지식을 퍼뜨려야 한다는 사실을 깨달았기 때문에 조직이 이 철학을 받아들이도록 장려하는 방법을 통해 우리에게 해결책을 제시했다.

그 무엇보다 강력한 것은 우리 내면의 힘이다

가장 좋은 보안 장치는
내면에서 발전시킨 개인적 보안 장치다.
— 앤드류 카네기

여기까지 온 것을 축하한다!

시도하는 것은 많아도 끝까지 해내는 것은 거의 없다. 그런 점에서, 제대로 이해하고 적용한다면 인내와 끈기를 가지고 여기까지 이 책을 읽은 당신은 자부심을 느낄 자격이 차고도 넘친다.

지금 당신 가슴은 벅차오르고 있을 가능성이 매우 크다. 나는 이 책을 읽었을 때 그랬다. 나폴레온 힐과 앤드류 카네기의 매혹적인 대화를 통해서 그리고 '멘탈 트레이닝 어드바이스'에 나오는 예증을 통해서 우리는 재정적 자립, 관계, 교육, 출세, 비즈니스 관리 등 많은 주제를 다뤘다.

당신은 또한 극복하기 불가능해 보이는 역경에 굴하지 않고 일어서서 성취·자유·실현을 향해 나아간 사람들의 이야기에서 영감을 받았다. 전 세계의 많은 회사에서 고객·직원·주주를 위한 가치를 창출하기 위해 이 책에서 제시한 바로 그 원칙과 방법을 어떻게 적용하고 있는지 보았다.

이 책이 전하는 교훈은 세 부분으로 나눌 수 있다.

(1) 자기 절제: 스스로 마음을 소유하고 주인 되기.
(2) 패배로부터 배우기: 모든 역경은 그에 상응하는 혜택의 씨앗을 동반한다.
(3) 황금률의 이행: 다른 사람에게 하는 것이 곧 자신에게 하는 것이다.

"가장 좋은 보안 장치는 내면에서 발전시킨 개인적 보안 장치다"라는 카네기의 이 말은 우리가 원하는 환경을 만들어내기 위해 발휘하는 힘을 더욱 강력하게 해준다. 우리는 좋지 않은 일에 대해 불평하느라 사용하는 에너지와 정확히 동일한 양의 에너지를 우리가 삶에서 원하는 일을 창조하는 방향으로 재설정하고 사용할 수 있다. 자신이 처한 상황에 대해 스스로 책임을 느낄수록 그 상황을 바꿀 힘을 더 많이 갖게 된다.

당신이 내면으로부터 보안 장치를 발전시킬 때, 점점 더 많은 사람에게 서비스를 제공하는 방법을 모색하면서 자신감·친절함·유익함이라는 기분을 느끼게 될 것이다. 물론 이는 무언가를 얻는 가장 좋은 방법이 주는 것이라는 위대한 교훈을 받아들이도록 자극하면서 더 많은 노력을 기울여 무언가에 이바지하게 한다. 마침내 당신이 기회를 찾아다닐 필요 없이 빈번한 기회가 당신에게 알아서 찾아온다는 것을 알게 될 것이다.

이제 여기까지 왔으니 다음은 어떻게 해야 할까? 이제는 당신만의 정신적 다이너마이트를 만들 시간이다! 카네기를 비롯해 여러 체인지 메이커Changemaker, 즉 사회의 다양한 문제에 관심을 가지고 혁신적인 방법으로 이를 해결하려는 사람들이 나폴레온 힐과 수많은 사람(나 자신도 포함)에게 영향을 주었고 이제 그들의 이야기를 접한 당신에게도 영향을 끼치고 있다.

당신은 횃불을 쳐들고 당신이 하는 모든 일에서 또는 당신의 가족, 당신의 공동체, 세상에 모범을 보여야 할 책임이 있다. 그렇게 당신이 보이는 모범은 주변 사람들에게도 영감을 줄 것이다. 우리가 지구상 모든 개개인의 잠재력을 인식하고 그 가능성을 열려고 하기 때문이다. 우리가 그렇게 할 수 있다면 마침내 조화가 세상에 널리 퍼지고 카네기와 힐의 임무는 완성될 것이다.

당신 과거에 무슨 일이 있었는지, 그 일이 얼마나 충격적이었는지 중요하지 않다.

당신은 앞으로 직면하게 될 어떤 역경보다 훨씬 더 강하다. 내가 장담한다. 당신이 매일 결정의 순간들에 직면해서 내리는 그 결정이 당신의 삶, 당신의 영향력, 당신의 유산을 결정하게 될 것이라는 사실을 반드시 기억하라.

이 책을 잘 지니고 있다가 필요할 때마다 다시 읽어라. 혹시 당신의 여정에 내 도움이 필요하다면 그렇다고 알려주기 바란다.

언제나 앞을 그리고 위를 향해서

제임스 휘태커

당신의 삶을 성공으로 이끄는 마법의 마스터플랜

당신은 얼마만큼 성공을 바라는 사람인가?

이 책 『자기 마음의 주인이 되는 법Mental Dynamite』은 앤드류 카네기와 나폴레온 힐이 모든 개인 성취에 대한 진실에 관해 토론하고 있는 탁자로 우리를 초대한다. 평생 카네기와 힐을 스승처럼 여기며 살았지만 이번에 이 책에서 발견한 통찰력에 다시 한번 놀랐다. 이 책은 성공 의식을 계발하는 마스터플랜 그 자체라 할 수 있다.

나폴레온 힐은 책 전체를 통해, 목적의 명확성을 모든 개인 성취의 첫 단계로 강조한다. 목적이 명확하지 않으면 '난 별로야' '나는 그럴 자격이 안 돼' '말은 쉽지' 같은 생각으로 스스로 한계를 설정하는 함정에 빠지기 쉽다. 자신에 대한 이런 믿음은 두려움으로 향하는 문을 열고 우리의 생각을 그리고 당연히 우리의 행동을 장악하고 조종한다. 그 두려움은 우리를 마비시키고 우리가 마땅히 누려야 할 성공을 방해한다.

힐은 『결국 당신은 이길 것이다Outwitting the Devil』에서 두려움의 파급 효과를 탐구한 후 '표류하기'라는 개념을 소개한다. 그 책에서 악마는 표류하기를 다음과 같이 설명한다.

표류한다는 말을 이렇게 설명하면 되겠네. 스스로 일을 판단하고 처리하고자 하는 사람은 결코 표류하지 않는 반면 스스로 일을 판단하고 처리하려고 전혀 또는 거의 하지 않는 사람은 표류자라 할 수 있지. 표류하는 사람은 스스로 외부 상황에 의한 영향과 통제를 허락하는 사람이야. 표류하는 사람은 삶이 던져주는 대로 그게 무엇이든 항의하거나 싸워보지도 않은 채 받아들이는 사람이지. 그런 사람은 자기가 인생에서 무엇을 원하는지도 모르고 그렇게 살다 죽는 거야.

힐은 목적의 명확성을 갖는 것이 표류를 극복하는 첫 단계라고 거듭 강조한다. 목적의 명확성은 생각을 통제하는 것부터 시작된다. 우리가 하는 모든 생각이 우리의 일부가 된다. 마음속에서 실패에 대한 생각 그리고 제한적인 믿음을 깨끗하게 치워버림으로써 우리는 두려움을 믿음으로 바꿀 수 있다. 진정한 믿음은 자신의 생각과 양심이 평화로운 관계를 유지할 때 진화한다. 힐은 성공을 바라는 마음을 발전시키는 과정에서 이 믿음이 꼭 필요할 뿐 아니라 모든 비범한 자질의 근원이 된다고 했다.

카네기와 힐은 이해를 돕기 위해 우리가 가장 큰 잠재력을 실현하는 데 필수적인 3가지 단계를 공유한다.

(1) 자기 절제 발전시키기

(2) 패배로부터 배우기

(3) 황금률 실행하기

얼핏 단순해 보이지만, 3가지를 모두 실천하는 습관을 형성하려면 엄청난 관심과 노력, 의지력이 필요하다. 카네기와 힐은 자신의 삶을 통제하기 위한 자기 절제를 계발하는 데 의지력과 그 역할이 얼마나 중요한지 말해준다.

의지력은 우리가 영원히 잊고 싶은 어떤 경험이나 상황으로 통하는 문을 닫을 수 있는 도구다. 의지력이 있으면 자신이 선택한 어떤 방향으로든 기회의 문을 열 수도 있다. 만약 선택한 첫 번째 문이 잘 열리지 않는다면 우리는 다른 문을 시도할 것이고 결국에는 우리의 끈질긴 노력 앞에 열리는 문을 찾아낼 것이다.

나는 종종 청중에게 "당신이 다른 기회의 문을 열기 위해 먼저 닫아야 하는 문이 있는가?"라는 질문을 던진다. 그러나 힐과 카네기는 한 걸음 더 나아갔다.

문을 닫을 때는 다시 열릴 가능성이 없도록 확실하게 닫고 단단히 걸어 잠가야 한다.

과거에 일어났던 일에 계속 매달린 사람을 생각할 수 있겠는가? 놓아버릴 수 없다? 이게 당신의 모습은 아닐까? 실패는 하나의 사건이며, 과거에 일어났던 일이다. 실패는 규정된 것이 아니다. 문을 꼭 닫고 안전하게 잠그라는 나폴레온 힐과 앤드류 카네기의 조언은 이렇듯 자신을 온전히 믿지 못하는 생각이 다시 몰래 들어오는 것을 막기 위해 매우 중요한 일이다.

문을 굳게 닫은 다음 의지력을 다시 발휘해서 자기 절제를 발전시키고 패배나 과거의 실수로부터 배워라. 실수는 성장을 위한 학습 기회다. 자신감이 커질 것이고, 두려움이 신앙의 힘으로 바뀌는 것을 느낄 것이다. 그 믿음은 당신이 직면하는 어떤 장애물도 뚫고 나가도록 해줄 것이다.

우리가 생각을 통제하고 있는 바로 그 순간에 앤드류 카네기는 우리를 내면에서 현실로 불러내 우리가 하는 행동의 중요성, 정확히 말하면 기대 이상의 노력 기울이기와 더불어 황금률 이행하기의 중요성을 강조한다.

어떤 일에서든 성공의 첫 번째 필수 요소는 건실한 성품이다. 황금률을 적용하면 자신의 성품은 더욱 건실해지고 주위의 좋은 평판이 늘어난다. 황금률을 최대한 활용하려면, 기대 이상의 노력 기울이기 원칙과 병행해야 한다. 황금률은 올바른 정신적 태도를 강조하는 반면 기대 이상의 노력 기울이기 원칙은 황금률의 행동 부분을 강조한다. 이 둘을 결합하면 다른 사람에게서 우호적인 협력을 유도하는 유인력은 물론 개인적인 부의 축적의 기회를 얻을 수 있다.

당신의 행동은 성공을 의식하는 마음에 엄청난 영향을 미친다. 힐과 카네기는 이 모든 것을 간단한 한 문장으로 엮어낸다. "자신을 내려놓고 타인을 위해 사심 없이 봉사하기 전까지는 그 누구도 황금률에 따라 살 수 없다."

우리의 믿음은 타인에 대한 사심 없는 봉사를 통해서 진정으로 성공을 의식하는 마음을 발전시킨다. 자기 절제를 익히고 패배로부터 배우며 타인을 위해 이타적인 마음으로 봉사할 수 있는 의지력을 지님으로써 우리는 자신의 위대한 잠재력을 성공으로 실현시키게 될 것이다. 당신의 성공을 바라는 마음 그리고 당신이 봉사하는 이들을 위해.

샤론 레흐트[*]

---

* 세계적인 베스트셀러 『부자 아빠 가난한 아빠(Rich Dad Poor Dad)』의 공동 저자다. 현재 나폴레온힐재단과 협력해 나폴레온 힐의 원칙과 가르침을 전 세계로 전파하는 일에 집중하고 있다. 저서로는 『Think and Grow Rich for Women』, 『Three Feet from Gold, Success and Something Great』 등이 있고, 『결국 당신은 이길 것이다 (Outwitting the Devil)』의 주석을 달았다. 그 밖에 궁금한 점은 www.sharonlechter.com을 방문해보기 바란다.

감사의 글

영원히 살아 숨 쉬는
성공을 향한 비전과 법칙

앤드류 카네기와 나폴레온 힐의 엄청난 유산을 정당하게 평가하고자 하는, 이 정도 규모의 프로젝트를 완성하려면 많은 사람의 지원과 도움이 필요하다. 마스터마인드 원칙의 실질적 사례가 있어야 한다.

먼저, 이 중요한 교훈이 살아나서 전 세계 언어로 퍼져나갈 수 있게끔 잘 지켜준 돈 그린과 나폴레온힐재단에게. 여러분이 열심히 노력한 덕분에, 자신이 처한 상황을 넘어서 생각하고자 하는 용기를 지닌 사람들을 위해 훨씬 더 나은 미래를 드러내 보이면서 계속 희망은 전해지고 있다. 나를 믿고 이 프로젝트를 맡겨준 데 대해 감사드린다. 나폴레온힐재단을 위해 이런 봉사를 할 수 있었다는 사실을 영광으로 생각하며 앞으로 이 교훈을 널리 알리며 살고자 한다.

사람들이 스스로 도울 수 있도록 도와주는 모델을 통해 전형적인 자선가로서 영원히 명성을 누릴 앤드류 카네기에게. 성공에 대한 청사진을 수집하고 전파하려는 당신의 비전, 심지어 가장 부족하고 비극적인 상황에 있는 사람들도 성공에 이르게 할 수 있다는 비전은 지구 상의 모든 산업을 계속 변화시키고 있다. 다른 사람들로 하여금 삶의 수준을 높이고 우리의 상상을 넘어서는 더 밝고 조화로운 미래를 만들기 위해 자신의 시간·자원·전문 지식을 이바지하도록 영감을 준다. 인류를 대표해서 경의를 표한다.

타고난 호기심에 엄청난 작문 재능이라는 날개를 단 나폴레온 힐에게. 이 책 『자기 마음의 주인이 되는 법Mental Dynamite』을 비롯해 『놓치고 싶은 않은 나의 꿈 나의 인생』, 『나폴레온 힐 성공의 법칙』 같은 수십 권의 책을 통해 당신은 자유와 행복과 성공의 분명한 청사진을 제공하면서 우리 모두에게 희망이 있다는 사실을 계속 보여주고 있다. 이 책에 들인 내 노력이 당신의 절대적으로 높은 기준에 부합하기를 바란다.

이 프로젝트에 기꺼이 도움을 제공하고 문맹 퇴치 운동을 이끈 샤론 레흐트에게. 당신이 세상을 더 나은 곳으로 만들기 위해 하는 모든 특별한 일 외에 당신은 기업가·연설가·자선가로서 나를 비롯해 많은 사람에게 훌륭한 멘토가 되어준다.

이 프로젝트를 시작하는 첫날부터 들떠서 가능한 한 많은 사람의 손에 이 책이 쥐어지기를 바라면서 지칠 줄 모르고 일했던 스털링출판사에게. 나의 창의적인 비전을 믿고 보이지 않는 곳에서 무수히 많은 작업을 맡아 이끌어주어 고맙다는 말을 전한다.

노력과 사랑, 친절함으로 끊임없이 내게 영감을 준 아내 제니퍼에게. 늦은 밤에도, 장기 출장 기간에도, 마감 시간이 닥쳐왔을 때도 이해해주고 지지해주어서 정말 고맙소. 한 번의 미소로 아빠를 세상에서 가장 행복한 사람으로 만드는 아름다운 딸 소피에게 고맙다. 부모님 노엘과 제랄딘에게, 가족에 대한 무조건적 사랑의 발판을 만들어주고 변함없이 청렴한 삶을 이끌어준 두 분께 감사드린다.

마지막으로 이 책을 읽은 모든 분에게, 지속적이고 목적이 충만한 행동을 취하라. 당신이 남긴 본보기가 주위 사람들에게 얼마나 강력한 영향을 끼치는지 과소평가하지 말라.

제임스 휘태커

나폴레온힐재단 소개

나폴레온힐재단은 세상을 더 나은 곳으로 만들기 위해 헌신하는 비영리 교육 기관입니다. 나폴레온 힐에 대해 자세히 알아보려면 재단에서 제공하는 모든 제품(공식 공인 도서, 오디오 녹음, 리더십 프로그램 포함)을 검색하거나 Thought for the Day 이메일을 구독할 수 있으며 온라인에서 나폴레온힐재단http://naphill.org을 방문하면 됩니다.

> *자신이 인식하지 않는 한 우리*
> *마음에 한계란 없다.*
> *— 나폴레온 힐*

당신이 지나온 여정이 세상에 영감을 줍니다! 종종, 특히 가장 어두운 순간에서 혹은 틀에 박힌 생활에서 꼼짝할 수 없을 때 큰 꿈을 꾸고 올바른 계획을 따르고 행동을 취한다면 얼마든지 찾을 수 있는 무궁무진한 가능성이 있다는 사실을 생각하지 못합니다. 이 책『자기 마음의 주인이 되는 법Mental Dynamite』은 자신이 진정 어떤 사람인지 다시 깨닫는 데 도움을 주고 우리를 인생의 올바른 궤도에 올라서게 해서 행복과 성공을 추구하게 해줍니다. 이 책을 재미있게 읽었거나 이 책이 자신을 바꾸는 데 어떤 식으로든 도움이 되었다면, 우리에게도 당신의 이야기를 들려주기 바랍니다. http://naphill.org에 글을 남기고 나폴레온힐재단의 피드백을 받아보세요. 어쩌면 당신의 이야기가 한 사람을 구할 수도 있을 겁니다. 당신의 이야기를 공유해보세요.

앤드류 카네기
자기 마음의
주인이 되는 법

1판 1쇄 발행 2020년 12월 28일
1판 2쇄 발행 2022년 4월 20일

지은이 나폴레온 힐
편저자 제임스 휘태커
옮긴이 김인수
펴낸이 김기옥

경제경영팀장 모민원
기획 편집 변호이, 박지선
커뮤니케이션 플래너 박진모
경영지원 고광현, 임민진
제작 김형식

표지디자인 블루노머스
본문디자인 제이알컴
인쇄·제본 민언프린텍

펴낸곳 한스미디어(한즈미디어(주))
주소 121-839 서울특별시 마포구 양화로 11길 13(서교동, 강원빌딩 5층)
전화 02-707-0337 | **팩스** 02-707-0198 | **홈페이지** www.hansmedia.com
출판신고번호 제 313-2003-227호 | **신고일자** 2003년 6월 25일

ISBN 979-11-6007-556-4 (03320)

책값은 뒤표지에 있습니다.
잘못 만들어진 책은 구입하신 서점에서 교환해 드립니다.